보이지 않는 경제학

보이지 않는 경제학
ⓒ 현재욱, 2018

초판 1쇄 2018년 7월 9일 찍음
초판 1쇄 2018년 7월 13일 펴냄

지은이 | 현재욱
펴낸이 | 강준우
기획 · 편집 | 박상문, 박효주, 김예진, 김환표
디자인 | 최원영
마케팅 | 이태준
관리 | 최수향
인쇄 · 제본 | 대정인쇄공사

펴낸곳 | 인물과사상사
출판등록 | 제17-204호 1998년 3월 11일
주소 | 04037 서울시 마포구 양화로7길 4(서교동) 2층
전화 | 02-325-6364
팩스 | 02-474-1413
www.inmul.co.kr | insa@inmul.co.kr

ISBN 978-89-5906-504-2 03320

값 17,000원

이 도서의 국립중앙도서관 출판예정도서목록(CIP)은 서지정보유통지원시스템 홈페이지
(http://seoji.nl.go.kr)와 국가자료공동목록시스템(http://www.nl.go.kr/kolisnet)에서
이용하실 수 있습니다. (CIP제어번호: CIP2018019892)

보이지 않는 경제학

누가 내 노동을 훔치는가?

현재욱 지음

인물과
사상사

경제학은 세상을 보는 창이다

이 글의 출발점은 누구나 한 번쯤은 가져보았을 단순한 질문이다. "우리가 살고 있는 세상은 어떤 곳인가?"

사람에 따라 여러 가지 대답이 나올 것이다. 어떤 사람에게는 좋은 세상이고, 어떤 사람에게는 그럭저럭 살 만한 곳, 또 어떤 사람의 눈에는 부조리로 가득 찬 약육강식의 정글일 수 있다. 증오와 살육이 일상이 된 분쟁지역으로 가면 지옥이 따로 없다는 생각이 들지도 모른다. "당신들은 안 그럴 거라고 장담하지 마. 서는 데가 바뀌면 풍경도 달라지는 거야." 만화 『송곳』에서 노동상담소 소장으로 등장하는 구고신의 말에 귀 기울일 필요가 있다.

사람들은 하나의 세상을 제각각 다르게 본다. 그러므로 대부분의 세계관은 주관적일 수밖에 없다. 주관은 '나'라는 우물에서 내다본 바깥 풍경이다. 이미 형성된 철학적 태도, 정파적 입장, 지역적 특수성,

경험이 주입한 선입견, 개인적·집단적 확증편향 따위에서 자유롭기 어렵다. 보고 싶은 대로 보고, 믿고 싶은 대로 믿는 것이 '확증편향 confirmation bias'이다. 주관의 편향성을 보정하는 방법은 끝없이 '앎'을 확장하는 것이다. 그리하여 새로운 앎이 낡은 앎을 하나씩 수정하며 바꾸어나갈 때 우리는 세상을 더 멀리, 더 깊은 곳까지, 더 선명하게 바라볼 수 있을 것이다.

나는 정녕 궁금했다. 이 세상은 어떤 곳인가? 내가 사는 세상은 어떤 구조로 짜여 있고, 어떤 힘으로 움직이는가? 왜 이런 세상이 만들어졌는가? 나는 이 기묘한 세계의 과거와 현재를 이해하고 싶었고, 앞으로 세상이 어떻게 달라질 것인지 혹은 어떻게 달라져야 하는지 알고 싶었다.

나는 시골에서 농사를 짓고 있다. 농부가 되기 전에는 대안학교 교사였고, 사회 교과를 전담했다. 말이 전담이지 사회 교과 외에도 한문, 논리, 철학, 바둑, 생활기술, 농사 등 잡다한 과목을 두루 맡았다. 매년 기숙사 사감과 학년담임도 겸했다. 사회탐구 영역만 해도 중·고등 과정을 혼자서 맡다 보니 법과 정치, 경제, 윤리와 사상, 한국사, 세계사, 사회문화 등 이른바 '인문학'의 범주에 들어가는 거의 모든 분야를 섭렵했다. 바람직하지는 않지만 시야를 넓히는 데 도움이 되었다.

내가 생각하는 사회 교과는 '나와 세상의 관계'를 이해하는 과목이다. 그러니까 사회 시간은 '세상 물정'을 알아가는 시간이라 할 수 있다. 세상 돌아가는 사정을 알려면 세상 보는 눈이 뜨여야 한다. 통찰

력까지는 아니더라도, 눈에 보이는 혹은 보이지 않는 사회현상의 본질을 읽을 줄 알아야 한다. 그래서 몇몇 아이들과 함께 경제 공부를 시작했다. 세상사의 많은 부분이 경제적 기초 위에서 결정된다고 생각했기 때문이다.

처음에는 검·인정 교과서로 공부했다. 그러나 교과서만으로는 세상의 참모습을 이해하기가 쉽지 않음을 깨달았다. 1997년 외환위기 때 왜 시민들이 금 모으기 운동을 벌였는지 물으면 뭐라고 대답하지? 동일노동의 임금격차를 어떻게 설명할까? 양적완화와 마이너스 금리라는 개념은? 내가 정말로 알고 싶은 것, 내 마음속에 깊이 박혀 있는 근본적 질문에 대해서 교과서는 제대로 답하지 못한다는 생각이 들었다. 그래서 교과서 밖의 현실, 사실 뒤의 진실, 우리를 둘러싼 세상의 진실을 탐구하기 시작했다.

교과서를 버린 것은 아니다. 하지만 교과서에 있는 내용을 달달 외워서 전달하는 수업 방식은 간밤에 충분히 잔 아이들을 더 자게 만든다. 왜 많은 아이가 교과서만 펼치면 엎드려 잘까? 재미가 없기 때문이다. 교사인 내가 봐도 재미없는데 아이들을 나무랄 수는 없는 일이다. 시험 범위 이상도 이하도 아닌 종이 뭉치를 누가 좋아하겠는가? 아마 교과서를 만화로 만들어도 따분하기는 마찬가지일 것이다. 그렇다면 생각을 바꾸어보자. 교과서에 아이들의 이야기를 담으면 어떨까? 그들이 살고 있는 세상이 책의 내용과 직접적으로 연결되어 있음을 안다면 좀 달라지지 않을까?

예를 들면 이렇다. 전쟁이 왜 나쁜가? 전쟁은 노인들이 기획하고 젊은이들이 피를 흘리는 게임이다. 왜 전쟁을 기획하는가? 전쟁을 벌임으로써 얻는 정치적·경제적 이익 때문이다. 그 이익은 대부분 노인들이 가져간다. 국가의 지도자들은 젊은이들을 전쟁터로 내몰기 위해 애국심을 부르짖는다. 그들 자신이나 가족 중에는 병역 면제자가 많다. 전쟁비용을 조달하기 위해 국가가 낸 빚은 전쟁에서 살아남은 젊은이들이 일을 해서 세금으로 갚는다.

이 책에 새로운 이론이나 주장은 없다. 기존의 학설과 쟁점들을 한 번씩 의심하며 되짚어보았을 뿐이다. 놀라운 사실을 깨달았을 때조차도 알고 보면 상식의 재확인인 경우가 많다. 사회과학이든 자연과학이든, 모든 공부는 '마침내 상식에 도달하는 과정'이다.

내가 경제 문제에 관심을 갖게 된 것은 순전히 '알고 싶은 욕구'를 누를 수 없었기 때문이다. 외우려고 뇌를 혹사하는 것은 나쁜 공부법이다. 호기심을 따라가다 보면 자연스럽게 알게 된다. 먼저 하늘에서 숲을 내려다보고, 전체의 대강을 살핀 연후에 숲으로 들어가 이 나무와 저 나무를 분별한다. 디테일에 붙들릴 필요는 없다. 이 책의 목적은 세세한 투자기법을 익히는 것이 아니라, 경제라는 창을 통해 세상을 이해하는 데 있기 때문이다.

산골에서 흙이나 만지는 사람에게 귀한 지면을 내어준 인물과사상사 강준우 대표께 감사의 말씀을 드린다. 처음에 집필 제안을 받았을 때 '참 용감한 출판사구나' 하고 감탄했던 기억이 새롭다. 난삽한 원고가 매끈한 책이 되도록 애써준 담당 편집자와 디자이너의 수고를 잊을 수 없다. 교열, 편집, 인쇄, 제본, 운반, 진열, 판매 등 한 권의 책에 담긴 모든 노동에 경의를 표한다. 그 이전에 나무를 베어 종이를 만든 노동, 컴퓨터와 인쇄기를 조립한 노동, 각종 집기와 비품을 제공한 노동, 이 세상이 멈추지 않도록 쉬지 않고 식량과 에너지를 공급한 노동에 대해서도 감사해야 할 것이다.

차별받는 노동자의 고단한 하루를 위로하며, 백면서생의 낮은 노동 생산성을 오랫동안 참아준 아내에게 이 책을 바친다.

2018년 7월

현재욱

차 례

경제는
먹고사는 문제다

경제: 인간의 생활에 필요한
재화나 용역을 생산·분배·소비하는 모든 활동
_표준국어대사전

●

○

––––––––

––––––––

내 삶은
훌륭한가?

　은퇴한 펀드 매니저 해리 아트만은 고비 사막 한가운데에 앉아 몽골의 밤하늘을 올려다보았다. 먼 옛날의 카라반처럼 낙타와 함께 고비 사막을 횡단하는 것이 그의 오랜 꿈이었다. 해발 1,500미터의 사막에서 바라보는 하늘의 별은 그가 뉴욕에서 평생 바라보았던 별을 다 합친 것보다 많았다. 대부분의 사람이 하늘에 저렇게 많은 별이 있다는 사실조차 모르고 살아간다고 생각하자 문득 슬픔이 밀려왔다.

　달빛에 젖은 모래언덕은 20년 전 그레이트스모키 산맥 정상에 쌓여 있던 눈처럼 하얗게 빛났다. 그때 그는 어린 시절 한동네에 살았던 스텔라와 함께 겨울 산을 올랐다. 버너 위에서 커피가 끓기 시작하자, 해리는 스텔라의 손을 잡고 물었다. "나하고 결혼해줄래? 너와 함께 행복해지고 싶어."

　두 사람 모두 행복하지 않았다. 10년 만에 그들은 헤어지기로 합의했다. 양쪽의 변호사가 일사천리로 법적 절차를 진행했고, 최종 서류에 서명하기까지 어떤 다툼도 없었다. 짐을 챙기고 문을 나서기 전, 스텔라는 마지막으로 집안을 한 번 둘러보고는 담담하게 말했다. "해리, 당신은 변했어. 내가 알던 그 해리가 아니야." 스텔라는 얼마 전에 아홉 번째 생일을 맞은 딸 첼시를 데리고 캘리포니아로 떠났다.

그레이트스모키에서 스텔라와 함께 보낸 일주일이 해리의 마지막 휴가였다. 그 후로 20년간 손에서 일을 놓지 못했고, 스텔라와 헤어진 뒤에도 연애다운 연애를 해본 적이 없었다. 모건스탠리에서 10년의 경력을 쌓은 해리는 후원자를 모아 헤지펀드 회사를 만들었다. 그는 모든 것을 잊은 듯 비즈니스에 전념했다. 그에게 돈을 맡긴 펀드 가입자들은 매년 굉장한 배당금을 챙겼고, 언제나 해리를 신뢰했다.

"잠이 안 오시오?"

등이 꾸부정한 중국인이 고량주 한 병을 들고 텐트 밖으로 나왔다. 네이멍구자치구 바오터우에서 고용한 안내인이다. 그의 팔뚝은 통나무처럼 굵고 손바닥은 돌처럼 딱딱해 보였다. 손톱 하나는 시커멓게 멍든 채 찌그러져 있었다. 그에 비하면 해리의 손은 하얗고 부드러웠다. 해리는 중국인에게 그동안 무슨 일을 했는지 물어보았다.

"닥치는 대로 했지. 농사도 지어보고, 벌목도 해보고, 공사장에서도 일하고. 일곱 식구를 먹여 살리는 게 쉬운 일이 아닙디다."

"그래서, 얼마나 돈을 버셨습니까?"

"하루 벌어 하루 먹기 바쁜데 어떻게 돈을 모으겠소? 그놈의 돈이 다 어디서 굴러다니는지 원. 그래도 공사판에서 일할 때가 짭짤했지."

"중국의 건설 경기가 워낙 좋으니까요. 올해 굴삭기만 10만 대 넘게 팔렸다고 하더군요."

"건설업을 하십니까? 선생은 돈이 아주 많은 것 같은데, 고층빌딩을 수십 채 지었나 봅니다."

"건설업은 아니지만 가끔 그쪽 사정을 들여다보기는 했습니다."

잠이 쏟아지는지 중국인은 텐트로 돌아갔다. 해리는 지난 20년 동안 그가 한 일을 곰곰 생각해 보았다. 하루하루가 전쟁 같았지만 그의 업무는 계산하고, 비교하고, 판단하고, 결정하고, 전화하고, 키보드를 치는 게 전부였다. 그것은 '증권'이라고 불리는 종이쪽과의 전쟁이었다. 만약 증권으로 탑을 쌓는다면, 그가 마지막 1년간 취급했던 증권만으로도 432파크애비뉴(뉴욕 맨해튼에 있는 초고층 아파트)보다 높이 쌓아올릴 수 있을 것이다.

해리가 월가를 떠나기로 결심한 것은 지난해 봄이다. 거리에 쏟아져 나온 사람들이 화창한 봄 날씨를 만끽하던 4월 마지막 주 토요일 오후, 모건스탠리에서 같이 일했던 친구가 스스로 목숨을 끊었다. 한때 스카이다이빙을 즐겼던 모험가답게 48층 꼭대기에서 뛰어내렸다. 그가 낙하산을 짊어지는 것을 깜빡했는지는 여전히 의문이다. 그는 월가에서 가장 잘나가던 채권 트레이더였다.

해리는 학생 시절 밑줄을 그어가며 읽었던 경제학 책들을 떠올려 보았다. 지금은 거의 다 잊어버렸지만, 그때의 경제학 교과서들은 대부분 생산과 소비에 관한 이론을 중요하게 다루었다. 수요와 공급곡선은 실물의 흐름이었고, 과잉공급은 경기 침체의 원인이었다. 월가 사람들은 다르게 말했다. "우리는 뭐든 많을수록 좋아." 당시 경제학 교수들 가운데 파생금융상품을 제대로 설명할 수 있는 사람은 거의 없었다.

그는 월가에서 보낸 20년간 한 번도 '생산'이란 걸 해본 적이 없다. 그저 남이 만든 증권 쪼가리들을 이리 옮기고 저리 옮기며 시세차익을 거두었을 뿐이다. 손톱이 찌그러진 중국인은 한평생 생산활동에 종사했다. 손등의 피부가 나무껍질처럼 변하도록 일했지만 가족을 부양하기도 힘들었다. 해리는 스스로에게 물었다. 내 삶은 저 중국인의 삶보다 훌륭한가? 그는 고개를 저으며 일어섰다. 바람이 쓸고 지나가자 지평선 너머로 우수수 별이 떨어졌다.

해리는 여행을 하는 동안 계속 이 문제를 반추해 보기로 마음먹었다. 여행이 끝난 후에는 무엇을 할지, 아직 거기까지는 생각해 보지 않았다. 무엇을 하든, 어차피 한 번은 그가 살아온 삶에 대해서 정리할 필요가 있었다. 시간은 충분하다. 그의 앞에는 2,000킬로미터의 사막길이 놓여 있다. 미지의 길이다.

생산의
발견

시간을 거슬러 빅뱅에 이르면, 과학과 신화의 차이는 크지 않아 보인다. 혼돈chaos의 풍경은 태초의 말씀으로 전해졌고,[1] 바둑을 배운 인공지능이 인간을 제압한 오늘날에도 복잡계의 불확실성은 여전히 인간의 상상력을 자극한다. "빛이 있으라." 얼마나 명쾌한 지시인가! 21세기의 총명한 인간들은 신을 모방하여 혼돈을 제거하려고 시도해 보았지만 번번이 실패했다. 인플레이션이 있으라, 일자리가 생겨라,

경제여 회복하라, 거품은 꺼지지 마라.

과학자들이 측정한 지구의 나이는 45억 4,000만 년(±5,000만 년)이다. 이산화탄소와 메탄가스로 감싸인 볼품없는 행성의 표면에 스스로 움직이는 작은 화합물 덩어리, 즉 생명체가 등장한 때는 대략 38억 년 전이다. 인간의 감각으로 가늠키 어려운 긴 세월이 흐르는 동안, 헤아릴 수 없는 생물종이 번식하고 소멸하고 진화하면서 변화무쌍한 자연계를 만들어왔다.

생존을 둘러싼 외부 조건은 일정하지 않았다. 대기의 구성은 불안정하고, 대륙은 돛단배처럼 떠다녔으며, 때로 거대한 운석이 지표면을 강타했다. 6,500만 년 전쯤에는 지구상 생물종 가운데 75퍼센트가 갑자기 사라져 버린 적도 있다. 지구에 존재했던 생물종의 99.99퍼센트는 우리와 함께 살고 있지 않다.[2]

어떤 생물종이건 최대한 많은 후손에게 자신의 유전자를 전달하려고 한다. 식물이든 동물이든 마찬가지다. 생장하고 번식하려면 에너지가 필요하고, 에너지원을 확보하려면 공을 들여야 한다. 즉 입으로 삼키든 뿌리로 흡수하든 먹이를 놓고 경쟁하지 않으면 안 된다. 먹이가 되는 자원은 유한하기 때문이다.

'자원의 희소성scarcity'은 경제학에서 중요한 개념이다. 모든 경제학파의 현란한 이론은 여기에서 출발한다. 경제학이라는 학문이 생긴 지는 250년밖에 안 되었지만 경제는 생명이 탄생하는 그 순간에 시작되었다. 생명활동은 곧 경제활동이고, 경제활동은 자원의 희소성에서 비롯한다. 예컨대 화성이나 목성에 자원이 부족하다는 말은 성립하지 않는다. 아직까지 그곳에서 생명체가 발견되지 않았기 때문이다.

경쟁은 종種과 종 사이에서뿐만 아니라 같은 종 안에서도 벌어진다. 힘 빠진 우두머리를 몰아내고 암사자 무리를 장악한 숫사자가 올망졸망한 새끼들을 모조리 물어 죽이는 것은 개체 간 경쟁의 잔혹한 사례다. 왜 숫사자는 스스로 왕국의 세력을 위축시키는 바보짓을 할까? 새끼들이 자라면 훌륭한 사냥꾼이 될지도 모르는데 말이다. 경쟁에서 이긴 숫사자의 무자비한 행동 뒤에는 더 강한 세대를 육성하려는 유전자의 원대한 계책이 숨어 있을지도 모른다. 이것을 올바른 행동이라고 칭송할 사람은 없을 것이다. 하지만 인간도 종종 그런 짓을 한다. 역사에는 권력을 둘러싼 골육상쟁이 무수히 기록되어 있다.

다른 종과의 경쟁만 놓고 보면 호모 사피엔스Homo Sapiens만큼 성공적인 종도 찾아보기 어렵다. 서식지의 넓이와 개체 수의 증가 속도에서 현생인류와 겨룰 만한 포유류는 쥐와 개 정도다. 쥐는 사람의 낭비벽을 활용하는 탁월한 재능을 가졌고, 개는 아예 사람과 함께 사는 방법을 선택했다. 개는 가축으로 선택된 최초의 동물이다.[3]

불과 1만 2,000년 전까지만 해도 지구의 절반은 눈과 얼음으로 뒤덮여 있었다. 인간종의 개체 수는 1만 명, 남극을 제외한 전 대륙에 띄엄띄엄 흩어져 살았다. 봄이 점점 길어지고 인류 문명이 꽃피기 시작했다. 빙하가 녹으면서 해수면이 차오르듯 인구도 꾸준히 증가했다. 기원 전후의 세계 인구는 약 2억 명으로 추산한다. 산업혁명이 확산되던 1804년에 10억을 돌파한 인구는 1927년에 20억, 1960년에 30억을 기록했다. 그리고 그 2배인 60억이 되기까지 딱 40년이 걸렸다. 현생인류의 개체 수는 2017년 기준 74억 명이다.[4]

호모 사피엔스는 어떻게 이런 놀라운 성공을 거둘 수 있었는가? 불을 이용하고 도구를 제작하고 언어를 사용하는 등 여러 요인을 찾을 수 있지만, 경쟁력의 핵심은 아무래도 압도적인 생산력일 것이다. 자원을 획득하는 능력을 비교하면, 수렵·채집 시대에는 인간과 다른 동물의 차이가 그리 크지 않았다. 사자 무리는 인간의 무리보다 능숙하게 사냥을 했고, 긴팔원숭이는 인간보다 효과적으로 과일을 채집했으며, 물수리는 인간보다 빨리 물고기를 낚아챌 수 있었다.

인간이 '생산production'이라는 새로운 방법을 찾아냈을 때 극적인 변화가 일어났다. 경제학에서는 인간의 경제활동에 필요한 물적 자원을 '재화goods'라고 한다. 수렵·채집 시대에 물고기, 새알, 달팽이, 열매 같은 재화는 대부분 획득하자마자 곧바로 소비하여 없어졌다. 이런 점에서 인간과 다른 동물의 차이는 두드러지지 않았다. 그런데 호모 사피엔스 가운데 한 무리가 특정 재화의 일부를 소비하지 않고 남겨 두었다가 새로운 재화를 창출하는 데 투입하기 시작했다. 처음에 그 낯선 광경을 목격한 사람은 놀라서 외쳤을지도 모른다. 썩지도 않은 알곡을 땅에다 마구 던지고 있었으니 말이다.

이런 행위를 '자본적 투자'라 하고, 생산에 쓰이는 재화를 가리켜 '자본재capital goods'라고 한다. 예를 들어 나무를 깎아 지팡이를 만들면 소비재가 되고, 사냥용 몽둥이로 쓰면 자본재가 된다. 이때부터 인간은 야생의 동물과 확연히 다른 길로 접어들었다. 이른바 '농업혁명'이 시작된 것이다. 대략 1만 년 전의 일이다.

경쟁은
이로울 수 있다

'한정된 자원을 둘러싼 경쟁'은 경제의 핵심적인 개념이다. 만약 필요한 자원이 모두가 쓰고 남을 만큼 충분하다면 경쟁이 벌어지지 않을 것이다. 예컨대 공기가 없으면 살 수 없지만 공기를 두고 경쟁하는 인간은 없다. 공기 같은 재화를 '자유재free goods', 쉬운 말로 '공짜'라고 한다. 세상의 모든 재화가 자유재라면 인간은 오로지 소비만 즐기면 된다.

그러나 세상에 공짜는 없다. 수렵 · 채집 사회의 경쟁과 현대 사회의 경쟁이 본질적으로 다르지 않은 까닭이 여기에 있다. 세상의 모든 재화가 모든 사람의 욕구를 충족시킬 만큼 넉넉했던 적은 유사 이래 한 번도 없다. 필요한 재화를 획득하기 위해서는 반드시 그만한 대가를 지불해야 한다. 대가에는 여러 가지가 있다. 화폐, 물품, 노동, 아첨, 사기, 위협, 전쟁 등.

인간종이 벌이는 개체 간 경쟁은 다른 어떤 종보다도 치열하다. 역사에 기록된 숱한 전쟁은 인간 본성에 아로새겨진 공격적 성향을 잘 보여준다. 고대 로마와 카르타고 사이에서 일어났던 일을 상기해 보자. 기원전 264년부터 기원전 146년까지 한 세기를 훌쩍 넘기는 동안, 세 차례 대규모 전쟁이 이어졌다. 엎치락뒤치락한 끝에 로마가 이겼고, 로마군은 수세기에 걸쳐 부와 명성을 쌓아올린 한 국가를 지상에서 완전히 지워버렸다. 폐허가 된 땅에는 초목이 자라지 못하도록 소금이 뿌려졌으며, 살아남은 시민들은 노예로 팔려 나가 뿔뿔이 흩어졌다. 싸움의 발단은 지중해를 둘러싼 패권 경쟁이었다. 포에니전쟁은 누가 지중해를 지배하느냐, 즉 누가 지중해 무역을 장악하여 돈줄을 거머쥐느냐 하는 경제전쟁이었다. 이 전쟁에서 패했더라면 로마는 그저 밀농사와 목축으로 근근이 먹고사는 반도국가 정도로 기억되었을지 모른다.

대학살과 끔찍한 파괴가 일어날 때마다 과학기술이 비약적으로 발전했다. 제2차 세계대전 때 폭탄을 만드는 데 쓰였던 질산암모늄은 종전 후 화학비료의 원료가 되었다. 인마살상용 독성물질은 농약으로 거듭났다. 오늘날 농약산업과 유전자변형농작물GMO의 선두주자인 몬산토Monsanto는 베트남전쟁 때 맹독성 고엽제를 공급했던 기업이다. 칼과 낫, 혹은 전차와 수레처럼 무기와 도구 사이는 무척 가깝다.

모든 경쟁이 항상 어느 한쪽에 일방적인 혜택을 몰아주는 것은 아니다. 적당한 경쟁을 통해 이익을 나누는 경우도 많다. 종과 종, 개체와 개체 간의 경쟁은 어느 지점에서 타협점을 찾아 균형을 이룬다. 안정된 자연생태계는 완전경쟁의 산물이다. 일시적인 외부 충격으로 균형이 무너지면 다시 치열한 경쟁이 벌어지고, 밀고 당기기를 거듭한 끝에 결국 균형을 회복한다. 경쟁의 양상은 종종 파괴적이지만, 완전경쟁을 통해 이루어진 균형은 견고하고 아름답다.

인간의 교란이 없으면 자연생태계는 대체로 완벽한 균형 상태를 유지한다. 동물계, 식물계, 미생물계가 저마다 알맞은 위치를 차지하고 최대한 효율적으로 자원을 획득하고 소비한다. 기회는 공정하게 주어지고 자원은 헛되이 쓰이지 않는다. 낭비가 없다는 점에서 균형 잡힌

생태계는 매우 경제적이다. 이것이 완전경쟁의 미덕이다.

인간에게 필요한 재화는 대개 '시장market'에서 교환을 통해 배분된다. 경제학의 창시자 애덤 스미스Adam Smith, 1723~1790가 주장했듯이, 완전경쟁이 이루어진다면 재화는 가장 필요한 사람에게 가장 효과적으로 배분될 것이다. "우리가 매일 식사를 마련할 수 있는 것은 푸줏간 주인과 양조장 주인, 그리고 빵집 주인의 자비심 때문이 아니라 그들 자신의 이익을 위한 그들의 고려 때문이다. 우리는 그들의 자비심에 호소하지 않고 그들의 자애심self-love에 호소하며, 그들에게 우리 자신의 필요를 말하지 않고 그들에게 유리함을 말한다."[5] 경제학 강의에서 가장 많이 인용되는 유명한 말이다.

이기적인 사람들이 오직 자신의 이익을 위해 노력한 결과, 생산자와 소비자 모두가 만족하는 수준에 도달할 수 있다. 그러나 현대 자본주의 세계에서 완전경쟁이 실현되는 시장은 거의 없다. 권력과 제도가 시장의 기능을 왜곡하기 때문이다. 시장에 대해서는 제9장에서 다시 살펴보기로 하자.

경제란
무엇인가?

나는 경제에 대한 정의를 책이 아닌 삶에서 배웠다. 단골 음식점에서 칼국수가 나오기를 기다리며 친구와 이야기를 나누고 있었다. 그 음식점은 중년 부부가 운영하는 작은 가게다. 부인은 요리사, 남편은 서빙 및 배달 담당이다. 솥에서 육수가 부글부글 끓는 동안 맞은편 벽에 걸린 텔레비전에서는 경제 전문가들의 토론이 진행되고 있었다. 수출이 줄고 있다, 가계부채가 늘고 있다, 경제가 어렵다, 주로 이런 내용이었다. 음식점 사장이 칼국수 두 그릇과 김치 한 접시를 탁자 위에 올려놓았을 때, 나는 툭 던지듯 물었다. "도대체 경제란 뭘까요?" 사장은 생각도 않고 대답했다. "경제? 먹고사는 문제죠, 뭐." 먹고사는 문제. 이보다 간결한 정의가 있을까.

'먹고살다'라는 말은 '생계유지'와 동의어다. 그 말에는 안정적인 일자리, 일정한 소득, 균형 잡힌 지출 관리, 실현 가능한 계획 등의 개념이 모두 함축되어 있다. 그러므로 먹고사는 일은 삶의 기본이다. 이런 관점으로 보면 경제는 어렵지 않다. 일을 해서 돈을 벌고 필요한 데 쓰는 것이 경제다. 쓰고 남은 돈을 저축하면 불확실한 미래에 대비할 수 있다. 저축은 미래의 소비이므로 결국 인간의 경제활동은 벌어서 쓰기getting and spending, 즉 먹고사는 것이 전부다.

경제활동의 목적은 물질적 효용 또는 편익을 얻기 위함이다. 여기서 주목해야 할 개념은 '물질material'이다. 경제는 물질을 초월한 관념이 아니라 몸으로 느끼는 물질의 이야기다. 따라서 경제활동의 대상은 몸(뇌)의 욕구를 만족시키는 유형·무형의 자원이다. 경제학에서는 이를 일컬어 '재화와 서비스goods and services'라고 한다. 재화와 서비스가 시장에서 팔리는 이유는 그만한 가치가 있기 때문이다. 인간에 의해서 생산되지만 쓰레기나 오염물질처럼 경제에 도움이 안 되는 것도 있다. 이를 '비재화bads'라고 한다.

경제활동은 크게 생산production과 소비consumption로 구분할 수 있다.

우리가 어디서 무엇을 하건 반드시 둘 중 하나, 혹은 두 과정 모두에 참여하게 된다. 분배distribution는 생산과 소비 과정에서 자연스럽게 발생하는 현상이다. 경제학 교과서에는 삼각형 하나를 그린 다음에 세 개의 꼭짓점 위에다 생산 · 분배 · 소비를 올려놓은 그림이 나온다. 이것으로 경제활동의 순환 관계를 설명하지만 분배는 생산-소비의 결과일 뿐이다. 밥을 지어서(생산) 먹으려면(소비) 사람 수대로 그릇에 담아 밥상 위에 올려놓고 숟가락을 얹는다. 이것이 분배다.

한 농부가 텃밭에 감자를 심는 장면을 떠올려 보자. 그는 토지, 거름, 씨감자, 농기구 등의 생산요소와 자신의 노동력을 결합하여 감자라는 재화를 생산하려고 한다. 수확하기까지 김을 매고 농약을 치고 꽃을 따는 등 노동력이 추가로 투입될 것이다. 이 모든 과정이 생산활동이다.

감자를 캐는 날, 농부는 잠시 작업을 멈추고 일손을 보태러 온 지인과 함께 뽕나무 그늘에서 오이를 안주 삼아 시원한 막걸리를 마신다. 이때 두 사람의 행위는 소비활동이다. 수확한 감자를 창고에 잘 갈무리한 다음, 농부는 지인에게 고맙다며 품삯 10만 원과 함께 햇감자 한 상자를 안겨준다. 이로써 생산에서 분배까지, 한 사이클이 순조롭게 마무리되었다. 이제 두 사람이 생산활동에 참여한 대가로 얻은 소득을 소비할 일만 남았다.

최종 생산물이 서비스상품인 경우에는 대체로 생산과 소비가 동시에 이루어진다. 미용실에서 머리를 다듬을 때, 미용사 입장에서 보면 생산활동이고 고객 입장에서 보면 소비활동이다. 학원 강의, 치과 의사의 치료, 여행 가이드, 동시통역, 가수의 공연 같은 서비스상품은 생산과 동시에 소비된다. 대부분의 경제학 교과서에서 노동을 생산 요소의 하나로 설명하지만 알고 보면 노동도 생산현장에서 소비되는 일종의 서비스상품이다(생산요소에 대해서는 제2장에서 좀더 자세히 살펴볼 것이다).

분배는 '어떻게 나눌 것인가' 하는 문제다. 노동자가 받는 일당 또는 월급은 생산활동에 참여한 대가로 노동자에게 할당된 몫이다. 분배 시스템이 공정하다면, 노동자는 최종 생산물에 기여한 만큼 보상받을 것이다. 그 노동자를 고용한 사람의 기대보다 높은 성과를 내면 특별상여금을 받을 수도 있다. 그 반대의 경우도 있을 것이다. 누가 더 가져가면 다른 누구는 그만큼 덜 가져간다. 성과급은 경쟁을 부추기는 유력한 수법이다. 이렇게 인간의 노동력을 어떤 쪽으로 쏠리게 하는 힘을 '경제적 유인incentive'이라고 한다. 처벌과 보상, 모두 경제적 유인이다.

최종 생산물의 일부는 정부가 가져간다. 정부가 차지하는 몫을 화폐단위로 산정한 것이 '세금'이다. 기업은 법인세로, 사용자와 노동자는 소득세의 형태로 제 몫의 일부를 떼어 국세청에 납부한다. 소비하는 데에도 세금이 붙는다. 감자 수확을 도운 일꾼이 쉬엄쉬엄 담배를 피웠다면 4,500원짜리 담배 한 갑을 샀을 때 이미 3,318원의 세금을 낸 것이다(담뱃값에는 부가가치세 433원, 담배소비세 1,007원, 개별소비세 594원, 지방교육세 443원, 건강증진부담금 841원이 포함되어 있다). 이렇게 개인과 기업의 소득이 정부로 이전되어 다시 국민복지에 쓰이는 것을 '재분배redistribution'라고 한다. 분배와 재분배는 민생民生의 근본이다. 삶의 질을 결정하는 중요한 요소이므로 제11장에서 자세히 논하자.

경제의
자기장

경제학經濟學, economics이라고 하면 일단 어렵게 여기는 사람이 많다. '학學'이란 글자가 붙는 것만으로도 어쩐지 머리 좋은 전문가들의 영역처럼 느낀다. 먹고사는 문제, 다시 말해 내 삶과 직결된 문제임에도 텔레비전에서 한국 경제니 세계 경제니 하면서 각종 거시경제지표를 들이대면 머리가 아파서 채널을 돌려 버린다.

"경제란 신비로운 것이 아니다. 우리가 로스앤젤레스의 경제나 미국의 경제를 생각하든 아니면 전 세계의 경제를 생각하든, 경제는 살아가면서 상호작용하는 사람들의 집단을 일컫는 말이다."[6] 하버드대학교 경제학과 교수인 그레고리 맨큐Gregory Mankiw의 말이다. 그 말에 따르면 한국 경제는 곧 내 문제이고, 세계 경제 또한 큰 틀에서 내 삶의 조건들을 결정한다. 100퍼센트 사실이다. 우리 모두는 살아가면서 어떤 방식으로든 상호작용하기 때문에 지역 경제 혹은 세계 경제의 자기장磁氣場에서 벗어날 수 없다. 다음 ①~⑨ 중 나의 경제생활과 관계없는 사건은 무엇인가?

① 버스 요금이 100원 올랐다.
② 한국은행이 기준금리를 0.25퍼센트포인트 인상했다.
③ 달러 환율이 1,050원에서 1,100원으로 올랐다.
④ 단골로 이용하던 가까운 카센터가 문을 닫았다.

⑤ 담배 가격이 2,500원에서 4,500원으로 올랐다.

⑥ 석유수출국기구OPEC와 러시아가 원유 감산에 합의했다.

⑦ 태국이 디폴트를 선언했다.

⑧ 미국 재무부 증권 10년물의 시장가격이 큰 폭으로 하락했다.

⑨ 북극의 이상기온으로 제트기류가 남하했다.

이 가운데 내 인생과 무관한 사건은 하나도 없다. 예시한 9개 항목 전부가 나의 가처분소득을 깎아먹는 사건이다. 가처분소득disposable income이란, 내가 벌어들인 소득 중에서 세금을 비롯한 각종 공과금, 건강보험료, 대출금 이자, 월세 등 고정적으로 지출되는 비용을 뺀 나머지 금액을 말한다. 뒷걱정 없이 자유롭게 쓸 수 있는 돈이어서 '실소득'이라고도 한다. 앞의 사건들이 어떻게 나의 가처분소득을 잠식하는지 하나씩 살펴보자.

① 버스 요금이 100원 올랐다.

버스비 인상은 각종 공공요금 인상의 신호탄이다. 시내버스 요금이 오르면 지하철 요금도 오르고 광역급행버스 기본요금도 오른다. 택시비까지 들썩일 가능성이 크다. 대중교통 요금 인상은 물가 상승의 압력이 한계점에 달했다는 뜻이다. 장바구니 물가는 서민 생활에 직접적인 영향을 미친다. 가랑비에 옷 젖듯, 가처분소득이 야금야금 줄어들 수밖에 없다.

② 한국은행이 기준금리를 0.25퍼센트포인트 인상했다.

기준금리 인상은 모든 채무자에게 매우 나쁜 소식이다. 은행에서 대출을 받아 집을 샀거나 전세자금을 마련한 사람은 직접적인 타격을 받는다. 가계부채 1,400조 원 시대, 대한민국에 빚 없는 사람은 많지 않다. 금리가 빠르게 상승한다면 길거리에 나앉는 사람이 생길 수도 있다.

③ 달러 환율이 1,050원에서 1,100원으로 올랐다.

달러 환율이 오른다는 말은 원화의 가치가 떨어진다는 뜻이다. 원화 가치가 떨어지면 외국에서 수입하는 물건의 값이 비싸진다. 해외시장에서 달러표시 가격이 변하지 않는다 하더라도 우리 돈으로 더 많은 금액을 지불해야 원하는 상품을 들여올 수 있다. 예를 들이 석유 1배럴의 달러표시 가격이 60달러일 때, 환율이 1,050원이면 6만 3,000원을 주면 되지만 환율이 1,100원으로 뛰면 6만 6,000원을 주어야 한다. 우리나라처럼 원유, 밀가루, 옥수수, 콩, 커피 등 대부분의 원자재를 수입하는 나라는 환율이 오르면 전반적으로 물가가 상승한다. 소득은 일정한데 물가가 오른다? 그 말은 나의 소득이 물가상승률만큼 감소한다는 뜻이다.

④ 단골로 이용하던 가까운 카센터가 문을 닫았다.

가까운 단골 카센터의 폐업은 도시에서는 별로 문제가 아닐 듯싶지만 시골에서는 생활에 큰 영향을 끼친다. 그동안 집에서 5킬로미터 떨어진 카센터를 이용했는데 앞으로는 30킬로미터 떨어진 읍내까지 가야 한다. 여러 가지 불편이 따르지만 무엇보다 시간과 기름값이 더 든다. 고장으로 차가 섰을 때 견인비도 만만치 않다.

⑤ 담배 가격이 2,500원에서 4,500원으로 올랐다.

흡연율이 높은 저소득층에게 담뱃값 인상은 엄청난 타격이다. 담배가 가진 강력한 중독성으로 인하여 흡연자에게 담뱃값 인상은 임금 삭감과 동일한 효과를 낳는다. 이러한 소득 감소는 기업에 아무런 도움이 안 된다. 삭감한 임금을 기업이 아닌 정부가 가져가기 때문이다. 정책결정에 저임금 노동자 계층의 의견이 반영되었다면 이런 법안은 결코 통과되지 못했을 것이다.

⑥ 석유수출국기구OPEC와 러시아가 원유 감산에 합의했다.

석유수출국기구OPEC와 러시아가 감산 협상을 벌이는 것만으로도 유가가 들썩인다. 공급이 줄면 가격이 오른다. 중동과 러시아의 유가만 오르면 다행인데 세계 에너지시장은 하나로 연결되어 있어서, 나이지리아와 베네수엘라의 원유 가격도 오르고 러시아와 미국의 천연가스 가격도 덩달아 춤을 춘다. 유가는 식량 가격과 밀접한 연관이 있다. 유가 폭등은 식량위기로 이어질 가능성이 크다. 먼저 전기 생산원가와 난방비를 크게 올림으로써 서민의 삶을 옥죌 것이다.

⑦ 태국이 디폴트를 선언했다.

태국의 디폴트(채무불이행) 결과는 우리 국민 모두가 1997년에 직접 경험했다. 이른바 'IMF 외환위기'에 대해서 여러 가지 분석이 있지만, 태국의 경제위기가 뇌관 역할을 했다는 점에는 많은 전문가가 동의한다. 당시 한국의 금융사들은 국제적 돈놀이에 푹 빠져 있었다. 일본에서 저금리 단기자금을 들여와 태국에 고금리로 빌려주고 짭짤한 이득을 보았던 것이다. 태국 기업들이 지급불능 상태에 빠지자 일본이 채권을 회수하기 시작했고, 한국의 금융권은 더 이상 돈을 빌릴 수도 갚을 수도 없게 되었다. 한국 경제가 휘청거리면서 수많은 사람이 직장을 잃고 빈곤층으로 전락했다.

⑧ 미국 재무부 증권 10년물의 시장가격이 큰 폭으로 하락했다.

미국 재무부 증권은 미국의 국채를 말한다. 국채 가격이 떨어졌다는 것은 미국의 신용이 하락했다는 뜻이고, 그 말은 미국의 경제상황이 좋지 않다는 뜻이다. 미국의 신용등급 하락은 세계 경제의 악몽이다. 미국 정부는 더 높은 이자로 돈을 빌려야 하고, 미국 금리가 오르면 세계 모든 나라의 금리가 뒤쫓아 오른다. 과도한 금리 인상은 경기 침체를 부른다. 세계 경제가 장기간 침체 국면에 붙들리면 수출로 먹고사는 한국 경제는 큰 타격을 입는다. 한국 경제가 뿌리째 흔들리는데 내 삶이 온전할 리가 없다.

⑨ 북극의 이상기온으로 제트기류가 남하했다.

북극의 이상기온과 제트기류의 남하는 한국 사람의 월동비 상승에 직접적인 영향을 미친다. 제트기류는 북반구의 동서를 가로지르는 거대한 기류로서 시베리아 북부의 차가운 공기가 내려오는 것을 막아주는 일종의 에어커튼 역할을 한다. 지구온난화의 영향으로 북극 지방의 기온이 비정상적으로 높아지면 이 제트기류가 느슨해지면서 남쪽으로 밀려 내려온다. 결국 한반도 지역의 겨울 기온이 평년 수준보다 낮아지고, 보일러가 더 많은 연료를 소모하게 된다.

지역 경제와 세계 경제를 불문하고 모든 경제 문제는 내 삶과 직간접적으로 연관되어 있다. 그 연관성은 매우 구체적이어서 대부분 수치로 나타낼 수 있다. 예를 들어 '은행에서 돈을 빌리기 쉬운가?'라는 질문에는 신용등급과 금리로, '노동자가 원하는 일자리를 얻기 쉬운가?'라는 질문에는 실업률이나 일자리 증감률로 대답한다. 심지어 삶의 만족도를 나타내는 '국민행복지수'도 있다. 이렇게 보면 경제 문제의 해법은 산수 문제처럼 간단할 것 같지만 실제로는 그렇지 않다. 경제는 복잡한 인간심리와 사회현상이 얽힌 '무질서의 질서'이기 때문이다.

인간의 일상생활을
연구하다

"경제학은 인간의 일상생활을 연구하는 학문이다." 영국의 경제학자 앨프리드 마셜Alfred Marshall, 1842~1924이 한 말이다. 케임브리지대학교에 경제학과가 생긴 때는 1903년이다. 케인스의 스승이기도 한 마셜은 대학 당국을 끈질기게 설득한 끝에 경제학을 독립된 학과 과정으로 개설했다.[7] 그는 '경제학economics'이란 용어를 처음 쓴 사람이기도 하다. 그때까지만 해도 경제학은 도덕과학moral science의 한 분과에 지나지 않았다.

경제학이 다루는 문제를 개인의 영역으로 좁히면 미시경제학micro-economics이고, 국가 혹은 세계 범위로 시야를 넓히면 거시경제학macro-economics이다. 다시 말해 내가 카페라테를 마실지 아메리카노를 마실지 선택하는 문제는 미시경제학이고, 최저시급과 실업률의 상관관계를 따지고 들면 거시경제학이다. 경제학을 국가 차원으로 끌어올림으로써 정부의 적극적인 역할을 강조한 경제학자가 바로 존 메이너드 케인스John Maynard Keynes, 1883~1946다.

한자어로 썼을 때의 '경제經濟'는 경세세민經世濟民 또는 경국제세經國濟世의 줄임말이다. 메이지유신 이후 간다 다카히라神田孝平라는 일본인이 서양의 문물을 도입하는 과정에서 중국의 고전을 뒤적여 만든 용어다.[8] 글자 그대로 풀이하면 '나라를 경영하고 백성을 구제하는 일'이라는 뜻인데, 현대적 의미의 경제보다는 정치 쪽에 가깝다. 사실상 거시경제는 정치의 영역이다(제9장에서 정치와 경제는 뗄 수 없는 관계임을 확인할 것이다).

경제를 뜻하는 영어 단어 'economy'는 'oikonomos'라는 그리스어에서 유래했다. 집안 살림을 맡아서 관리하는 사람, 즉 '집사'라는 뜻이다. 집안 살림이든 나라 살림이든 효율성efficiency과 형평성equality을 추구한다는 점에서는 똑같다.

그레고리 맨큐에 따르면 경제학은 "사회가 희소자원을 어떻게 관리하는지 연구하는 학문"이다.[9] 나는 이 말을 '부富를 어떻게 생산하고 어떻게 나누는 것이 바람직한지 따지는 학문'으로 이해하고 있다. '바람직하다'라는 말은 가치판단을 요구한다. 물리학이나 생물학에서는 '바람직하다'라는 말을 쓰지 않는다. 내가 생각하는 경제학은 사실판단과 가치판단을 모두 아우르는 학문이다. 그러나 많은 경제학자는 경제학에서 가치판단을 제거함으로써 물리학처럼 시빗거리가 없는 학문으로 만들고 싶어 하는 경향이 있다. 그래서 현실과 동떨어진 경제학이 생겼다.

경제학은 사람의 활동을 다룬다. 그러다 보니 물리학처럼 간결한 공식과 법칙으로 사회현상을 설명하기가 쉽지 않다. '고전주의 물리학', '신고전주의 물리학' 같은 용어를 들어보았는가? 새로운 지질학

이론에 대해서 '매우 진보적인 시각'이라고 말할 수 있는가? 물론 어떤 물리학자가 정치적으로 보수적이거나 진보적인 성향일 수는 있다. 그러나 물리학 자체는 보수 또는 진보와 무관하다. 우리는 그런 특징을 '가치중립적value-free'이라고 말한다. 물리학에는 '학파'라는 것이 없다. 분자물리학, 천체물리학처럼 세분화된 분야는 있어도 통화주의monetarism나 재정주의fiscalism처럼 동일한 현상에 대해서 달리 해석하고 다른 처방을 내리는 경우는 거의 없다.

경제학만큼 논쟁이 치열하고 이견異見이 분분한 학문도 없다. 그 이유를 추정하는 것은 어렵지 않다. 경제적 선택에는 대개 손익損益이 따른다. 한정된 자원을 배분할 때 배분방식에 따라 이득을 보는 이가 있는가 하면 반대로 손해 보는 사람도 생긴다. 같은 사회현상이라 해도 입장이 다르면 해석도 달라질 수밖에 없다. 자유방임을 신봉하기도 하고 정부의 적극적인 시장 개입을 주장할 수도 있다. 노동자의 연대와 계급투쟁이 사회를 바꿀 수 있다고 믿는가 하면 다른 한쪽에서는 개인의 선택을 중시한다. 다시 말해 경제학은 가치중립적이지 않다.

물리학에서 동일한 현상에 대해 상충하는 설명이 있을 때, 논리적으로 합당한 경우는 두 가지다. 하나는 참이고 다른 하나는 거짓인 경우와 둘 다 거짓인 경우. 그럴 때 학계는 어느 한쪽이 '진리'로 검증될 때까지 '가설'로 보류해 둔다. 경제학으로 넘어오면 상반된 두 가지 해석을 각각 옳다고 주장하는 경우가 비일비재하다.

뇌과학 전문가인 박문호 박사의 지론에 따르면 "모르는 것을 모른다고 말하는 것이 과학"이다. 그러나 나는 지금까지 어떤 문제에 대해서 "모른다"라고 말하는 경제학자를 본 적이 없다. 그들은 거의 모든 문제에 정통한 것처럼 보인다. 과연 그럴까? 엘프리드 마셜의 견해대로 경제학이 인간의 일상생활을 다룬다고 치자. 인간의 일상생활을 연구하려면 먼저 인간 자체를 잘 알아야 한다. 하지만 인간은 그 자신을 잘 모른다. 동물학, 심리학, 뇌과학을 다 동원하더라도 인간은 아직 자기 자신에 대해서 모두가 납득할 만한 설명을 내놓지 못하고 있다.

호모
에코노미쿠스

어느 사회에나 주류와 비주류가 있다. 경제학에도 주류가 있다. 대학과 학계에서 널리 받아들여지는 경제학을 하나로 묶어 '주류 경제학'이라고 칭한다. 한마디로 잘나가는 선수들이고, 정부의 정책결정에 강한 입김을 불어넣는다. 1980년대 미국에 신자유주의 정권이 들어서면서 학문권력을 장악한 시카고학파Chicago school가 대표적인데, 2008년 글로벌 금융위기 이후 기세가 한풀 꺾였다. 현대의 주류 경제학은 주로 기득권층과 보수 세력의 이익을 대변하며 시장자유주의와 작은 정부를 지향한다.

반면에 비주류 경제학은 시장실패와 사회불평등 문제를 제기하며 주류 경제학에 비판적이다. 비운의 혁명가 카를 마르크스Karl Marx, 1818~1883와 경제학계의 이단아 소스타인 베블런Thorstein Veblen, 1857~1929은 지금까지도 열정적 추종자를 거느린 영원한 비주류다. 케임브리지대학교의 장하준 교수도 세계적으로 유명한 경제학자이지만 주류는 아니다. 경제학에 대한 그의 언급은 매우 도발적이다. "경제학은 과학이 아니고, 앞으로도 과학이 될 수 없다."[10]

주류 경제학은 시장의 효율성을 중시하고 비주류 경제학은 사회의 형평성을 강조하는 경향이 있다. 하지만 시대적 상황에 따라 논점과 가치관이 달라지고 새로운 사상이 끊임없이 수혈되기 때문에 주류와 비주류의 경계는 칼로 자르듯 명확하지 않다.

케인스가 등장하기 전까지 경제학은 주로 개별 기업과 개인, 즉 생산자와 소비자 개개인이 어떻게 경제적 선택을 하는지를 다루었다. 인간의 의사결정 패턴을 연구하려면 먼저 보편적 인간상을 정립할 필요가 있다. 주류 경제학은 인간에 대한 두 가지 가정을 전제로 한다. 첫째, 인간은 이기적이다. 둘째, 인간은 합리적으로 사고한다. 이렇게 이기적이고 합리적인 인간상을 '경제적 인간Homo Economicus'이라고 한다.

인간은 언제나 이기적인가? 그렇다면 테레사 수녀의 행동을 어떻게 설명할 수 있을까? 한국에서만 매년 수백만 명이 아무런 대가 없이 혈액을 기증한다. 전혀 모르는 사람의 생명을 구하기 위해 위험을 무릅쓴 사례는 무수히 많다. 인간은 늘 합리적 선택을 한다는 전제도 의심스럽기는 마찬가지다. 이 전제에 따르면 인간은 언제나 최소 비용으로 최대 효용을 거두려고 한다. 정말 그런가? 모든 인간이 합리적이라면 당첨될 확률보다 잃을 확률이 훨씬 높은 복권은 한 장도 팔리지 않아야 할 것이다.

주류 경제학에 대한 비판은 금융위기가 거듭되면서 한층 거세졌다. "경제의 기본 작동원리를 이해하는 데는 경제학자가 필요하지 않다.

주류 경제하자, 즉 가짜 경제학자들은 경제학을 통달한 척하지만, 사실 아는 것도 별로 없고 진실을 감추기에 급급하며 일반인이 알기 어려운 모호한 전문용어를 사용한다." 경제학자인 존 F. 윅스John F. Weeks의 말이다.[11] 그의 저서인 『1%를 위한 나쁜 경제학』에는 "주류 경제학은 어떻게 부자들에게 봉사하고, 현실을 은폐하고, 정책을 왜곡하는가?"라는 부제가 붙어 있다. 한국의 진보적 경제학자인 정태인은 "주류 경제학에는 실업도 금융위기도 존재하지 않는다"라며 주류 경제학을 신랄하게 비판했다.[12]

내 생각에 전통적인 경제학은 인간의 감정과 이타적 본성을 과소평가하는 경향이 있고, '동물로서의 인간'에 대한 통찰이 부족한 것 같다. 빈 곳을 채우려면 인류학, 역사학, 심리학, 뇌과학, 진화생물학 등의 연구에서 더 많은 영감을 얻어야 할 것이다. 리처드 탈러Richard Thaler가 행동경제학에서 거둔 성과는 그런 점에서 주목할 만하다. 시카고대학교 경제학 교수인 탈러는 사람들이 기존 경제학 이론이 가정하는 것처럼 합리적으로 행동하지 않는다는 사실을 밝힘으로써 2017년 노벨 경제학상을 수상했다. 기자가 상금을 어떻게 쓸 것인지 묻자 탈러는 이렇게 대답했다. "재미있는 질문이네요. 제가 할 수 있는 한 가장 비합리적으로 써보겠습니다."[13]

주류 경제학에서 당연하게 받아들이는 전제가 또 있다. '인간의 욕망은 무한하다'라는 믿음이 거의 모든 경제학 교과서의 첫 장을 채우고 있다. 자원의 희소성 앞에 인간의 무한한 욕망이 도사리고 있다는 주장인데, 내게는 그 말이 인간에 대한 끔찍한 저주처럼 들린다. 만족을 모르는 동물의 삶이 얼마나 고단할지 헤아리기 전에 한번 따져보

자. 과연 욕망의 무한성은 인간의 존재방식에 대한 정확한 관찰인가? 만약 인간의 욕망이 무한하다면 이 세상의 어떤 인간도 행복을 느끼는 것은 불가능하다.

경제학자들이 잘 쓰는 방식대로 '다른 모든 조건이 동일하다ceteris paribus'는 가정을 슬쩍 빌리기로 하자. 가상의 실험실 안에서 인간의 모든 욕망을 제거하고 오직 '식욕' 하나만 남겨놓는다. 인간의 욕망은 무한하다. 따라서 식욕도 무한하다. 실험 결과를 끝까지 지켜볼 필요는 없다. 실험실 안의 불쌍한 인간은 짜장면 열 그릇과 갈비 30인분을 먹고 배가 터져서 죽을 테니까.

극단적인 예를 들었지만 '무한하다'라는 표현은 아무래도 과장이 좀 심한 것 같다. '꽤 크다' 정도로 바꾸는 것이 좋겠다. '조절할 수 있다'를 덧붙이면 진실에 좀 더 가까워질 것이다.

경제로
세상을 이해하자

왜 경제학에는 그렇게도 학파가 많은가? 얼른 꼽아 보아도 고전주의학파, 신고전주의학파, 새고전파, 마르크스학파, 케인스학파, 네오케인스학파, 슘페터학파, 오스트리아학파, 행동주의학파, 시카고학파, 구제도학파, 신제도학파, 공공선택학파 등 열 손가락이 모자랄 정도다. 이 모든 학파의 이론을 다 알 필요는 없다. 애덤 스미스, 카를 마르크스, 앨프리드 마셜, 존 메이너드 케인스, 밀턴 프리드먼 등 경제사에 굵직한 족적을 남긴 몇 사람의 핵심 사상을 이해하는 것으로 충분하다. 무엇보다 그 많은 논쟁이 현재진행형이라는 사실을 기억해 두자. 아직 결론이 나지 않았고, 앞으로도 논쟁은 계속될 것이다. 철학이 모든 학문의 아버지라면 철학의 본령을 지켜야 한다. 철학은 답이 나와도 계속 그 답을 의심하는 학문이다.

어느 학파의 주장을 따를 것인가는 지적 능력과 아무런 관련이 없다. 대부분의 사람은 각자 처한 입장에 따라 보고 싶은 것을 보고, 믿고 싶은 것을 믿는다. 그럼에도 경제학은 이 세상을 이해하는 데 길잡이 역할을 한다. 그레고리 맨큐는 그의 저서인 『맨큐의 경제학』에서 경제학을 공부해야 하는 이유를 세 가지로 정리했다.[14]

① 경제학은 우리가 살고 있는 이 세계를 이해하는 데 도움이 된다.
② 경제학을 공부하면 경제활동에 더 지혜롭게 참여할 수 있다.
③ 경제학을 공부하면 경제정책이 달성할 수 있는 것과 그 한계를 이해하게 된다.

첫 번째는 내가 경제를 공부하는 가장 중요한 이유다. 어떻게 살 것인가? 어떻게 죽을 것인가? 인간이라면 피치 못할 질문이다. 그런데 이 물음의 답을 좇다 보면 어느새 더 근원적인 질문으로 돌아가게 된다. 나는 누구인가? 이 세상은 어떤 세상인가? 경제학은 우리가 살고 있는 세상이 어떤 세상인지에 대해 쓸 만한 단서와 꽤 괜찮은 아이디어를 제공한다.

두 번째 효용은 장담할 수 없다. 데이비드 리카도David Ricardo와 케인스를 제외하면 경제학자 가운데 주식투자로 돈을 번 사람은 찾아보기 어렵다. 파생금융상품에 대한 연구로 노벨 경제학상을 공동으로 수상한 로버트 머튼Robert Merton과 마이런 숄스Myron Scholes는 한 헤지펀드 회사의 이사직에 함께 취임했는데, 그 회사는 1997년 아시아 금융위기 때 파산하고 말았다.[15] 월가에는 천재적인 금융 전문가와 아이비리그 출신 고학력자들이 차고 넘친다. 하지만 2008년 글로벌 금융위기 때 월가 전체가 거의 망할 뻔했다. 침팬지와 앵무새가 주식 전문가와의 가상대결에서 더 높은 수익을 올린 사례도 있다.

세 번째로 경제정책의 한계, 이것을 아는 것이 중요하다. 정책의 한계를 넘어서 그 해악과 숨은 의도까지 간파할 수 있어야 한다. 버스요금이 얼마인지도 모르는 자들이 만드는 노동정책이 남구로역 인력시장을 기웃거리는 나의 삶에 어떤 영향을 미치는지, 새로운 교육정책이 우리 아이들의 미래를 어떻게 변화시키는지, 정책 입안자들이 어느 편에서 정책을 설계하고 집행하는지, 왜 정부는 인민대중 다수가 반대하는 정책을 밀어붙이는지, 그 정책으로 인하여 누가 이득을 보고 누가 손해를 보는지, 그 정책을 선택하는 대가로 포기해야 하는 기회비용은 무엇인지, 우리 사회가 가진 자원은 공평하게 분배되고 있는지 두 눈 똑바로 뜨고 감시할 수 있어야 한다.

나는 권력과 언론을 틀어쥔 자들이 특정 계층을 위한 정책과 법령을 밀어붙이는 모습을 볼 때마다 늘 이런 의문이 떠오른다. "우리가 알고 있어도 저들이 저럴까?" 노동자를 쥐어짜고 노동조건을 더욱 열악하게 만드는 법안을 내밀면서 '노동자를 위한 법률'이라고 강변할 수 있을까? 한 명의 부자를 돕기 위해 만 명의 가난뱅이를 털고자 하니 법안 개정을 지지해 달라고 요구할 수 있을까? '증세 없는 복지는 허구'라고 말한 동료 정치인을 배신자로 몰아붙이면서 담뱃값을 왕창 올릴 수 있을까?[16] 경제혁신3개년계획이 성공했다고 자화자찬하는 동시에 같은 입으로 경제가 위기라고 국민을 겁박할 수 있을까? 오천만 시민이 세상 돌아가는 사정을 훤히 알고 있어도 저들이 저럴 수 있을까?

바보가 아닌 다음에야 몇 개의 법안으로 한 국가의 경제가 살아난다고 믿을 사람이 얼마나 될까. 1인당 GDP 4만 달러 시대를 앞당기려면? 국민소득촉진법을 제정한다. 방만한 재정지출을 축소하려면? 정부부채의 한도를 법으로 정한다(실제로 미국에는 이런 법이 있다). 부동산거품의 붕괴를 막으려면? 거품붕괴금지법을 만든다. 선출직 공직자의 공약 파기를 막으려면? 공약파기가중처벌법으로 엄하게 처벌한다. 세계 최고의 자살률을 줄이려면? 자살금지령을 대통령령으로 시행한다.

법은 본질적으로 어떤 행위를 '못하게' 하는 속성을 갖고 있다. 금제하고 처벌하는 강제력을 바탕으로 브레이크 역할을 하는 것이 법이다. 따라서 어떤 법을 만들 때 무엇을 '잘하게' 하는 기능을 기대하는 것은 무리다. 예를 들어 학생들이 시험을 치를 때 부정행위는 법으로 단속할 수 있지만 법으로 공부를 잘하게 만드는 것은 쉽지 않다.

국가 경제는 그 자체로 총체적이고 복합적인 문제일 뿐만 아니라 세계 경제와 긴밀하게 얽혀있어서 국내법 한두 개 바꾼다고 해서 즉각 달라지지 않는다. 경제가 그렇게 단순한 문제였다면 멕시코는 벌써 미국을 따라잡았고 아르헨티나는 진즉에 독일 같은 경제 강국이 되었을 것이다. 노동자를 맘대로 해고할 수 있고, 노동자의 임금을 국가가 정하고, 불평하는 노동자는 언제든 수용소에 보낼 수 있으며, 게다가 국정교과서까지 채택한 북한은 왜 저 모양이란 말인가?

서두에서 이야기했듯 호모 사피엔스는 지상의 생존경쟁에서 그 어떤 종보다도 놀라운 성공을 거두었다. 먹이사슬의 최상위를 점유한 것에 그치지 않고, 우주적 시각으로 지구 생태계를 내려다보게 되었다. 그러나 아직 갈 길이 멀다. 인간은 지표면에서 벌어지는 사회현상조차 제대로 설명하지 못한다.

우리가 살고 있는 세상을 이해하기 위해, 우리는 시야를 가로막은 산등성이를 수없이 넘어야 한다. 그 산은 편견의 산일 수도 있고 오독誤讀과 무지無知의 산일 수도 있다. 하나의 산을 넘을 때마다 우리는 눈앞에 펼쳐진 새로운 풍경에 감탄하거나 분노할 것이다. 그리고 왜 인간의 삶에 앎이 필요한지 절감하게 될 것이다.

진정한 부란 무엇인가?

◆

◆

부富가 화폐 또는 금은으로 구성되어 있다는 것은
일종의 통속적인 견해다.
_애덤 스미스(도덕철학자)

●

○

부의 기준은
상황에 따라 다르다

해리 아트만과 낙타는 길을 잃었다. 병에 걸린 안내인이 집으로 돌아가고부터 모든 것이 엉망으로 꼬였다. 예정대로라면 벌써 세 번째 거점에 도착했어야 하는데, 90시간 넘게 모래벌판을 벗어나지 못하고 있다. 이제는 온 길을 되짚어 돌아가는 것조차 불가능해 보인다. 여행은 성패를 떠나서 죽고 사는 문제가 되었다.

해는 천천히 지평선 너머로 기울고 있다. 해리는 낮 동안 따뜻하게 달궈진 바위를 찾아 텐트를 쳤다. 견과류와 통조림으로 간단하게 요기를 마친 그는 랜턴을 켜고 혼란에 빠진 머릿속을 정리하기 시작했다. 첫째 목표는 살아남는 것이다. 둘째 목표도 살아남는 것이다. 그러기 위해 짐의 무게를 최소화하고 꼭 필요한 것만 갖고 간다. 해리는 매트리스 위에 그가 가진 모든 물건을 늘어놓고 목록을 작성해 보기로 했다.

사흘 동안 아무것도 먹지 못한 낙타 한 마리, 가죽주머니에 담긴 물

2리터, 참치통조림 5개, 닭고기통조림 2개, 소고기육포 약 300그램, 땅콩 한 봉지, 20개입 비스킷 한 봉지, 초콜릿 세 조각, 껌 한 통, 칭다오 캔 맥주 2개, 약간의 설탕과 소금. 여기까지 썼을 때 해리는 상황이 생각보다 심각함을 깨달았다. 낙타는 열흘 정도는 버텨줄 것이다. 식량은 아무리 아껴 먹어도 나흘이면 바닥날 것 같다. 분말수프를 끓이려면 물이 필요하므로 물도 넉넉하다고 볼 수 없다. 그 전에 그와 낙타를 곤경에서 구해 줄 사람을 만나야 한다.

지친 낙타를 위해 짐의 무게를 최대한 줄이는 것이 매우 중요하다는 것을 알지만 막상 목록을 들여다보니 버릴 것이 없어 보인다. 배터리가 떨어진 휴대전화를 생존목록에서 제외하는 데는 긴 고민이 필요하지 않았다. 캐논 카메라와 렌즈 한 세트는 어찌할까? 값으로만 따지면 그가 가진 물건 중에서 가장 비싼 물건이다. 아마 다른 모든 물건에다 낙타 한 마리를 얹어도 카메라 한 대 값에 못 미칠 것이다. 그러나 목숨보다 귀한 것은 없다. 그는 눈물을 머금고 카메라를 목록에서 지웠다. 카메라를 버려야 하는 이유는 단 하나, 사막 한가운데서 얻을 수 있는 효용에 비해 너무 무겁다는 것이다. 최근 몇 달 간 손에서 놓아본 적이 없는 두꺼운 철학책은 불쏘시개로 쓰기로 했다. 지갑에 든 미화 300달러와 몽골 돈 10만 투그릭은 얄궂은 종이 쪼가리에 지나지 않는다.

부富에 대한 정의는 인간이 처한 상황에 따라 달라진다. 해리가 미국 씨티은행에 예치한 500만 달러의 당좌예금, 몇 개의 투자은행에 분산해 놓은 1억 달러 상당의 채권과 주식, 마이애미 해변에 있는 100만 달러짜리 저택은 지금 상황에서 아무런 의미가 없다. 그가 사랑해 마지않는 최고급 람보르기니가 옆에 있다 해도 자갈투성이 사막에서는 차라리 굶주린 낙타 한 마리가 더 나을 것이다. 애덤 스미스의 견해대로, 타타르족에게는 가축이 부의 전부라고 할 수 있다.[1] 뉴기니의 부족사회에서 부를 가늠하는 전통적인 기준은 보유한 돼지의 머릿수였다.[2]

해리는 카메라 삼각대의 다리 하나를 부러뜨려 가볍고 튼튼한 지팡이를 만들었다. 재산 목록에서 카메라 삼각대가 지워지고 지팡이 하나가 추가되었다. 지금 해리에게는 삼각대의 가치보다 지팡이의 가치가 더 높기 때문에 전체적으로 부가 증가했다고 할 수 있다.

짐을 추스르고 떠난 지 닷새째 되는 날, 해리와 낙타의 걸음발은 눈에 띄게 느려졌다. 해리는 바위산 뒤편에서 어슬렁거리는 늑대 무리를 보았다. 낙타는 더 이상 앞으로 나아가려 하지 않았다. 윈체스터 연발소총과 실탄 한 상자를 버린 것은 잘못된 판단이었음이 분명하다. 혹시 몰라 열 발의 총알을 남겨 두었지만 쓸모가 없어 보인다. 인간의 선택이 항상 합리적인 것은 아니다.

낙타와 해리는 거친 땅에 주저앉아 마지막 식수인 캔 맥주를 나누어 마셨다. 낙관적인 해리는 주어진 상황을 자신에게 유리한 쪽으로 해석해 보기로 했다. 늑대가 돌아다닌다는 것은 이곳도 제법 살 만한 곳이라는 이야기 아닐까? 어쩌면 근처에 늑대가 좋아하는 양이나 염소가 있을지도 모른다. 그렇다면 양떼를 몰고 다니는 사람도 있을 것이다. 해리는 텐트를 치고, 불에 탈 만한 것을 모조리 긁어모았다. 때에 찌든 속옷과 양말, 빈 플라스틱 통 따위를 쌓고 책과 수첩을 올려놓았다. 낙타 등에 얹었던 길마(짐을 실을 때 쓰는 안장)도 땔감으로 보태졌다. 밤이 되기를 기다렸다가, 해리는 남은 휘발유를 모두 붓고 불을 질렀다. 해리는 시계를 보며 정확히 1분 간격으로 총알을 한 발씩 불속에 던져 넣었다. 총성이 잇달아 울리고, 화약 냄새를 맡은 늑대 무리는 모두 사라졌다.

다음 날, 길고 검은 털로 뒤덮인 개 한 마리가 모래언덕 위에서 컹컹 짖었다. 곧이어 말을 탄 사내들이 언덕 위로 모습을 드러냈다. 그들은 사막 한가운데서 부의 태반을 태워버린 미국인을 향해 웃으며 손을 흔들었다.

부의 원천은 노동이다

애덤 스미스의 위대함은, 인류사에서 대부분 노예나 농노의 몫이었던 노동을 국부國富, wealth of nations의 원천으로 격상한 데에 있다. 만약 후세의 위정자들이 스미스에게서 참된 배움을 얻고자 한다면 노동자를 함부로 대하거나 노동자의 권익을 침해하는 일은 없을 것이다. 애덤 스미스는 그의 의도와 상관없이 수많은 경제학자와 정치가에 의해 오독되거나 나쁘게 이용당하고 있다.

애덤 스미스에 대한 오해 가운데 대표적인 것이 야경국가론夜警國家論이다. 널리 알려진 것과 달리 스미스는 '국가는 도둑이나 지키면 된다'라고 말한 적이 없다. 거꾸로 '문명이 발달할수록 정부의 역할도 커질 수밖에 없다'고 주장했다. 또한 국방, 사법, 공공사업, 교육 같은 일은 정부(국왕)의 의무임을 명확히 밝혔다.[3] 특히 "그 사회의 모든 구성원을 다른 구성원의 불의나 억압으로부터 최대한 보호할 의무"[4]가 국가에 있다는 스미스의 지적은, 자본권력의 무한 폭주를 지지하는 신자유주의자들의 논리와는 결이 달라도 한참 달라 보인다. 그가 1776년에 발표한 『국부론The Wealth of Nations』은 국가의 보호무역 정책을 비판하기 위해서 쓴 책이지, 시장이 모든 것을 해결하리라는 믿음을 전파하려고 쓴 책이 아니다.

『국부론』은 노동labour에 대한 명쾌한 규정으로 시작한다. "연간 노동의 생산물이 연간 소비를 공급한다. 한 나라 국민의 연간 노동은 그들이 연간 소비하는 생활필수품과 편의품 전부를 공급하는 원천이며, 이 생활필수품과 편의품은 언제나 이 연간 노동의 직접 생산물로 구성되어 있거나 이 생산물과의 교환으로 다른 나라로부터 구입해온 생산물로 구성되고 있다."[5]

한마디로 부의 원천은 노동이라는 뜻이다. 여기서 부wealth는 돈money과 동의어가 아니다. 스미스는 구체적으로 "생활필수품과 편의품"이라고 표현했는데, 요즘 말로 번역하면 '재화'다. 그가 살았던 18세기 영국 사회에서 돈은 곧 금이었다. 영국은 1717년 유럽에서 가장 먼저 금본위제를 시행했다. 그전에는 금과 은을 모두 화폐로 사용했다. 애덤 스미스는 금과 은이 다른 재화와 마찬가지로 국부를 구성하는 한 요소일 뿐이라고 생각했다. 금과 은을 국부의 전부라고 여겼던 중상주의 정치가들과는 사고의 출발점이 달랐다.

애덤 스미스의 강의를 좀 더 따라가 보자. 한 사람이 얼마나 부유한지 묻는 것은 그가 재화를 얼마나 향유할 수 있는지를 묻는 것과 같

애덤 스미스는 『국부론』에서 노동이 부의 원천임을 명확하게 밝혔다. 이 주제를 잘 표현한 시모어 포겔Seymour Fogel의 〈국부론The Wealth of the Nation〉.

다. 그 재화의 대부분은 타인의 노동에서 얻어 와야 한다. 따라서 한 사람이 가진 부의 수준은 그가 지배할 수 있는, 혹은 구매할 수 있는 노동의 양에 따라 결정된다.[6]

결국 부의 총량은 노동의 총량과 같다. 이것은 금융가들이 새겨들어야 할 이야기다. 일을 하면 부유해지고, 일을 안 하면 가난해진다. 일하는 사람이 많아지면 잘사는 나라가 되고, 일하는 사람이 적어지면 가난한 나라가 된다. 무엇이든 일을 한다는 것은 아무것도 안 하는 것에 비하여 조금이라도 낫다. 아무리 하찮은 일이라 할지라도 한 사회의 부가 늘어나는 데 기여하기 때문이다. 따라서 부의 증진에 기여한 만큼 보상받는 것은 극히 자연스럽다. 기여도가 같을 때 보상의 수준이 같아야 하는 것은 당연하다.

동일한 장소에서 동일한 업무를 수행했는데 임금이 다르다. 이 문제를 합리적으로 설명할 방법이 있는가? 예를 들어 노동자 (가)와 노동자 (나)가 같은 곳에서 같은 일을 한다고 가정해 보자. 두 사람의 숙련도는 같고, 생산요소 가운데 노동이 차지하는 비중은 50퍼센트다. 두 사람이 10시간 일한 결과 총 20만 원 상당의 최종 생산물이 만들어졌다. 최종 생산물이 나오기까지 두 노동자가 기여한 가치는 10만 원이다. 따라서 (가)와 (나) 모두 5만 원씩 받으면 아무 문제가 없다. 그런데 (가)는 정규직이어서 6만 원, (나)는 비정규직이어서 4만 원을 받는 일이 벌어진다. 이것을 자유시장의 '보이지 않는 손 invisible hand'이 작용한 결과라고 말할 수 있는가?

결과를 놓고 보면 (나)의 몫에서 1만 원을 덜어서 (가)에게 얹어준 셈이다. 이게 정당하지 않다는 점에는 다툼의 여지가 없을 것이다. 그럼에도 오늘날 동일노동에 대한 임금격차는 '노동시장의 유연성'이라는 이름으로 정당화되고 있다. 기업 혹은 사용자에게 이 같은 방식의 임금 결정권을 주는 것이 기업의 경쟁력 강화에 도움이 된다는 믿음의 근거는 무엇인가? 아마도 두 가지일 것이다. 첫째, (가)와 (나)의 경쟁을 부추김으로써 노동생산성을 높일 수 있다. 둘째, (가)를 3명 고용하는 비용보다 (가) 1명에 (나) 2명을 고용하는 비용이 적기 때문에 기업의 가격경쟁력을 높일 수 있다. 어느 쪽이든 비정규직 노동자의 노동을 훔치는 행위이고, 이를 합법화하는 것은 자유시장의 원리에도 어긋난다.

애덤 스미스의 생각을 다시 되새겨 보자. 국가는 노동자를 포함한 그 사회의 모든 구성원을 다른 구성원의 불의나 억압에서 보호할 의무가 있고, 국가가 그 의무를 포기한 시장은 더 이상 자유시장이 아니다. 일찍이 영국의 사상가 존 로크John Locke, 1632~1704가 주장했듯이, 그런 국가는 엎어져야 한다. 존 로크에 의하면, 국가는 국민의 재산을 보호한다는 조건을 걸고 국민에게서 권력을 위임받았다. 만약 국가가 그 의무를 제대로 수행하지 못하면 계약은 국민에 의해 파기될 수 있다(사회계약설). 만약 존 로크가 21세기 대한민국에서 같은 주장을 펼쳤다면 극우 정치세력에게 '종북좌파'로 매도당했을 가능성이 매우 크다.

국내총생산과
국가의 부

애덤 스미스에 따르면 한 국가의 부는 그 나라 국민이 일해서 생산한 재화를 모두 합한 것이다. 외국에서 수입한 재화도 국민이 생산한 물건을 팔아서 번 돈으로 사온 것이니, 결국 국부는 오로지 국민 노동의 결과물이다. 애덤 스미스가 말하는 국부와 오늘날 한국은행에서 매년 발표하는 국내총생산GDP은 거의 비슷한 개념이다.

국내총생산은 일정 기간 한 국가에서 생산된 재화와 서비스의 시장가치를 합한 것이고, 보통 1년을 기준으로 측정한다. 서비스만 빼면 스미스의 국부와 정확히 일치한다. 경제학의 창시자는 왜 국가의 부에서 서비스를 제외했을까?

스미스가 『국부론』을 집필할 당시의 영국은 산업혁명의 초창기였다. 1764년에 제니방적기가 발명되었고, 1769년에는 제임스 와트

James Watt라는 기술자가 개량된 방식의 증기기관으로 특허를 취득했다. 이윤에 민감한 자본이 제조업을 향해 돌진하던 시기에 서비스라는 이름의 노동이 가치를 인정받기는 어려웠을 것이다. 게다가 스미스는 서비스를 비생산적인 노동으로 간주했다. 예를 들어 청소를 한다든지 주인의 심부름 같은 하인의 노동은 그 서비스가 수행되는 순간에 사라져 버리기 때문에 부를 늘리는 데 기여하지 못한다는 것이다. 설사 하인이 노동의 대가로 임금을 받는다 해도 달라지는 것은 없다고 생각했다.[7] 스미스의 시대에는 오직 실물이 중요했다.

그러나 서비스상품을 빼고 현대 사회의 경제적 팽창을 설명하는 것은 불가능하다. 우선 서비스상품의 종류만 해도 통계를 낼 수 없을 만큼 다양하다. 인간이 상상할 수 있는 직종의 대부분은 서비스업에 속한다. 서비스업에 종사하는 인구는 농업·광업·제조업 종사자를 모두 합친 것보다 많다. 이 세상의 모든 연구원, 모든 경찰관, 모든 군인, 모든 교사, 모든 의사, 모든 변호사, 모든 기자, 모든 연예인, 모든 스포츠맨이 서비스 생산자다. 같은 직종이라 해도 서비스의 가격은 천차만별이다. 시장규모도 엄청나다. 거의 모든 사람이 서비스의 그물망 속에서 태어나 그 안에서 살다가 그물망의 한 매듭을 붙잡고 죽는다. 심지어는 죽은 후에도 납골당에 갇혀 '사후서비스'를 받는다. 물론 그가 생전에 수행했던 노동의 축적, 즉 그가 가족에게 남긴 유산에서 비용이 지불될 것이다.

서비스를 제공하는 노동도 엄연한 생산활동이다. 그 노동의 최종 결과물이 무형의 상품이긴 하지만 삶의 질을 향상시킨다는 점에서는 유형의 상품과 다르지 않다. 우리의 삶에서 실물 재화만 남고 모든 서

제조업이 무너지면 서비스업도 활력을 잃게 된다. 디트로이트, 피츠버그, 필라델피아 등의 도시에서는 철강산업과 자동차산업이 몰락하면서 빈 건물이 계속 늘고 있다. 디트로이트 중심부에 있는 버려진 공장 건물이 보인다.

비스가 사라진다고 상상해 보라. 의식주야 어떻게든 해결이 되겠지만 삶의 질이 전반적으로 뚝 떨어질 것이다. 의료 서비스, 교육 서비스, 치안 서비스, 금융 서비스, 정보 서비스, 오락 서비스가 없는 사회는 얼마나 피곤하고 각박하겠는가.

반대로 재화가 사라지고 서비스만 있는 사회를 상상해 보자. 그런 사회는 지속될 수가 없다. 의식주의 기반이 곧바로 붕괴해 버리기 때문에 며칠도 버티기 어려울 것이다. 결국 서비스는 재화에 의존하여 파생되고 확장된다는 사실을 알 수 있다.

재화와 서비스, 둘 다 부를 구성하는 요소이지만 재화가 더 근본적이다. 따라서 제조업이 무너지면 서비스업도 활력을 잃게 된다. 미국의 러스트벨트Rust Belt는 그 모든 과정을 파노라마로 보여주는 사례다. 한때 아메리칸드림의 상징이었던 디트로이트, 피츠버그, 필라델피아 등의 도시에서는 철강산업과 자동차산업이 몰락하면서 빈 건물이 계속 늘고 있다. 2013년 7월 18일, 디트로이트 시는 180억 달러가 넘는 부채를 감당하지 못하고 정식으로 파산을 신청했다. 이는 미국 도시 중 최대 규모의 파산이다.[8] 디트로이트는 그해 『포브스』에 의해 '미국에서 가장 비참한 도시' 1위에 선정되었다.[9]

노동은 재화에
응축된다

올해 고등학생이 된 현수는 푹신한 소파에 비스듬히 몸을 기댄 채로 다큐멘터리 영상을 보고 있다. 눈은 엘이디LED 모니터에 붙들려 있지만 한 손은 쉴 새 없이 탁자 위의 과자봉지를 들락거리며 입으로 과자를 나른다. 오늘의 간식거리는 '감자깡'이라는 이름을 가진 식품이다. 이 과자 한 봉지에 얼마나 다양한 지역의, 얼마나 많은 사람의, 얼마나 오랜 기간의 노동이 관여되어 있는지 밝혀낼 수 있을까?

먼저 재료부터 살펴보자. 소맥분(밀: 미국산), 감자(국산), 수입 옥수수(러시아·헝가리·세르비아산)로 만든 전분, 미강유, 팜유, 조미분말(미국산), 콩, 우유, 돼지고기, 쇠고기, 양파, 파슬리.

미국에서 수입한 밀이 국내의 제분소에서 분말로 만들어졌으니 소맥분은 미국 사람과 한국 사람의 합작품이다. 어쨌든 밀을 생산하는

데 미국인 농부의 한 해 노동이 고스란히 투입된 것은 분명해 보인다. 그 농부가 어떤 사람인지, 전부 몇 명인지는 알 도리가 없다. 아무튼 기계의 힘을 빌렸을 가능성이 아주 크다. 그렇다면 기계를 만든 사람의 노동이 포함되어야 할 것이다. 기계를 움직이는 데는 연료가 필요하다. 따라서 연료인 석유를 생산하고 공급한 노동도 조금은 인정해주어야 한다. 미국의 일반적인 농법을 생각하면 다량의 화학비료와 농약이 뿌려졌을 것이고, 따라서 비료공장과 농약공장의 노동자도 목록에 올려야 할 것이다. 참, 원시림을 밀밭으로 바꾸는 데 들어간 아주 오래된 노동을 잊을 뻔했다. 아마도 그 노동은 매우 거칠고 위험했을 것이다. 여기까지는 대략 훑어본 것이고, 종자를 개발하고 생산한 노동, 트럭이나 기차 운송에 들인 노동, 컨테이너를 선적하는 노동, 태평양을 건너 부산이나 인천까지 수송하는 노동, 하역하는 노동, 다시 공장까지 운반하는 노동 등 일일이 따지고 들면 한도 끝도 없다.

다음에는 감자를 살펴보자. 국산이라는 말이 어색하게 들리지 않지만 감자의 원산지는 페루와 볼리비아의 고산지대다. 감자가 스페인 사람에 의해 처음으로 유럽에 전해진 때는 16세기 후반이다. 그것이 중국을 거쳐 한반도에 들어온 시기는 1820년대쯤으로 추정한다. 그래서 우리가 아침저녁으로 즐겨 먹는 강원도 감자에는 16세기에 안데스 산맥을 헤매던 스페인 사람의 지난한 노역의 흔적이 아주 조금이라도 묻어 있다. 그것이 미립자 수준의 분량이라 해도, 450년 전 한 유럽인의 노동이 한 알의 감자에 배어 있는 것은 사실이다. 유럽을 기아에서 해방시키겠다는 선의로 그 일을 했을 가능성은 희박하지만 말이다.

이쯤 되면 눈치챘겠지만, 세상의 모든 노동은 사라지지 않고 재화에 응축된다. 따라서 재화는 '물화된 노동materialized labour'이다. 감자깡에서 보았듯이, 아무리 사소해 보이는 물건일지라도 그 재화에 고정된 노동의 시공간적 연원은 상상할 수 없을 만큼 깊고 넓다. 단순한 바늘 하나가 지하 수백 미터의 갱도에서 캐낸 철광석에서 비롯했다고 생각해 보라. 그 작은 바늘에 이름도 얼굴도 모르는, 그러나 확실히 존재했던 광부의 고단한 노동이 포함되었음은 분명하다. 우리는 그 노동이 빚어낸 효용가치를 엄지와 검지로 실감하며 떨어진 단추를 옷에 붙인다. 이것은 문학적 표현이 아니라 과학적 사실이다.

서비스 생산에 투입된 노동도 물질적 변화를 일으킨다. 청소부의 노동은 깨끗한 거리로, 미용사의 노동은 만족스러운 헤어스타일로, 요리사의 노동은 맛있는 음식으로, 성악가의 공연은 감동으로 남는다. 이 모든 노동은 삶의 질을 향상시키고 사회의 부를 증진시킨다. 하인의 노동은 생산되는 순간 사라져 버린다는 애덤 스미스의 생각은 틀렸다.

노동의 물화物化는 재화의 본질에 대한 날카로운 통찰이다. 마르크스는 "재화가 가치를 지니는 까닭은 추상적 인간노동이 그 속에 대상화 또는 물질화되어 있기 때문이다"라고 서술했다.[10] 노동은 재화에 고정되고, 재화를 소비한 인간의 몸에 잠시 머물렀다가, 인간의 죽음과 함께 소멸한다.

돈이
부의 전부인가?

지금까지 노동이 부의 원천임을 길게 설명했지만 대부분의 사람은 돈이 곧 부라고 생각한다. 금과 은만이 화폐였던 스미스 시대뿐만 아니라 단순한 종이쪽이 화폐 역할을 하는 현대 사회에서도 마찬가지다. 금고에 고액권이 잔뜩 들어있든, 은행 통장에 아라비아 숫자로 찍혀있든, 돈이 많은 사람은 부자로 인정받는다.

그러나 이것은 착각이다. 돈은 부와 일치하는 개념이 아니다. 인구 100명의 소국이 있다고 가정하자. 그곳은 외부 세계에서 완전히 고립된 사회다. 이 나라에서는 매년 쌀이 100가마 생산된다. 쌀 한 가마 가격은 1만 원이다. 그렇다면 화폐단위로 표시된 이 나라의 국내총생산은 100만 원이고, 1인당 소득은 1만 원이다. 어느 날 국왕은 화폐를 새로 찍어서 국민 모두에게 1만 원씩 나누어주었다. 이제 1인당 소득은 2만 원이 되었으니 모든 국민이 2배로 잘살게 되었을까? 그렇지 않다. 보유한 화폐는 2배가 되었지만 그 돈으로 구입할 수 있는 재화는 여전히 쌀 한 가마뿐이다. 쌀 한 가마 값이 1만 원에서 2만 원으로 올랐기 때문이다. 이 경우 부와 화폐는 일치하지 않는다.

돈은 매우 미묘한 존재이다. 차곡차곡 쌓인 돈뭉치를 보면 고체임이 확실한데, 흐름을 보면 액체 같기도 하고, 주식시장에서 하루아침에 수조 원이 증발하는 것을 보면 기체였나 싶을 때도 있다. 돈의 본질을 알면 경제를 반쯤 이해한 것이나 다름없다(이에 대해서는 제3장에서 집중적으로 다루기로 하자).

화폐를 부와 동일시하는 이유는 돈이 가진 구매력 때문이다. 다시 말해 화폐를 언제든지 시장에서 필요한 재화나 서비스와 교환할 수 있다. 교환비율은 일정하지 않다. 화폐와 상품의 가치가 늘 변하기 때문이다. 원래 화폐는 재화와 재화의 원활한 교환을 돕기 위해 고안된 수단일 뿐이다. 그런데 그 놀라운 편리성과 마법 같은 교환능력에 힘입어 필요 이상의 권능을 지니게 되었고, 최종적으로 재화와 노동을 지배하는 위치에 도달했다. 결국 경제활동의 목표는 더 나은 재화와 서비스가 아니라 화폐 그 자체가 되어버렸다.

화폐와 부 사이에 어떤 상관관계가 있는 것은 분명하다. 그러나 화폐가 부 자체는 아니기 때문에 화폐의 증식을 국가의 정책목표로 삼아서는 안 된다. 예를 들어 '어떻게든 달러만 벌어들이면 된다'라는 식의 생각은 매우 위험하다. 국가의 역량을 외화벌이에 집중하고 내수시장과 지역 농업을 돌보지 않으면 어떤 일이 벌어질까? 이런 정책을 지지하는 사람들은 식량은 벌어놓은 달러로 사다 먹으면 된다고 주장한다. 그런데 이상기온과 자연재해로 전 세계의 곡물 생산이 급감하면 어디서 식량을 사올까? 그때 가서도 화폐가 곧 부라고 우길 수 있을까?

진정한 부는 재화와 서비스다. 질 높은 재화와 서비스가 풍부하게 공급되는 사회가 부유한 사회다. 재화와 서비스는 노동으로 만들어진다. 노동에 대해 충분한 보상을 하지 않으면 노동은 점점 품질이 낮은 재화와 서비스만 생산하게 된다. 아니면 대우가 더 나은 외국으로 옮겨간다. 다시 말해 노동을 천대하면 부가 떠날 것이다. 부가 떠나면 내수시장은 점점 더 위축되고, 다수의 노동자는 점점 더 구매력을 잃게 된다. 구매력이 줄어들면 중소기업이 고품질의 재화를 생산하려는 의욕을 상실하고, 결국 값싼 외국 제품이 국내시장을 채우게 된다.

하지만 대한민국의 대기업들은 부가 대한민국을 떠나는 것에 관심이 없다. 수출로 벌어들인 외화를 잔뜩 쌓아놓고 있기 때문이다. 돈은 해외시장에서 벌면 되고, 노동력도 해외에서 구하면 된다. 그들은 해외에 더 큰 시장이 있기 때문에 내수시장을 키울 필요가 없다고 주장한다.

대한민국의 대기업들은 수십 년간 국가의 부양을 받으며 성장했다. 지금은 국가를 부양해도 될 만큼 충분히 몸집이 커졌지만 사회적 책임을 회피하는 데 익숙하다. 그래서 더 낮은 법인세, 규제의 완화 혹은 철폐를 요구한다. 사회적 약자에 대한 배려는 자유주의의 원리에 위배된다고 주장한다. 효율성을 위해 형평성을 희생하는 것이 시장의 정의라고 말한다. 그들이 국내의 노동력에만 의존하고 국내시장에서 성장을 도모했던 시절에는 애국심이니 민족자본이니 하는 어설픈 담론을 갖다 붙여야 했지만 이제는 그럴 필요도 없다. 그들의 눈에는 시장만 보이고 국가는 보이지 않는다.

노동의
몰락

부의 원천인 노동이 천덕꾸러기가 된 것은, 노동을 '비용'으로만 간

주하는 자본의 생리 때문이다. 생산활동에 참여한 사람은 '최종 생산물에 대한 권리'를 갖는다. 이것은 노동자의 권익을 정당화하는 합리적 근거이다. 그러나 현대 자본주의 사회에서는 최종 생산물에 대한 권리를 자본가가 독차지한다. 자본과 노동이 나누어 가져야 할 권리를 자본이 독점해 버리면 노동은 단순한 비용으로 전락한다. 노동이 비용으로 전락하면 사회 구성원들은 노동을 존중하지 않을 것이다. 이런 인식은 자본가에게서 노동자에게로 확산된다. 결국에는 노동자가 자신의 노동을 하찮게 여기고 돈벌이의 수단쯤으로 인식하게 된다.

노동자는 생산의 주체인가, 아니면 생산의 도구인가? 이는 단순한 이익분배의 문제를 넘어서 인권의 경계를 결정하는 중요한 논점을 제공한다. 예를 들어 군인이라는 특수신분에 대해서 생각해 보자.

군대를 '국방 서비스를 생산·공급하는 조직'이라고 정의할 때, 군인은 생산의 주체인가, 생산의 도구인가? 군인은 국방 서비스를 생산하는 노동자다. 그 서비스의 소비자는 일반 시민이다. 다시 말해 군인은 시민의 재산과 생명을 보호하기 위해 일을 하고, 시민은 안전 서비스를 제공받는 대가를 군인에게 지불해야 한다. 이것은 시장 논리로 볼 때 당연한 것 같은데 우리 사회는 국방 서비스를 시장에서 뚝 떼어내 신성불가침의 영역처럼 취급한다.

징병제를 실시하는 국가에서 군인의 인권은 제한되는 경우가 많다. 일단 신체의 자유를 일정 기간 박탈당한다. 군인에게는 원하는 곳에서 원하는 일을 할 선택의 자유가 없다. 국가가 일방적으로 정한 복무 규율을 지켜야 하고, 상급자의 명령에 복종해야 한다. 본인의 의사와 상관없이 부상을 입거나 죽을 수도 있는 위험한 업무를 수행해야 한다. 심지어는 사법부의 보호도 받지 못하고 국방부 소속의 군사법정에서 재판을 받는다.

이렇게 개인의 인권을 극단적으로 침해하는 제도가 정당성을 갖는 이유는 무엇인가? 공공의 이익에 부합하기 때문인가? 공공의 이익에 부합한다는 이유만으로 개인의 권리를 침해해도 된다면 그 사회는 민주적인 사회가 아니다. 징병제도가 최소한의 정당성을 갖는 이유는 '사회 구성원 모두가' 일정 기간 그 일을 하기로 약속했기 때문이다. 그러나 알다시피 모두가 그 일을 하지는 않는다. 어쩔 수 없는 사유로 병역을 면제받는 사람은 다른 방식으로 국방 서비스를 생산하는 데 기여해야 공평하다. 만약 사회 구성원의 일부에게만 이런 불이익을 강요한다면 그들은 고대 사회의 노예와 무엇이 다른가?

고대 사회에서 노예는 가축과 비슷하게 취급되었다. 가축처럼 사고 팔렸으며, 노예가 다치면 재산상의 손실로 간주했다. 기원전 1700년 무렵에 바빌로니아 사회에서 시행되었던 함무라비 법에는, "귀족이 평민이 소유한 노예의 눈을 쳐서 빠지게 하였거나 노예의 뼈를 부러뜨렸으면, 그 값의 2분의 1을 주인에게 물어야 한다"라는 조항이 있었다.[11] 실명이나 골절은 노동력의 절반을 상실한 것으로 판단했다는 뜻이다. 노예와 가축은 생산의 주체가 아니라 생산의 도구다.

노동자를 노동력으로만 보면, 노동자에게서 노동만 남고 '사람'이 사라져 버린다. 군인을 병력으로만 볼 때 군번만 남고 인격이 지워지는 것과 비슷하다. 제복은 인격을 지우는 강력한 상징체계다. 색상과 디자인이 통일된 군복, 교복, 죄수복, 작업복은 그것을 입은 사람의 인격을 효과적으로 제거한다. 인격이 사라지면 노동은 비용이 된다.

그때부터 노동은 수량으로 치환되고, 생산성으로 평가받고, 처벌과 보상으로 통제되는 관리대상이 되어버린다. 인격이 사라진 노동은 단지 노동시장에서 소비되는 소모품일 뿐이고, "노동능력이 떨어지면 쓰레기처럼 버려진다." 그리고 "노동시장으로부터 벗어나는 순간 사회적으로도 '무용지물' 취급을 당한다."**12** 이쯤 되면 경제학은 '사람의 활동을 다루는 학문'이 아니라 '돈벌이의 효율을 높이는 기술'이 되어 버린다.

지대 추구는 부를 생산하지 않는다

보통 '3대 생산요소'라고 하면 자본·토지·노동을 떠올린다. 어느 경제학 교과서에나 그렇게 나와 있다. 생산요소factors of production란 재화나 서비스를 생산하는 과정에 투입되는 자원을 의미한다. 흔히 자본capital을 돈이라고 생각하기 쉬운데, 경제학에서 자본은 생산 과정에 사용되는 장비와 설비를 의미한다.

좀 더 친절한 경제학 교과서는 기업企業, firms과 가계家計, households 사이에서 이 세 가지 생산요소가 어떻게 투입되고 보상받는지를 그림으로 보여준다. 이를 '경제순환모형도'라고 한다. 예를 들어 가계는 기업에 자본·토지·노동을 제공하고 기업은 가계에 이윤·지대·임금을 지불한다. 이 모형도만 놓고 보면 가계가 얻는 소득이 대단할 것 같다. 임금뿐만 아니라 지대와 이윤까지 얹어서 받으니 자본주의 사회에 살면 누구라도 쉽게 부자가 될 것처럼 보인다.

완전한 착각이다. 가계는 주로 가족 단위로 생활하는 소비활동의 주체이고, 여기에는 모든 자연인이 포함된다. 이름만 대면 누구나 아는 재벌 총수, 수천만 달러의 연봉을 받는 월가Wall street의 은행가, 프리미어리그의 구단주, 중동의 왕족들까지 모두 가계로 분류된다. 도널드 트럼프와 빌 게이츠도 가계의 일원이다. 이런 사람들이 이윤·지대·임금을 모두 챙기는 것은 지극히 당연해 보인다. 연봉도 받고 배당도 받고, 꿩 먹고 알 먹고 둥지 털어 불 때는 격이다. 그러나 가계의 90퍼센트 이상은 시장에 내놓을 만한 게 몸밖에 없다. 임금이라도 제대로 받으면 다행이라 하겠다. 게다가 현대 사회의 기업들은 토지는 물론이고 자본(장비와 설비)까지 모두 갖춘 경우가 일반적이다.

이런 경제순환모형도는 세상을 이해하는 데는 별 도움이 안 된다. '기업-가계의 상호관계'보다는 차라리 '자본가-노동자의 관계'로 파악하는 것이 훨씬 쉽고 간결하다. 토지와 자본을 소유한 자본가capitalists는 자본재와 노동력을 구입하여 재화와 서비스를 생산·판매함으로써 이윤을 획득한다. 노동자workers는 임금을 받고 재화와 서비스를 소비한다. 이렇게 간단히 정리된다.

자본가는 굳이 생산활동을 하지 않아도 돈을 벌 방법이 많다. 토지나 건물을 임대함으로써 고정적으로 임대수입을 챙길 수 있다. 위험risk도 별로 없고 수입이 짭짤해서 많은 자본가가 선호하는 방법이다. 그런데 임대사업으로 아무리 많은 돈을 벌어도 건물주의 통장 잔고만 불어날 뿐 그 사회의 부가 증가하는 것은 아니다. 이와 같이 새로운 부를 창출하지 않으면서 다른 사람의 소득을 빨아들여 제 몫을 늘리는 행위를 '지대 추구地代追求, rent-seeking'라고 한다.

재화와 서비스를 생산하는 것은 부를 증가시키는 활동이다. 그러나 지대 추구 행위는 재화와 부를 생산하지 않는다. 기존의 부에 숟가락을 하나 더 얹을 뿐이다. 돈이 오가는 거래에서 누구에게 아주 좋은 거래는, 다른 누구에게는 아주 나쁜 거래일 가능성이 높다. 지대 추구 행위는 빈곤층의 삶을 더욱 피폐하게 만들고 사회양극화를 부추긴다. 금지할 수는 없지만 최대한 억제함으로써 한 사회의 자원이 좀 더 생산적인 곳에 투자될 수 있도록 유도해야 한다.

이런 이야기를 꺼내면 보수 언론의 나팔수들은 사회주의를 하자는 것이냐며 격렬한 비난을 퍼붓는다. 그렇다. 불로소득에 좀 더 높은 세금을 부과하고 그렇게 확보한 재원으로 생산적 활동을 지원하는 것이 사회주의라면 바로 그것을 하자는 것이다. 2008년 글로벌 금융위기 때 미국 정부가 수천만 달러의 혈세를 풀어서 금융위기의 주범인 금융기관들을 수렁에서 구한 것은 사회주의가 아니고 뭐란 말인가.

2008년 이후에도 '자본주의는 선善, 사회주의는 악惡'이라는 이분법을 쓰는 사람이 있다면 시대착오적이라고 말할 수밖에 없다. 냉전 시대에 벌써 사라졌어야 할 자들이 낡은 외투를 입고 21세기의 뒷골목을 어슬렁거리는 모습은 매우 기이한 장면이 아닐 수 없다. 그들은 아직도 미련이 남은 매카시의 유령이거나, 자본주의의 거품에서 태어난 탐욕의 화신이다.

돈이 많으면
행복한가?

기억하라, 시간은 돈이다.
기억하라, 신용은 돈이다.
기억하라, 돈은 번식하는 성질이 있어서 돈이 돈을 낳는다.
_벤저민 프랭클린(정치인, 과학자)

화폐의
기원

어린 시절 나는 조개껍질이 고대에 화폐로 사용되었다는 이야기를 책에서 읽고 의문에 사로잡혔다. 정말? 어떻게 그런 일이 가능하지? 그럼 누구나 쉽게 부자가 될 수 있었겠네. 바닷가에 가서 바구니에다 조개껍질(돈)을 쓸어 담으면 되니까. 날마다 써레로 소금밭을 쓸고 다니는 사람에게 한때 소금이 돈으로 쓰였다는 사실이 믿기지 않듯, 바닷가에 조개가 널린 곳에서 나고 자란 아이가 조개화폐를 이해하기란 쉽지 않은 일이었다.

그 의문이 풀린 것은 많은 세월이 흐른 뒤였다. 한자에서 조개의 상형문자인 貝가 부수로 쓰인 글자는 대부분 돈, 재산, 부富, 상행위와 관련된 의미를 가진다. 財(재물 재), 貨(재화 화), 貢(공물 공), 貴(귀할 귀), 貫(돈꿰미 관), 貸(빌려줄 대), 賃(품삯 임), 買(살 매), 賣(팔 매), 貿(바꿀 무), 費(쓸 비), 賞(칭찬할 상), 資(밑천 자), 貯(쌓을 저), 販(장사할 판) 등 일상적으로 쓰는 한자어에서 그 용례를 풍부하게 찾아볼 수 있다. 이 정도면 한때 조개가 돈으로 인정받았다는 사실을 입증하기에 충분해 보인다. 그래도 아직 의문이 남는다. 왜 조개란 말인가? 살을 파먹고 나면 그냥 쓰레기일 뿐인데.

조개를 나타내는 상형문자가 또 있다. 바로 辰(별 진, 때 신)이라는 글자다. 지금은 다른 의미로 쓰이고 있지만, 본래 빨판을 내밀고 기어가는 조개의 모양을 본뜬 글자다.[1] 이 글자가 만들어질 당시에 조개껍질은 농사일에 널리 사용되는 도구의 재료였다. 農(농사 농), 耨(김맬누) 같은 글자에 그 흔적이 남아있다. 未(쟁기 뢰)와 결합된 辱(욕볼 욕)은 손寸에 농기구辰를 쥐고 밭에서 일하는 모습을 그린 글자다. 밭일은 고되고 힘든 일이었다. 쇠붙이가 발명되기 전까지 조개껍질은 단단하면서도 가공하기 쉬운 재료로 인기를 끌었다. 게다가 조개껍질은 지도자의 권위를 나타내는 아름다운 장신구로 거듭나기도 한다. 이쯤되면 조개껍질은 돈으로 사용되기에 부족함이 없어 보인다. 누군지는 모르지만 貝라는 글자를 만든 사람에게 놀라운 영감을 주었을 별보배고둥 껍데기는 아프리카, 남아시아, 동아시아, 오세아니아 전역에서 약 4,000년간 화폐로 쓰였다.[2]

'발이 달린 돈'도 있었다. 고대 유럽 사회에서 소는 고액권 화폐였다. 스페인어로 돈을 페쿠니아pecunia라고 하는데, 어원은 가축을 의미하는 라틴어 페쿠스pecus다. 자본이라는 의미의 영어 단어 캐피탈capital은 황소의 머릿수를 뜻하는 라틴어 카푸트caput에서 유래했다. 요금을 뜻하는 피fee도 가축이라는 의미의 게르만어 피후fihu와 연관이 있는 것으로 추정된다.[3] 파키스탄, 인도, 스리랑카의 화폐단위인 루피rupee는 소를 뜻하는 산스크리트어 루피아rupya에서 유래했다. 황소가 값지

고대에는 조개껍질이 화폐로 사용되었다. 기원전 16세기~8세기 중국에서 화폐로 사용되던 조개껍질. 일본 화폐박물관 소장.

다 해도 공산품에는 비할 바가 아니다. 고대 그리스의 유랑시인 호메로스에 의하면, 일류 장인이 만든 최고급 갑옷은 황소 100마리 값에 필적했다. 멕시코의 아즈텍인들은 무엇을 사고 싶을 때 코코아 콩이나 피륙을 지불했다. 그들은 금에 대한 스페인 사람들의 열망을 도저히 이해할 수 없었다.[4]

화폐는 왜 생겼을까? 애덤 스미스는 분업에 따른 교환의 필요성 때문에 화폐가 생겼다고 했는데, 화폐의 기원을 추적하는 데는 약간의 상상력만으로 충분할 것 같다. 한 사람이 자기 가족에게 필요한 모든 재화를 혼자 힘으로 다 생산하는 것은 불가능하다. 그렇다면 자기가 생산한 물건과 다른 사람이 생산한 물건을 맞바꾸겠다는 생각을 자연스럽게 하게 된다. 그런데 이 교환이 성공하려면 두 가지 조건이 맞아떨어져야 한다. 첫째, 내게 필요한 물건을 가진 사람과 만날 수 있어야 한다. 둘째, 그 사람도 내가 가진 물건을 원해야 한다. 이게 고대 사회에서는 생각처럼 쉬운 일이 아니다.

깊은 산골에서 살아가는 사냥꾼의 삶을 생각해 보지. 어느 날 출산을 앞둔 아내가 생선이 먹고 싶다고 했다. 사냥꾼은 담비 가죽 다섯 장을 짊어지고 산 아래 마을로 내려갔다. 그런데 마을에 있는 모든 집을 다 방문해 보았지만 생선을 가진 사람이 없었다. 할 수 없이 이웃 마을로 갔다. 다행히도 생선을 가진 사람이 있었다. 하지만 그 사람은 담비 가죽이 필요 없다며 손을 내저었다. 실망한 사냥꾼은 먼 길을 걸어서 바닷가 마을까지 갔다. 발품을 판 보람이 있어서 그는 담비 가죽 한 장과 생선 다섯 마리를 바꿀 수 있었다.

사냥꾼은 내려온 김에 화살촉을 구하려고 대장간에 갔다. 담비 가죽을 본 대장장이는 며칠 전에 이미 여우 가죽을 장만했다면서 소금은 없는지 물었다. 사냥꾼은 다시 소금 캐는 사람이 사는 곳을 수소문해서 알아냈다. 이번에는 거래가 쉽게 이루어졌다. 소금장수는 소금을 담을 가죽 주머니가 필요했던 것이다. 사냥꾼은 담비 가죽과 맞바꾼 소금을 가지고 다시 대장간으로 갔다. 화살촉 10개와 소금 한 자루의 주인이 바뀌었다. 대장장이는 소금장수가 담비 가죽을 아주 좋아하더라는 말을 흘려듣지 않았다. 그는 나중에 소금을 구할 때 쓰겠다며 남은 담비 가죽을 모두 달라고 했다. 그 대신 대장장이는 잘 드는 칼 한 자루를 내주었다. 가죽 벗기는 작업이 한결 수월해질 거라고 생각하자 사냥꾼은 기분이 좋아졌다. 이렇게 해서 사냥꾼, 대장장이, 소금장수는 모두 원하는 물건을 갖게 되었다.

사냥꾼은 산 아래 마을 사람들도 대부분 소금을 좋아한다는 사실을 알게 되었다. 음식 맛을 돋울 뿐만 아니라 날고기를 소금에 절이면 오래 보관할 수 있다는 소문이 퍼지면서 소금은 차츰 모든 사람의 마음을 사로잡았다. 틈날 때마다 물건을 소금과 바꾸어 집안 깊숙한 곳에 보관하는 사람이 늘기 시작했다. 소금은 쥐가 먹지 않고 썩지 않아서 보관하기 좋고, 교환할 물건의 가치에 따라 얼마든지 양을 맞출 수 있어서 편리했다. 소금을 찾는 사람이 많다 보니 소금을 가진 사람은 언제든 필요한 물건을 구할 수 있었다. 화폐의 역사는 아마도 이렇게 시작되었을 것이다.

교환하고 계산하고 저장한다

화폐가 인간 사회에 출현하자마자 거의 모든 사람의 마음을 단번에 사로잡은 것은 다른 재화가 도저히 따라올 수 없는 강력한 기능을 가졌기 때문이다. 그 기능은 마약과도 같아서, 한 번 익숙해지면 벗어나기가 무척 어렵다. 화폐의 기능은 세 가지로 요약된다.

첫째, 화폐는 교환의 매개수단medium of exchange이다. 화폐가 없다면 필요한 모든 물건을 직접 생산하거나 물물교환을 하는 수밖에 없다. 모든 사람을 찾아다니며 내게 필요한 물건을 가지고 있는지, 가지고 있다면 내가 가진 물건과 바꿀 의향이 있는지 일일이 물어보아야 한다. 요행히 그런 사람을 만난다 해도, 물건의 크기와 가치가 서로 맞지 않으면 매우 난감할 것이다. 솜을 생산한 사람이 황소 한 마리를 구하려면 솜을 얼마나 가지고 가야 할까? 수레 두 대에 바리바리 솜을 싣고 간다고 치자. 만약 황소 주인이 "나는 솜바지 한 벌을 만들

정도면 충분한데"라고 말하면 거래는 이루어지지 않는다.

둘째, 화폐는 가치를 계산하는 단위unit of account다. 화폐가 없다면 모든 상품의 가격을 다양하게 표시해야 한다. 예를 들어 양 한 마리의 가격은 닭 열 마리, 소 등심 네 근, 쌀 두 말, 콩 다섯 되, 조 한 가마니, 면포 한 필, 송곳 30자루 등 교환 가능한 모든 상품의 수량으로 환산할 필요가 있다. 만일 시장에서 거래되는 품목이 100종이라면 한 상품을 99가지 상대가격으로 표시해야 한다. 결국 100종의 상품을 모두 취급하는 백화점 점원은 4,950가지의 서로 다른 교환비율을 알아야 한다. 실제로 외환시장에서는 이런 불편한 상황이 날마다 벌어지고 있다.

셋째, 화폐는 가치의 저장수단store of value이다. 한 해 동안 먹을 양식을 비축해 놓지 않아도 은행 잔고에 그만한 가치의 돈이 있으면, 언제든 마트에 가서 쌀과 고기와 라면으로 바꿀 수 있다. 화폐가 없으면 언제 쓸지도 모를 물건들을 쌓아놓기 위해 집집마다 큰 창고를 지어야 한다. 또한 퇴직금이나 연금 같은 형태로 과거의 노동소득을 비축하는 수단이 없다면 은퇴 후의 삶이 무척 갑갑해질 것이다.

화폐는 분업과 교환을 촉진하여 경제를 발전시킨다. 마치 원활한 혈액 순환이 신체의 건강을 증진하는 것과 흡사하다. 고혈압도 곤란하지만 저혈압도 문제다. 적당한 양의 통화가 적절한 속도로 공급될 때 경제시스템은 건강해진다. 화폐의 순환이 끊기면 기름이 떨어진 자동차처럼 경제가 멈추어 버린다.

화폐가 재화와 서비스, 즉 부를 저장하는 그릇임은 분명해 보인다. 예컨대 내가 아침 8시부터 오후 5시까지 일해서 임금으로 10만 원을 받았다면, 나의 노동은 신사임당이 그려진 5만 원짜리 화폐 두 장에 고스란히 저장된 셈이다. 문제는 이 화폐를 노동을 하지 않은 자, 다시 말해 부를 생산하지 않은 자가 차지할 때이다. 그런 일이 가능할까? 물론 가능하다.

일단 빼앗거나 훔치는 방법이 떠오른다. 사기를 치는 방법도 있다. 그러나 이런 방법은 모두 범죄행위이기 때문에 법에 따라 처벌받는다. 상속과 증여도 노동 없이 부가 이전되는 경우이다. 하지만 자손에게 상속된 부에는 아버지나 할아버지가 과거에 했던 노동이 포함되어 있으므로 사회적으로 어느 정도 용인될 여지가 있다. 자식에게 물려주지도 못한다면 누가 열심히 일한단 말인가? 이 같은 항변은 자본주의 사회에서 상당한 설득력을 갖는다. 그렇지만 상속은 자연계의 보편법칙에 위배된다. 오직 인간만이 부를 대물림한다.

가장 나쁜 것은, 이미 가진 부를 이용해서 타인의 부를 쉽게 빨아들이는 수법이다. 부동산 자산을 이용한 지대 추구, 정보의 편향성을 이용한 시세차익 선점 등 여러 수단이 있다. 환율 등락, 금리 변동, 인플레이션, 거품 팽창 등의 경제현상 뒤에는 시장권력자의 의도적인 조작이 숨어있는 경우가 많다. 일반인의 눈에는 '보이지 않는 손'이 시장을 움직이는 것 같지만, 실제로는 월가의 큰손들이 시장을 움직인다.

이것은 문자 그대로 도박이다. 도박은 세계적 규모로 이루어지고, 월가의 타짜들은 패를 훤히 들여다보며 눈먼 돈을 쓸어 담는다. 채권, 주식, 그리고 수천 종의 파생금융상품은 도박장의 칩이다. 그 칩 자체는 부(재화와 서비스)를 생산하지 못하지만 언제든 현금으로 환원할 수 있다. 도박꾼들은 칩을 현금으로 바꾼 다음 실물시장에 빨대를 꽂고 재화와 서비스를 마음껏 소비한다. 노동자들은 열심히 일했음에도 왜 자신들의 부가 냄비 속의 수프처럼 졸아드는지 이해하지 못한다.

화폐가 교환의 매개수단을 넘어 부를 지배하는 권능을 갖게 되면서 무노동이 노동을 지배하는 세상이 되었다. 토머스 홉스Thomas Hobbes, 1588~1679는 정부가 출현하기 전까지 인간의 삶은 "고독하고, 가엽고, 역하고, 잔인하며, 짧다"라고 묘사했다.[5] 평균수명이 늘어난 것을 제외하면 지금의 금융자본주의 세계가 딱 그러하다. 왜 이런 세상이 되었는지, 화폐의 역사를 좀 더 따라가 보자.

매우 특별한 화폐,
금

조개나 소금처럼 그 자체로 사용가치를 지닌 화폐를 '물품화폐 commodity money'라고 한다. 면포, 비단, 모피, 금, 은, 옥, 철, 알곡(쌀, 보리, 밀, 조, 콩 등)도 화폐로 쓰였다. 심지어는 담배가 화폐로 사용되기도 했다. 1980년대 말 구소련이 붕괴할 때, 모스크바에서는 담배가 루블화보다 인기 있는 화폐로 통용되었다. 그 가운데 가장 오랫동안 화폐 기능을 했고 마지막까지 살아남은 것은 '금gold'이다.

금은 균질하고, 잘게 나눌 수 있고, 운반하기 쉽고, 위조하기 어렵다는 장점 때문에 유사 이래 가장 널리 화폐로 사용되었다. 석유는 원유의 비중(API도), 황 함유율, 성상에 따라 75개 등급으로 나뉜다. 그러나 금은 원소 하나로 이루어졌으며 원자번호는 79번이다. 금은 언제나

금이다.[6]

어떤 돈도 금을 능가한 적은 없다. 송나라 때의 교자交子와 회자會子, 원나라의 교초交鈔, 명나라의 보초寶鈔 같은 지폐가 있었지만 모두 인플레이션의 제물이 되어 사라졌다. 교자는 세계 최초의 종이돈이다. 북송北宋 시대에는 유례없는 경제성장에 힘입어 화폐경제가 고도로 발달했다. 송나라의 표준화폐는 소평전小平錢이라는 금속화폐였는데, 구리로 제작되었다. 그러나 사천四川 지역에서는 구리가 부족해서 철전鐵錢을 사용했다. 철전은 너무 무거워서 사용하기가 불편했다. 비단 한 필을 사려면 철전 2,000개를 지불해야 했는데, 무게가 무려 130근(78킬로그램)이나 나갔다. 그래서 사천의 경제 중심지였던 성도成都의 상인들은 지폐 발행이라는 금융혁신을 단행했다. 철전은 창고에 보관하고 그 액수만큼 어음을 발행하는 방법을 고안해낸 것이다. 그러니까 교자는 민간에서 발행한 철태환은행권이다. 교자는 신용도가 매우 높아서 100만 관의 고액 교자를 들고 가도 눈 한 번 깜짝하지 않고 현찰(철전)을 내주었다. 그러나 탐욕은 모든 것을 바꾼다. 교자 발행권을 가진 상인들은 점차 창고에 있는 철전보다 많이 지폐를 발행하기 시작했고, 교자의 신뢰도는 땅에 떨어졌다.[7]

은도 오랫동안 돈의 역할을 충실히 수행했지만, 신대륙에서 어마어마한 은이 유럽으로 유입되면서 대규모 인플레이션을 일으켰다. 16세기에 페루와 멕시코의 광산에서 스페인으로 유입된 은은 1만 7,000톤에 달했다.[8] 금과 은에 대한 유럽인의 탐욕은 수많은 원주민을 죽음으로 내몰았다. 포토시Potosí의 은광을 '지옥의 광산'이라고 칭한 스페인 선교사는 "월요일에 건장한 인디언 20명이 들어가면 토요

일에 질반은 불구가 되어 나온다"라고 기록했다.[9]

이 시기 스페인의 물가는 4배로 뛰었고, 300년간 변화가 없던 식품 가격이 두드러지게 올랐다. 영국의 경우 생계비가 7배 증가했다.[10] 그 결과 고정 지대地代를 받던 봉건지주는 큰 타격을 받았고, 돈 대신 물건을 많이 갖고 있던 상공업자의 지위가 높아졌다. 그 역사의 마디를 우리는 '가격혁명price revolution'이라고 부른다. 유럽의 봉건시대를 끝낸 것은 금과 은이다. 그러나 16세기 스페인 통치자들은 통화량의 증가가 인플레이션을 유발하는 이치를 알지 못했고, 금과 은이 국가의 부를 증가시킨다고 굳게 믿었다.

유럽에 상업자본이 형성되고, 신흥 자본가들의 경제적 뒷받침에 힘입어 절대왕정시대가 열렸다. 금과 은이 국부國富의 원천이라는 생각은 오랜 기간 유럽의 통치자들을 사로잡았다. 유럽의 여러 나라는 금과 은을 축적하는 데 온 힘을 쏟았고, 전 세계의 금과 은을 긁어모으기 위해 해적질도 서슴지 않았다. 1581년 영국의 엘리자베스 1세Elizabeth I, 1533~1603는 노예무역과 해적질로 악명 높은 프랜시스 드레이크Francis Drake를 해군 중장으로 임명하고 기사 작위를 수여했다. 드레이크는 스페인 선단을 덮쳐서 약탈한 30만 파운드의 재보를 엘리자베스 1세에게 바쳤는데, 이는 당시 영국의 국고 세입보다 많은 금액이었다.[11]

성경에 이르기를 "금은을 많이 쌓지 말라" 했는데, 유럽의 기독교 국가들이 금은을 쌓기에 혈안이 된 것은 역사의 아이러니다. 왕실 금고에 금은이 가득 쌓여 있으면 재정이 튼튼한 나라, 전쟁과 토목공사로 금은이 빠져나가면 재정이 부실한 나라가 되었다. 프랑스 왕 루이

14세는 베르사유 궁전을 짓고 군대를 육성하느라 금은을 펑펑 써버린 나머지 극심한 재정난에 **빠졌다**(그가 즉위할 무렵 2만 명에 불과했던 상비군이 재위 50년이 지난 1694년에는 40만 명에 달했다).[12] 루이 16세 대에 이르면 왕실 예산의 거의 절반이 대출금에 대한 이자로 나갈 정도였다. 결국 구체제의 모순이 누적되어 혁명이 터지고, 나폴레옹이 등장한다.

신대륙 발견 이후 유럽은 전쟁이 끊길 새가 없었다. 무역의 주도권, 다시 말해 돈줄을 거머쥐려는 경쟁이 유럽 여러 나라를 전쟁판에 뛰어들게 했고, 혈연으로 얽히고설킨 왕가와 귀족들 간에 상속권을 둘러싸고 전개된 싸움도 많았다. 1517년 루터의 종교개혁을 기점으로 신교도와 구교도 사이에 충돌이 끊임없이 이어졌다. 상공업이 발달한 북유럽의 상인과 지식인을 중심으로 개신교가 확산되면서 권위적인 기득권 세력에 저항했다. 황금에 눈이 먼 스페인 사람들은 1521년에 아스테카 왕국을, 1533년에는 잉카 제국을 차례로 멸망시켰다. 1562년 프랑스에서 위그노전쟁이 일어났고, 30만 명의 위그노Huguenot(신교도)가 프랑스를 탈출하여 스위스, 독일, 네덜란드, 영국 등지로 흩어졌다. 스위스의 정밀산업은 위그노 기술자들이 세운 시계공장에서 시작되었다.[13] 1588년에는 영국 해군이 스페인의 무적함대를 격파했다. 1568년부터 1648년까지 무려 80년에 걸쳐 벌어진 네덜란드 독립전쟁은 개신교와 가톨릭 간의 종교 대립, 무거운 세금으로 인한 경제적 갈등, 영국과 스페인 간의 패권 다툼이 복합적으로 빚어낸 국제전이었다. 1618년 독일에서 30년전쟁이 시작되었고, 1740년에는 유럽의 거의 모든 나라가 오스트리아 왕위계승전쟁에 말려들었다. 1776년에는 영국의 조세정책에 반발한 미국 13개 주가 독립을 선언했다.

전쟁은 주로 왕과 귀족이 벌이고, 돈은 상인이 벌었다. 왕에게 전쟁 비용을 대주고 이자를 받는다든지, 왕실 재산을 위탁받아 관리하는 등 여러 수단이 있었다. 전쟁이 일어날 때마다 왕실 금고는 빠르게 축났다. 특히 '가톨릭의 수호자'를 자처한 합스부르크 왕가의 펠리페 2세 Felipe II, 1527~1598는 유럽의 거의 모든 전쟁에 끼어들었고, 재위 기간에 모두 네 차례 파산을 선고했다. 이때도 역시 돈 하면 금이었다.

신대륙에서 유입된 막대한 양의 금과 은은 스페인에 잠시 머물렀다가 프랑스, 영국, 네덜란드로 흘러나갔다. 스페인의 낙후된 제조업은 금과 은을 붙잡아둘 힘이 없었다. 그렇게 된 데에는 스페인 통치자가 자초한 측면이 컸다. 1492년 알람브라 칙령Alhambra Decree으로 유대인과 무슬림을 추방했을 때 우수한 인력과 기술도 함께 빠져나갔다.

은행가
등장

지금은 돈에 이자가 붙는 것을 당연하게 여기지만 기독교 문화권에서는 이자를 받고 돈을 빌려주는 행위를 오랫동안 금기시했다. 중세의 교회가 고리대금업을 끔찍이 증오했던 이유는 신의 소유인 시간을 훔치는 행위로 보았기 때문이다.[14] 단테 알리기에리Dante Alighieri, 1265~1321는 그의 대표작인 『신곡Divina Commedia』에서 지옥에 떨어진 고리대금업자들이 "뜨거운 흙바닥과 타오르는 모래 더미에서 고통을 피하려고 이리저리 손을 흔든다"라고 묘사했다. 325년 로마교회는 성직자가 돈을 빌려주고 이자를 받는 행위를 금지했고, 1179년에는 돈을 빌려주고 이자를 받는 자는 파문하겠다고 선언했다.[15]

유대인에게도 이자를 받고 돈을 빌려주는 일은 금기였다. 그러나 『구약성서』「신명기」에 빠져나갈 구멍이 있었다. "너희는 형제에게 이식interest을 취하지 말지니, 돈이든 음식이든 무릇 이식이 붙는 어떤 것에 대해서도 마찬가지다. 이방인foreigner에게는 이식을 취하되 네 히브리 형제에게는 이식을 취하지 마라."[16]

사실 돈을 빌려주는 그 순간부터 떼일 위험에 놓인다는 것쯤은 누구나 직관으로 이해한다. 그러나 중세의 유럽은 극도로 정체된 사회였다. 신분과 재산은 세습되었으며 물가의 변동도 거의 없었다. 투자로 돈을 불린다는 개념이 희박했기에 돈이 가축처럼 새끼를 친다는 것은 생각하기 어려웠다. 게다가 지주에게 돈이나 식량을 빌린 농노들은 대부분 노동으로 빚을 갚았다. 삼각무역의 뱃길이 열리고 돈과 물자의 이동이 활발해지면서 사람들은 투자에는 위험이 따른다는 사실을 뚜렷이 인식하게 되었다. 그래서 위험을 분산하는 수단으로 보험insurance이 생기고 주식stock이 고안되었다.

스페인에서 추방된 유대인 중에 일부는 포르투갈과 오스만제국으로 흩어졌다가 베네치아로 모이기 시작했다. 십자군전쟁 이후에 베네치아는 강력한 해군력을 바탕으로 지중해 무역을 장악했다. 『동방견문록』을 쓴 마르코 폴로Marco Polo, 1254~1324도 베네치아 출신이다. 15세기 말 베네치아의 인구는 18만 명으로 파리 다음으로 많았다. 베네치아는 유럽에서 손꼽히는 부유한 도시였다. 윌리엄 셰익스피어의 희곡 『베니스의 상인』에 나오는 악덕 고리대금업자 샤일록은 유대인이다(베네치아를 영어로 베니스라고 부른다). 많은 사람이 고리대금업자를 증오했지만 돈을 싫어하는 사람은 없었다. 셰익스피어는 대중의 욕구에 부응하여 샤일록의 재산을 몰수하고 채무자들이 행복하게 사는 것으로 1파운드의 살점이 걸린 재산권 분쟁을 매듭지었다.

1590년경, 베네치아에 사는 유대인은 약 2,500명이었다.[17] 베네치아 정부가 유대인의 거주를 허용한 것은 종교적 관용 때문이 아니라 경제적 필요 때문이었다. 유대인은 세수稅收의 원천인 동시에 자본의 공급자였다. 유대인 사채업자들은 유대인 특별거주지에서 골목에 긴 탁자를 놓고 영업을 했다. 이 탁자를 방코banko, 그 일을 하는 유대인을 방카banka라고 불렀는데, 영어 단어 중 은행을 뜻하는 뱅크bank와 긴 의자를 뜻하는 벤치bench는 모두 여기에서 비롯했다. 당시 국제무역의 중심지였던 베네치아와 피렌체에는 스페인, 프랑스, 오스만제국 등 여러 나라의 주화가 흘러들었고, 유대인 금융업자들은 재질과 무게가 서로 다른 화폐들을 저울에 달아서 교환해 주는 일을 했다. 그러니까 초기의 은행가는 환전상이었다. 파운드, 마르크, 페소, 리라, 달란트, 세겔 등의 화폐단위가 모두 무게의 단위임을 떠올리면 왜 환전상에게 저울이 필요했는지 짐작할 수 있다.

거래가 많은 상인들은 환전상에게 돈(금 또는 은)을 맡겨놓고 필요할 때 찾아 쓰는 것이 편리하다는 것을 알게 되었다. 거래 상대가 같은 환전상을 이용할 경우 더욱 편리했다. 환전상은 상인의 돈을 맡을 때 보관증을 써주었다. 오늘날의 예금 업무다. 샤일록에게 그러했듯 유대인에게 사채업은 중요한 생계수단이었다. 처음에 그들은 자신이 가진 돈만 빌려주었다. 교역이 활발해지고 대출을 원하는 상인이 계속 늘어나자 환전상들은 차츰 고객이 맡긴 돈에 손을 대기 시작했다. 물론 주인의 허락을 받을 필요는 없었다. 고객들이 맡긴 돈을 한꺼번에 찾아가는 일은 없었기 때문에 적당한 양의 돈만 보관하고 있으면 아무 문제가 없었다. 오늘날의 지급준비금reserve 개념이 그때 이미 싹트고 있었다.

베네치아에서 유대인들이 돈놀이를 할 때, 피렌체에서는 메디치Medici 가문이 금융업을 장악했다. 초기의 메디치 가문은 은행가라기보다 조직폭력단에 가까웠다. 1343년부터 1360년 사이에 메디치 가에서 5명이 중죄를 짓고 사형을 선고받았다. 조반니 디 비치Giovanni di bicci de' Medici가 은행가로 확고한 입지를 굳힌 후 메디치 가는 교황 3명, 프랑스 왕비 2명, 공작 3명을 배출했다.[18] 그리고 미켈란젤로, 레오나르도 다 빈치, 갈릴레오 갈릴레이, 보티첼리 등 많은 예술가와 과학자를 후원함으로써 르네상스의 문을 활짝 열었다.

돈(금)의 유통이 전 세계적 규모로 확대되면서 유럽 각지에 은행이 생기기 시작했다. 16세기 중반에서 17세기 말까지 네덜란드는 세계에서 가장 부유한 나라였고, 세계 최대의 무역국이었으며, 세계 최고의 금융 선진국이었다. 네덜란드가 스페인에서 독립을 쟁취할 무렵, 서유럽의 상선 가운데 반 이상은 네덜란드 배였다. 네덜란드의 번영에는 스페인에서 추방된 유대인의 자본과 노하우가 큰 역할을 했다.

1602년 암스테르담에 최초의 주식회사인 동인도회사가 탄생했고, 1609년에는 다양한 외환거래를 표준화하기 위해 최초의 중앙은행인 암스테르담은행이 설립되었다. 암스테르담은행은 상인들에게 표준화폐인 길너Guilder로 세좌를 개설해 주었는데, 수표와 이체라는 개념이 도입되었다.[19] 계좌 간 이체는 오늘날 누구나 당연한 것으로 여기지만 당시로서는 획기적인 금융혁명이었다. 현대의 디지털화폐처럼 순간 이동의 마법을 부리지는 못했지만 화폐가 추상적 숫자의 형태로 장부에서 장부로 이동하는 시스템을 창안한 것이다. 1610년에는 증권 거래소가 만들어졌고, 종신형 연금, 상속형 연금, 복권식 채권, 해상보험, 선물, 옵션 등 각종 금융상품이 판매되었다. 네덜란드에는 1650년에 이미 6만 5,000명의 금리생활자가 있었다.[20]

1688년 영국에서 명예혁명이 일어나고 제임스 2세가 쫓겨나자 네덜란드의 통치자였던 윌리엄 3세William III, 1650~1702가 영국의 군주로 등극했다. 그가 영국의 왕위에 오를 수 있었던 것은 그의 어머니가 영국 왕 찰스 1세의 딸이었기 때문이다. 또한 그의 아내는 외삼촌인 제임스 2세의 딸이었다. 그러니까 장인은 외삼촌이고, 아내는 외사촌 동생이다. 이런 인연으로 본의 아니게 잉글랜드·스코틀랜드·아일랜드의 왕이 된 윌리엄 3세는 원래 네덜란드 사람이었다. 유럽 왕실의 혈연관계는 정말 복잡하다.

그런데 역사를 바꾼 주역은 권리장전Bill of Rights을 승인한 윌리엄 3세가 아니라 그를 따라 영국으로 이주한 약 3만 명의 네덜란드인이었다. 그들과 함께 세계 최고 수준의 무역·금융·조선 기술이 영국에 전해졌다. 물론 자본도 사람을 따라왔다. 1694년 영란은행(잉글랜드은행)이 설립되었고, 런던은 국제금융의 중심지로 도약했다.

1759년 영란은행은 액면가가 10파운드로 통일된 지폐를 발행하기 시작했다. 당시의 지폐는 고객이 원할 때마다 즉석에서 발행되었다. 예를 들어 무역상 스미스 씨가 영란은행에 찾아가 "지폐 100파운드를 발행해 주시오" 하고 요청하면 은행 직원은 10파운드짜리 지폐 열 장을 꺼낸다. 지폐 위에다 자신(발행인)이 먼저 서명을 하고 스미스 씨(수취인)의 서명을 받은 다음 지폐를 내어준다. 물론 은행의 금고 안에는 스미스 씨의 금괴가 예치되어 있다. 1853년이 되어서야 발행인과 수취인의 서명이 없는 지폐가 유통되기 시작했다.[21]

신용의
탄생

역사는 송나라의 교자를 최초의 지폐로 기억하지만 현대적 의미의 화폐, 즉 신용을 바탕으로 만들어진 화폐의 기원은 3,700년 전으로 거슬러 올라간다. 재질은 종이도 금속도 아닌 점토였다. 이라크의 메소포타미아 유적지에서 출토된 점토판에는 "아밀미라는 이 문서를 소지한 사람에게 추수 때 보리 330되를 준다"라는 문장이 쐐기문자로 적혀있다.[22] 이 점토판은 '아밀미라'라는 사람이 발행한 약속어음이다. 보리 330되를 받을 사람을 특정인이 아니라 '점토판 소지자'라고 명시한 것은 이 약속어음을 다른 사람에게 양도할 수 있었다는 뜻이다. 오늘날의 당좌수표 혹은 양도성예금과 다를 게 없다. '아밀미라' 대신에 은행 이름을 적어 넣으면 점토판은 곧바로 은행권이 된다.

은행권, 즉 현대 사회의 지폐는 지폐 소지자에게 무엇인가를 지급하겠다는 약속이다. 한국은행에서 발행한 만 원짜리 지폐를 보자. 이

지폐에는 다음과 같은 약속이 담겨 있다. '이 지폐를 소지한 사람은 시장에서 만 원 상당의 재화 또는 서비스와 지폐를 교환할 수 있다.' 물론 그 약속이 구체적인 문장으로 명시되어 있지는 않다. 그저 만 원 (10,000원)이라는 숫자와 일련번호가 찍혀있을 뿐이다. 그러나 사람들은 경험적으로 그 약속을 신뢰한다. 동네 가게에서 라면 다섯 봉지를 사고 만 원짜리 지폐 한 장을 내밀면 가게 주인은 군말 없이 거스름돈을 내어준다. 약속의 주체는 지폐에 인쇄된 세종대왕이 아니라 한국은행 총재다.

우리는 왜 일면식도 없는 한국은행 총재의 약속을 믿는가? 그 뒤에 국가(정부)가 있음을 알기 때문이다. 국가의 신용이 지폐에 찍힌 숫자를 보증한다. 그리고 국가의 신용은 국가의 구성원인 시민이 화폐 시스템에 동의함으로써 형성되었다. 만약 시민이 국가의 약속을 신뢰하지 않으면 어떤 일이 벌어질까? 그때부터 화폐는 잉크 묻힌 종이 쪼가리가 되어버린다. 구소련이 해체될 때처럼 담배가 화폐를 대신할 수도 있다.

"이 증서를 가져오면 증서에 적힌 금액에 상응하는 물건을 내어준다." 이 약속이 화폐의 본질이다. 화폐는 추상적인 약속이다. 우리는 그 약속에 대한 믿음을 '신용credit'이라고 부른다. 그 약속이 적어도 한국 내에서는 지켜진다는 사실을 외국인도 잘 알고 있다. 그래서 한국을 방문하는 외국인들은 자신들이 가진 달러화, 엔화, 유로화, 위안화를 기꺼이 한국 돈으로 바꾼다. 그러나 한국 돈으로 외국에서 두바이유와 캐나다산 밀가루를 살 수는 없다. 대한민국 정부의 보증이 국경 밖에서는 통하지 않기 때문이다. 전 세계 어디에서도 통하는 신용은 미국 정부의 약속인 달러뿐이다. 앞으로 어찌될지 모르지만 아직까지는 그렇다.

한국 돈으로 한국 시장에서 살 수 있는 재화나 서비스가 형편없다면 외국인들은 한국 돈을 하찮게 여길 것이다. 실제로 그런 시절이 있었다. '한국 돈으로 살 수 있는 것은 가발과 조악한 라디오뿐이야.' 대부분의 외국인이 그렇게 생각할 때 원화의 가치는 종이 쪼가리보다 조금 나은 수준이었다. 위안화가 외환시장에서 점점 더 나은 대접을 받는 이유는 중국 경제가 지속적으로 발전했기 때문이다. 경제규모가 워낙 크기도 하지만 위안화로 구입할 수 있는 중국 상품이 매우 다양하고 품질도 꽤 좋아졌다. 사람들은 위안화를 갖고 중국산 가전제품·전기자동차·선박·휴대전화·드론·컴퓨터 등을 시장에서 구입할 수 있다는 사실을 안다. 위안화의 신용은 바로 여기서 생긴다.

2017년 한국의 명목 GDP(국내총생산)는 1조 5,297억 달러다. 원화로 환산하면 약 1,600조 원이다. 만약 누가 1억 원의 소득을 올렸다면 그 사람은 2017년의 총생산물에 대해 '1,600조 분의 1억'의 권리를 주장할 수 있다. 외국인일지라도 한국 돈 1억 원을 갖고 있으면 한국 시장에서 같은 권리를 갖는다.

일본 시장에서 100만 엔과 교환할 수 있는 재화의 양과 질이 중국 시장에서 5만 8,000위안(약 100만 엔)으로 구입할 수 있는 재화의 양과 질보다 월등하다면 당신은 어느 돈을 갖겠는가? 엔화와 위안화의 교환비율은 외환시장에서 분·초 단위로 조정되기 때문에 실제로 그런 일은 벌어지지 않는다. 만약 시장의 조정 기능에 이상이 생겨서 이런 격차가 발생했다면 엔화는 실제 가치보다 저평가되었고 위안화는 실제 가치보다 고평가되었다고 말할 수 있다. 이럴 때 이재에 밝은 사람들은 위안화를 팔고 엔화를 산다. 여기서 통화의 가치는 결국 그 나라의 생산능력과 비례한다는 것을 알 수 있다.

세상의 모든 화폐는 그 화폐에 대한 대접이 좋은 곳으로 흘러간다. 대접이 좋다는 것은 그 화폐를 지불할 때 더 나은 재화나 서비스가 주어진다는 뜻이다. 또한 그 화폐를 빌려주었을 때 더 높은 이자를 제공한다는 뜻이다. 이 원리는 국경에 구애받지 않는다. 중국 여행자가 가진 위안화에 대해서 한국 시장이 일본 시장보다 나은 대우를 해주면 중국인들은 당연히 한국으로 몰릴 것이다. 마찬가지로 한국 시장에 투자할 때 일본 시장에서보다 많은 이익을 거둘 수 있다면 외국 자본은 한국으로 쏠릴 것이다. 베트남이 더 나은 대우를 하면 베트남으로 가고, 필리핀이 더 나은 대우를 하면 필리핀으로 간다.

신용은 하늘에서 뚝 떨어지는 것이 아니다. 원화의 신용은 한국의 국내총생산에서 나오고, 위안화의 신용은 중국의 국내총생산에서 나온다. 달러는 조금 다르다. 달러라는 특별한 화폐에는 미국 국내총생산 이상의 것이 포함되어 있다. 달러를 갖고 있으면 전 세계 어디에서 어떤 상품이든 구매할 수 있기 때문에 달러는 사실상 세계총생산을 담보로 삼고 있는 셈이다. 이것은 기축통화만이 누릴 수 있는 엄청난 특권이다(달러에 대해서는 제4장에서 좀더 살펴보기로 하자).

'돈은 신용일 뿐'이라는 사실을 16세기 스페인 사람들은 전혀 이해하지 못했다. 돈이 귀금속이라고 해도 마찬가지다. 화폐라는 것은 다른 사람들이 화폐 대신에 무엇인가를 내줄 때 의미가 있다. 화폐 공급량의 증가는 화폐 발행을 독점하는 정부를 부유하게 해줄지는 몰라도, 사회의 부를 늘리지는 못한다. 다른 조건이 똑같다면 통화팽창(인플레이션)은 물가만 높일 뿐이다.

돈은
빚이다

세상의 모든 돈이 그렇다. 돈은 빚debt이고, 화폐는 빚 문서다. 사람들은 이 개념을 잘 이해하지 못한다. '화폐의 약속'을 상기해 보면 돈이 빚이라는 사실에는 의문의 여지가 없다. 화폐를 가진 사람에게 그에 상응하는 재화나 서비스를 주겠다는 약속은, 차용증promissory note을 가진 사람에게 재화나 서비스로 빚을 갚겠다는 약속과 다름없다. 다시 말해 모든 화폐는 계약서다.

채권자는 화폐 소지자이고, 채무자는 화폐 발행자이다. 그러므로 화폐를 발행한 중앙은행, 즉 국가는 모든 국민에게 화폐 발행량만큼 빚을 진 셈이다. 그렇다면 한국은행에 돈다발을 들고 가면 한국은행이 그에 값하는 재화와 서비스를 내줄까? 아니다. 한국은행은 시장market으로 가라고 말한다. 그러니까 중앙은행은 그 나라의 시장을 담보로 화폐를 발행한 것이다. 시장은 화폐라는 빚을 갚는 곳이고, 시장이 망하면 화폐 소지자는 빚 받을 길이 막막해진다. 실제로 그런 일이 있었다. 1920년대 독일, 1946년 헝가리, 2000년대 후반 짐바브웨, 2016년 베네수엘라에서 화폐라는 빚 문서는 종이 쪼가리로 전락했다. 예컨대 1923년 독일에서는 5,000억 마르크를 주어야 빵 1킬로그

1920년대 독일에서는 초인플레이션이 발생하여 화폐가 종이 쪼가리로 전락했다. 5,000억 마르크를 주어야 빵 1킬로그램을 살 수 있었다. 당시 발행된 100조 마르크 지폐.

램을 살 수 있었고, 1946년 헝가리에서는 신문 한 부를 사는 데 4×10^{29} 펭괴를 내야 했다.

화폐가 빚인 이유는 또 있다. 이번에는 중앙은행이 아니라 시중은행이 빚을 창조한다. 이를 이해하려면 먼저 은행의 지급준비제도Reserve Requirement System를 알아야 한다. 은행이 파산할 위험에 처하지 않는 한, 모든 예금자가 한꺼번에 예금을 인출하는 일은 없다. 따라서 은행은 평소의 예금 인출 요구에 대응할 수 있을 정도의 현금만 보유하면 된다. 이 현금을 '지급준비금'이라 하고, 예금 총액 대비 지급준비금 비율을 '지급준비율'이라고 한다. 대부분의 국가에서 중앙은행이 그 비율을 정하는데, 한국은행이 정한 지급준비율은 2018년 현재 7퍼센트다.

은행에 100만 원을 예금했다고 가정해 보자. 은행은 당신에게 100만 원을 빚진 셈이다. 따라서 대차대조표의 오른쪽 대변에는 부채 1,000,000원이, 왼쪽 차변에는 현금 1,000,000원이 찍힌다. 은행은 현금 100만 원 가운데 지급준비금 7만 원을 남겨 두고 93만 원을 고객 A에게 대출해 준다. 그러나 그 고객은 현금 93만 원을 가방에 넣고 은행 문을 나서는 게 아니라 930,000원이 찍힌 통장과 직불카드를 지갑에 넣고 나간다. 다시 말해 고객 A는 93만 원에 대한 '인출권'을 받은 것이다. 은행 대차대조표의 대변에는 고객 A의 신규 예금 930,000원이 추가되고 차변에는 고객 A의 대출금 930,000원이 자산으로 기입된다. 은행은 새로운 예금 93만 원에서 지급준비금 7퍼센트를 빼고 다시 86만 4,900원을 고객 B에게 대출해 준다. 이런 식으로 지급준비금을 뺀 예금을 고객 C, 고객 D, 고객 E에게 계속 대출하다 보면 처음에 당신이 은행에 맡긴 100만 원의 현금은 회전문처럼 돌고 돌면서 최대 10배 이상의 통화량을 창출한다. 중앙은행이 지급준비율을 높이면 통화량은 줄어들고, 반대로 지급준비율을 낮추면 통화량은 늘어난다.

보통 '돈-money'이라고 하면 화폐, 재산, 소득, 비용 등의 중층적 의미를 갖고 있다. '돈을 낸다'라고 말하면 화폐란 뜻이고, '돈을 번다'라고 말하면 소득을 의미하고, '돈이 많다'라고 말하면 재산 또는 부wealth를 뜻하고 '돈이 든다'라고 말하면 비용을 나타낸다. '화폐'는 지폐와 동전을 아울러 일컫는 말이다.

통화通貨, currency는 유통화폐流通貨幣의 준말이다. 한 사회에 유통되는 지불수단을 통틀어 지칭하는 용어다. 은행권, 보조화폐, 예금통화가 다 여기에 들어간다. 통화량money supply은 그 모든 것의 총량이다. 오늘날에는 지폐를 한 장도 사용하지 않고 큰 거래가 척척 이루어지는 경우가 많다. 예를 들어 집을 사고팔 때 보따리에 돈뭉치를 싸 들고 다니지 않는다. 통장에서 통장으로, 다시 말해 컴퓨터를 통한 화폐의 순간이동으로 결제가 이루어지고 거래가 끝난다. 그래서 세상에는 중앙은행에서 인쇄기로 찍어낸 지폐보다 훨씬 큰 금액이 '통화'라는 이름으로 흐르고 있다.

한국은행에서 인쇄기로 찍어서 공급한 화폐를 본원통화base money라고 한다. 본원통화는 여러 시중은행을 거치면서 대출과 예금으로 몸집이 불어난다. 보통예금 혹은 당좌예금 같은 요구불예금要求拂預金은 언제든지 찾아 쓸 수 있으므로 현금회폐 기능을 한다. 경제 전문가들은 통화량을 측정하는 데 통상 두 가지 지표를 사용한다.

M_1(협의 통화)＝현금통화＋요구불예금

M_2(광의 통화)＝M_1＋저축성예금

2016년에 한국은행이 공급한 본원통화는 약 137조 4,000억 원이다. 2017년 11월 기준 대한민국의 M_1은 약 817조 6,250억 원이고, M_2는 2,521조 7,860억 원이다.[23] 통화 공급이 너무 많으면 인플레이션을 유발하고 너무 적어도 경제가 위축될 수 있으므로, 중앙은행은 이를 잘 관리해야 한다.

아무튼 민간은행이 통화를 창출할 수 있다는 것은 대단한 특권이 아닐 수 없다. 고객이 맡긴 돈으로 돈놀이를 할 수 있으니 떼이지만 않으면 쉽게 돈을 번다. 은행이 돈 버는 원리는 간단하다. 싸게 빌려서 비싸게 빌려준다. 기준금리가 올라도 시중은행은 대출 금리는 빨리 올리고 예금 금리는 천천히 올리는 경향이 있다. 반대로 기준금리가 내리면 대출 금리는 천천히 내리고 예금 금리는 빠르게 내린다. 대출 금리와 예금 금리의 차이를 '예대마진'이라고 한다. 『매일경제』 기사에 따르면 2017년 7월 시점에 예대마진은 2.27퍼센트포인트로, 2015년 2월 이후 최대치다. 확대된 예대마진 덕분에 은행권은 2017년 상반기에만 8조 원이 넘는 순이익을 기록했다.[24]

화폐의
유체 이탈 시대

도대체 얼마나 많은 돈이 세상을 떠돌고 있을까? 오늘날 지갑에서 지갑으로, 혹은 금고에서 금고로 이동하는 현금화폐는 물론이고 금융기관과 기업의 컴퓨터 서버에서 다른 서버로 이동하는 통화의 총량은 누구도 어림하기 어렵다. 유발 하라리Yuval Harari는 2011년 시점에 세계 화폐의 총량을 60조 달러로 추정했다. 그 가운데 주화와 지폐의 총액은 6조 달러였다. 그러니까 50조 달러 이상의 돈은 컴퓨터 서버에만 존재하는 전자화폐다.[25] 어마어마한 규모의 통화가 현금화폐가 아닌 전자화폐로 유통되고 있다.

세계 최대의 파생상품 거래소인 시카고상업거래소Chicago Mercantile Exchange, CME의 선물상품이 온·오프의 전자신호로 바뀌었음은 '거의 모든 실물상품의 유체 이탈'을 의미한다. 금본위제가 폐기되면서 금으로부터 독립한 화폐는 마침내 종이로 된 육신도 벗어버렸다. 볼 수도 없고 만질 수도 없는, 오로지 서버에 파일로만 존재하게 된 것이다. 전자화폐는 순간이동의 마법을 부리는 것 말고는 현금화폐와 똑같은 기능을 한다.

미국의 연방준비제도이사회FRB(연준)가 '양적완화quantitative easing'라는 이름으로 금융시장에 공급한 돈은 인쇄기로 찍어낸 돈이 아니다. 6년간 총 4조 달러, 미국인 모두에게 1만 2,500달러씩 나누어줄 수 있는 돈이 컴퓨터 자판을 몇 번 두드림으로써 창출되었다. 문자 그대로 허공에서 돈이 만들어진 것이다.

신용카드credit card는 화폐인가? 결론부터 말하면 신용카드는 화폐가 아니다. 신용카드가 화폐라면 카드회사는 화폐 발행권을 가진 중앙은행, 즉 한국은행과 동급의 지위를 갖게 된다. 그러나 오늘날 신용카드는 현금 못지않게 광범위하게 통용되는 거래수단이고, 화폐와 마찬가지로 시장에서 교환의 매개 역할을 한다. 현금이 전혀 없어도 지갑에 쏙 들어가는 신용카드 한 장만 있으면 마트에서 물건을 살 수 있고, 레스토랑에서 식사를 할 수 있으며, 주유소에서 기름을 넣을 수 있다. 이런 말을 하면 "톨게이트에서는 카드를 안 받던데요?"라고 반문하는 사람이 있다. 그것은 국토교통부가 신용카드를 불신해서가 아니라 카드 결제가 교통 정체를 일으킬 가능성이 있기 때문이다.

신용카드가 화폐처럼 보이는 까닭은 상품을 구매할 때 결제수단으로 쓰이기 때문이다. 그러나 신용카드에는 부가 축적되지 않는다. 신용카드는 지불수단이 아니라 '지불을 연기'하는 수단이다. 신용카드는 카드 사용자(소비자)와 카드 가맹점(판매자) 사이에서 돈의 이동을 중개하는 단말기에 지나지 않는다. 카드회사는 중개의 대가로 수수료

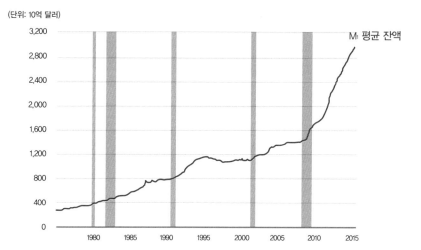

(단위: 10억 달러)

[도표 1] 미국의 통화량 팽창(1980~2015)

를 얻는다. 카드회사가 가입자에게 온갖 혜택을 주는 데에는 카드 사용을 장려함으로써 수수료 수익을 높이려는 속셈이 숨어있다. 물론 얇은 플라스틱 카드만으로 결제가 이루어지는 것은 아니고, 가맹점마다 카드 리더기를 갖추고 있어야 한다. 카드와 카드 리더기, 눈도 귀도 없는 두 단말기가 어떤 전자신호를 주고받는지는 카드 주인도 모르고 계산대의 판매원도 관심 밖이다. "한도 초과인데요?"라는 말은 판매원이 하지만, '결제 불가' 판정을 내리는 주체는 사람이 아니라 수십 킬로미터 혹은 수백 킬로미터 떨어진 곳에 있는 카드회사의 컴퓨터 서버다.

신용카드는 단말기에 불과하지만 아직 반전이 남아있다. 사람들이 신용카드로 결제하면서 서명한 종이는 일종의 차용증이다. 여기에는 즉시(일시불), 3개월 혹은 10개월 후(할부)에 돈을 갚겠다는 약속이 담겨 있다. 이 차용증은 은행이나 카드회사 입장에서 보면 채권인 동시에 자산이다. 자산이 증가하면 그만큼 신규 대출이 가능하다. 신규 대출이 이루어지는 순간 새로운 통화가 창출된다. 다시 말해 우리가 신용카드를 긁을 때마다 통화가 창출되는 것이다. 누가 플라스틱 카드를 '화폐 제조기'라고 불러도 반박하기가 쉽지 않다.

현금 결제와 카드 결제, 그 차이는 무엇인가? 지갑에 두툼한 현금을 넣고 다닐 필요가 없다는 것은 굉장한 매력임에 틀림없다. 단지 그뿐인가? 카드회사는 가입자를 '회원'으로 우대하고 그에게 차별적 지위를 부여한다. 카드를 많이 쓰고 카드대금을 잘 갚을수록 지위도 올라간다. 신용카드는 시장경제체제에서 일종의 신분증이자 통행증이다.

나는 화폐와 신용카드의 본질적 차이가 '신용을 부여하는 주체'에 있다고 생각한다. 모든 사람이 화폐가 매우 특별한 종이임을 믿어 의심치 않는 까닭은 국가가 법으로 신용을 부여했기 때문이다. 반면에 카드는 민간기업인 카드회사가 카드 소지자 개인의 신용을 보증하는 물표物標다. 고대 상거래에서 두 쪽의 널판 조각을 끼워 맞추듯이, 카드를 카드 리더기에 대고 긁는다. 찌지직거리는 소리를 내며 영수증이 찍혀 나오면 거래가 성사되었다는 뜻이다.

현금은 당신에게 아무것도 묻지 않지만 카드는 당신의 신용을 묻는다. 카드를 발급받고자 할 때 카드회사는 당신의 직업, 급여 수준, 거래 실적을 조회하고 평가하여 1등급에서 9등급까지 신용등급을 매긴다. 수능 성적이나 소고기의 품질등급을 매기듯이 말이다. 음식점에서 밥값을 못 내면 뺨을 한 대 맞거나 덤으로 소금 한 줌을 뒤집어쓰는 것으로 그칠 수 있지만 카드대금을 연체하면 신용등급이 떨어지고 최악의 경우 '신용불량자'라는 낙인이 찍혀 모든 금융 거래에서 불이익을 받는다.

'신용'이라는 추상적 개념에 대한 이해 없이는 현대 자본주의 사회를 설명하기 어렵다. 자본주의 경제, 특히 금융경제는 신용이라는 기초 위에 세워진 거대한 구조물이다. 신용이 꺼지면 와르르 무너진다. 그런 일이 일어날 수 있을까? 2008년 글로벌 금융위기는 역사상 최악의 신용위기였다. 모기지론의 신용에 구멍이 뚫리자 미국은 거의 망할 뻔했다. 월가를 강타한 충격은 전 세계로 파급되었고, 그 여파는 지금도 계속되고 있다.

처음으로 돌아가 신용카드를 다시 보자. 화폐의 전자화가 없었다면 신용카드도 없었을 것이다. 다시 말해 신용카드를 통해 전송되는 돈은 100퍼센트 전자화폐다. 교통카드로 지불되는 돈도 전자화폐이고 홈뱅킹을 통한 계좌이체 역시 전자화폐 없이는 불가능하다. 우리는 일상에서 아무런 불편 없이 전자화폐를 사용하고 있지만, 18세기의 자본가와 경제학자들에게 이런 개념을 이해시키기란 매우 지난한 일일 것이다. 애덤 스미스가 순간이동의 마법을 어찌 이해하겠는가.

어쩌면 현금화폐가 아주 없어지는 세상이 올지도 모른다. 실제로 덴마크 중앙은행은 2015년부터 지폐와 동전을 발행하지 않겠다고 선언했다. 세계 최초로 '현금 없는 사회'를 만들겠다는 뜻이다. 모든 거래가 100퍼센트 카드나 폰뱅킹으로 이루어지는 세상……. 화폐 발행 비용이 절감되는 장점도 있겠지만, 거래를 감추고 싶은 사람들에게는 나쁜 소식임이 틀림없다.

비트코인은
화폐인가?

비트코인Bitcoin 스스로는 화폐라고 말한다. 비트코인 개발자와 사용자들은 비트코인을 '암호화폐cryptocurrency'라고 정의했다. 화폐면 화폐지, 암호화폐는 또 무엇인가?

일단 블록체인block chain에 대해 이해하고 넘어가자. 블록체인은 비트코인의 기반이 되는 기술이다. 쉽게 말해서 '거래 장부를 만드는 방법'이다. 블록block은 장부의 한 페이지이고, 연결고리chain로 이어져 있다. 장부 한 페이지의 마지막 줄과 다음 페이지의 첫 줄은 일치하도록 설계되어 있다. 따라서 장부에 기록된 모든 데이터가 연속성을 갖는다. 누가 한 페이지(블록)의 숫자를 고치려고 하면 연결된 수만 페이지(블록)가 연쇄적으로 변경되어야 한다. 다시 말해 모든 블록의 암호를 풀어서 접속한 다음 모든 블록의 숫자를 다 바꾸어야 하므로 사실상 위·변조가 불가능하다.

보통의 경우 금융 거래를 하려면 은행에 개인 장부를 개설하고 은행이 장부를 관리한다. 이런 운용방식을 중앙집중식이라고 한다. 누구나 한두 개씩 갖고 있는 예금 통장이 은행이 만든 장부다. 그런데 블록체인은 수만 개로 분산된 장부를 만들어서 은행이 아닌 수만 명의 개인이 나누어갖는 시스템이다. 은행을 거치지 않고 개인 간에 거래가 이루어지고, 그 거래 기록은 새로운 블록에 저장된다. 이렇게 은행을 제치고 개인과 개인이 거래하는 방식을 피투피P2P, peer-to-peer 방식이라 한다. 한 번 기록된 장부는 변경할 수 없다. 한 블록의 마지막 줄과 연결된 블록의 첫 줄이 같아야 하므로, 한 블록에 새로운 데이터가 입력되면 전체 블록이 한꺼번에 이를 검증한다.

블록체인은 꽤 괜찮은 아이디어임에 틀림없다. 그러나 그것은 어디까지나 기술적 방법론을 가리키는 말이지 화폐 자체는 아니다. 블록체인 장부에서 사용하는 화폐단위가 바로 비트코인이다.

결론적으로, 비트코인은 화폐가 될 수 없다. 비트코인은 화폐의 세 가지 기능에 부합하지 않는다. 첫째, 교환의 매개 기능을 하기에는 너무 불편하다. 결제가 인증되고 거래가 성립될 때까지 짧게는 10분, 길게는 며칠씩 걸린다면 화폐로서 경쟁력이 없다. 둘째, 가치의 척도가 되기에는 가격의 변동 폭이 너무 크다. 1미터 길이였던 자가 며칠 뒤에 10미터로 늘어나거나 30센티미터로 줄어들면 자로 쓸 수 없다. 비트코인 옹호자들은 언젠가 비트코인 가치가 안정될 거라고 주장하는데, 그것은 그때 가서 할 말이다. 지금은 화폐의 기능을 하지 못한다. 셋째, 부富의 저장수단이 되려면 앞의 두 가지 기능이 안정적으로 유지되어야 한다. 비트코인의 거래가격이 지금의 몇 배로 뛴다 하더라도 그것은 시세차익에 대한 기대가 반영된 것이지, 비트코인의 내재가치를 반영하는 것은 아니다. 비트코인 자체에 내재된 가치는 0에 가깝다.

나는 무엇보다도 비트코인의 수량이 한정되어 있다는 점에 주목한다. 비트코인의 총 통화량이 2,100만 비트코인으로 확정되었을 때 비트코인의 운명은 결정되었다. 만약 경제가 성장을 멈추고 현재의 상태를 영원히 유지한다면 그래도 된다. 그러나 세계 경제는 매년 2~3퍼센트씩 성장하고 있다. 2,100만 비트코인이라는 고정된 통화량으로 성장하는 경제에 대응하려면 1비트코인의 가치를 끝없이 평가절상해 나가야 한다.

계산하기 쉽게 경제가 매년 10퍼센트씩 성장한다고 가정해 보자. 쌀 한 가마 값이 오늘은 1비트코인, 내년에는 0.909비트코인, 2년 후에는 0.826비트코인, 3년 후에는 0.751비트코인, 이런 식으로 물가가 계속 떨어진다. 그게 무슨 문제냐고 반문할 사람도 있을 것이다. 물가가 떨어지면 사람들은 돈을 움켜쥐고 되도록 소비를 안 하려고 한다. 내일 세일하는 걸 뻔히 알면서 오늘 물선을 살 사람은 많지 않을 것이다. 반대로 상품을 가진 사람은 물가가 더 떨어지기 전에 더 많이 팔아치우려고 한다. 그래서 물가는 더 빠른 속도로 떨어진다. 물가가 떨어지고 소비가 위축되면 기업은 생산설비를 축소한다. 결국 경제성장은 멈추고 마이너스 성장을 기록하게 된다. 이런 경우를 경제학에서는 디플레이션deflation(통화수축)이라고 부른다. 경제가 원만하게 돌아가려면 경제의 몸집에 맞추어 적절한 양의 통화를 공급해야 한다.

더 큰 문제는 부의 집중이 빨라진다는 점이다. 경제가 성장하는 한 비트코인의 구매력은 계속 올라간다. 비트코인이 비싸진다는 것은 비트코인을 빌렸을 때 높은 이자를 물어야 한다는 뜻이다. 예를 들어 쌀 장수가 연리 5퍼센트로 10비트코인을 빌려서 쌀 10가마를 샀다 치자. 복리로 계산하면 3년 후에 11.57625비트코인을 갚아야 하는데, 이는 쌀 15가마에 해당하는 돈이다. 물가가 하락하면 실질금리는 더 높아진다. 따라서 비트코인을 꽉 쥐고 있는 사람은 점점 더 부자가 된다. 비트코인을 많이 보유한 사람은 남의 노동 성과를 싸게 구입할 수 있으므로 굳이 힘든 일을 할 필요가 없다.

어떤 사람은 '가치에 대한 믿음의 공유'로 비트코인도 화폐가 될 수 있다고 주장한다. 하지만 그 믿음은 어느 날 갑자기 '자, 이제부터 이것이 가치 있다고 믿기로 하자'고 해서 생기는 것이 아니다. 금에 대한 믿음은 수백 년에서 수천 년의 '경험'을 통해 축적된 것이다. 비트코인에 투자한 사람들은 비트코인이 빠른 시간 안에 그런 믿음을 얻게 되기를 바라겠지만 그럴 가능성은 매우 낮아 보인다.

오랫동안 화폐로 사용되었던 금과 비교해 보자. 금은 소량이긴 하지만 계속 생산되고 있다. 2009년부터 2014년까지 연평균 증가율을 보면 세계총생산은 2.9퍼센트, 세계 인구는 1.2퍼센트, 금 생산량은 1.6퍼센트, 미국 연준의 본원통화 공급량은 22.5퍼센트 증가했다.[26] 경제성장률과 비교했을 때 달러라는 법정화폐는 지나치게 많이 발행되었기 때문에 신뢰를 잃을 만하다. 그래서 비트코인 같은 암호화폐가 동력을 얻었는지도 모른다. 그러나 통화량을 2,100만 비트코인으로 고정한 것은 비트코인 개발자의 실수다. 그가 누군지는 모르지만 화폐의 속성에 대한 이해가 부족했던 것 같다.

암호를 풀어서 비트코인을 취득하는 과정을 금을 캐는 것에 빗대어 채굴mining이라고 한다. 비트코인 채굴 과정에도 노동이 들어간다. 암호를 풀기 위해 수고한 사람이 있기 때문에, 혹은 전기를 많이 잡아먹은 컴퓨터가 있기 때문에 비트코인이 시장에 공급된다. 그러나 그 노동은 무의미한 노동이다. 예를 들어 누가 앞산을 바라보며 천 번 절했다고 해서 다른 사람이 그에게 1,000원을 지불하지는 않는다. 시장은 의미 있는 노동, 즉 부의 생산에 기여한 노동에만 값을 지불한다. 거래소에서 비트코인을 구입한 투자자는 비트코인에 투입된 노동에 어떤 의미를 부여했을까? 단언하건대 아무런 의미도 부여하지 않았다. 투기의 물결에 뛰어들었을 뿐이다.

비트코인 투자자의 99퍼센트는 비트코인에 대해서 잘 모르는 것 같다. 그렇지만 비트코인 가격이 계속 오를 것이라고 기대하고 비트코인에 투자했음이 분명하다. 그 점에 대해서는 그들 자신이 가장 잘 알 것이다. 시세차익을 노리는 투자자나 투기꾼에게 무엇을 사고파는지는 중요하지 않다. 그게 튤립이든 그림이든 주식이든 아파트든 돈만 남으면 되는 것이다.

2018년 1월, 문재인 정부가 비트코인을 규제하려는 움직임을 보이자 300만 투자자가 거칠게 반발했다. 정치인이나 경제인 모두에게 조심스러운 주제였지만 작가 유시민의 논평은 정곡을 찔렀다. "블록체인은 건축기술이고, 비트코인은 집이다. 사람들이 집에 모여 도박하는 것을 단속하려고 하자 건축을 탄압한다며 항의하는 꼴이다."[27]

비트코인 거래 대부분은 거래소에서 이루어진다. 다시 말해 블록체인 장부가 아닌 거래소가 만든 장부 위에서 기존의 화폐와 비트코인이 교환되고 있다. 거래소는 18세기 환전소와 다를 게 없다. 거래소의 수익은 환전수수료다. 따라서 거래량만 늘면 만사형통이다. 비트코인 투자자들은 블록체인 장부에 접속할 일이 없고, 블록체인이라는 기술에도 전혀 관심이 없다. 비트코인을 실거래에 사용하지도 않는다. 그들이 신경 쓰는 것은 비트코인과 다른 화폐의 환율뿐이다. 비트코인에 대한 원화 환율이 올라야 돈을 번다. 그래서 사람들이 돈을 싸

들고 거래소로 몰려들기를 기대한다. 여기서 거래소와 투자자의 이해가 일치한다. 그들 입장에서 보면 거래소를 규제하는 어떤 정책도 용납할 수 없다.

비트코인 거래소는 개인을 대행하여 전자지갑을 만들고 비트코인을 관리해 준다. 이 거래소에 비트코인을 맡기는 것은 은행에 돈을 예치하는 것과 별반 다르지 않다. 이것 역시 탈중앙화에 역행하는 행태이고, 비트코인의 본래 취지를 거스르는 것이다. 현행 화폐제도에 문제가 많은 것은 사실이지만, 그렇다고 해서 암호화폐의 문제점이 정당화되지는 않는다. 비트코인이 화폐가 되려면 시장에서 화폐의 기능을 수행해야 한다.

달러는 어떻게
기축통화가 되었나?

∧
∧

달러는 이자와 만기가 없는 어음이다.
_제임스 리카즈(통화제도 분석가)

●

○

금본위제
시대

앞에서 이야기했듯이 초기의 은행은 단순히 '금 보관소'였다. 주로 금세공업자와 환전상이 귀금속을 취급했고, 거래가 많은 상인들은 은행에 금을 맡겨놓는 것이 여러 모로 편리하다는 것을 알게 되었다. 금을 맡기는 사람이 수수료를 물어야 했지만 본질적으로 오늘날의 예금과 별 차이가 없다. 네덜란드의 중앙은행이었던 암스테르담은행도 예금자에게 이자를 지급하지 않고 수수료를 받았다.

은행가는 부자들이 금을 맡기면 보관증을 써주고 그 금을 금고 깊숙한 곳에 잘 보관한다. 어느 몰락한 귀족이 노름빚을 갚기 위해 런던 교외에 있는 자신의 저택을 매물로 내놓는다. 돈 많은 신흥 부르주아가 그 집을 접수한다. 당연히 돈(금)을 지불한다. 몰락한 귀족은 집값으로 은행가가 써준 금 보관증을 받고 저택의 소유권을 새로운 주인에게 양도한다. 바로 이 금 보관증에서 현대적 의미의 화폐가 시작되었다.

금 보관증은 화폐로서 큰 인기를 끌었다. 금보다 가볍고, 지갑에 수십 장씩 들어가니까 들고 다니기 좋고, 여차하면 은행에서 진짜 금으로 바꿀 수 있으니, 이보다 멋진 화폐가 또 어디 있을까? 이렇게 금과 연동된 화폐제도를 '금본위제金本位制, gold standard'라고 한다.

금본위제에는 두 가지가 있다. 첫째는 피렌체의 플로린Florin 금화처럼 금으로 주조한 화폐를 유통시키는 방법으로 이를 금화본위제金貨本位制라 한다. 가장 확실한 금본위제이지만 무거운 금화를 들고 다녀야 하는 단점이 있다. 둘째는 금지금본위제金地金本位制인데, 은행에 보관한 금괴를 담보로 지폐와 보조화폐를 발행하는 방법이다. 금화, 금반지, 금목걸이 등으로 가공되기 전의 금, 즉 금괴와 골드바 같은 금덩어리를 '금지금金地金, gold ingot'이라고 한다. 그러니까 금 보관증은 일종의 금지금본위제 화폐였다. 이렇게 언제든 금으로 바꿀 수 있는 돈을 태환화폐兌換貨幣라고 한다.

금 보관증의 인기에 힘입어 금본위제가 유럽 전역으로 확산되었다. 1717년, 유럽에서는 영국이 가장 먼저 금본위제를 실행했다. 당시 금본위제를 제안한 과학자 아이작 뉴턴Isaac Newton, 1642~1727은 왕립조폐국의 최고책임자였다. 1818년 네덜란드가, 1871년에 독일과 일본이, 1873년에는 프랑스가 이끄는 라틴통화동맹이, 1875년에 덴마크를 포함한 북유럽 국가가, 1881년에 아르헨티나가, 1893년에는 러시아, 1900년에 미국이 금본위제를 채택했다.[1]

금본위제하에서 물가는 안정적이었고, 화폐 간 교환비율도 지금처럼 복잡할 게 없었다. 화폐에 표시된 금의 무게만 계산하면 간단하게 환율이 나왔다. 환율과 물가가 안정되자 국제 교역도 활발해졌다. 가장 성공적인 국가는 영국이었다. 산업혁명의 선두주자인 영국은 세계 제일의 공업국이자 세계에서 가장 부강한 나라가 되었다. 20세기 초까지 영국의 파운드화는 세계 무역결제의 60퍼센트를 차지했다.[2] 마침내 자본주의는 번영의 길을 찾은 듯싶었다. 그러나 두 차례의 세계 대전과 대공황이 모든 것을 망쳐버렸다.

전쟁비용을 대느라 막대한 돈(금)이 고갈되었고, 유럽 국가들은 중앙은행에 보관한 금보다 많이 화폐를 찍어낼 수밖에 없었다. 결국 유럽의 화폐는 제1차 세계대전(1914~1918)과 대공황(1929)을 겪으며 금 태환 기능을 잃어버린다. 1931년 영국이 금본위제를 포기하자 24개국이 뒤를 따랐다.

제2차 세계대전을 계기로 미국은 기나긴 대공황의 수렁에서 완전히 빠져나왔다. 유럽에서 수많은 젊은이가 죽어나갈 때, 미국은 군수물자를 유럽에 팔고 유럽은 금으로 값을 치렀다. 처음에는 돈(금)을 받고 무기를 팔았지만 연합국의 재정이 바닥나자 미국은 외상으로 물자를 제공했다. 그야말로 과자 만들 듯 무기를 찍어냈다. 미국은 연합국에 항공기 1만 4,795대, 전차 7,056대, 지프차 5만 1,503대, 트럭 37만 5,883대, 기관총 12만 1,633정, 화약 34만 5,735톤, 기관차 1,981량, 구축함 105척, 어뢰정 197척, 군화 1,541만 켤레, 식품 447만 8,000톤을 공급했다.[3] 미국은 이미 20세기 초에 세계 최고의 공업국이었다. 1912년에 수출규모에서 영국을 추월했고, 제1차 세계대전이 발발한 1914년에 포드사는 세계 최대의 자동차 생산능력을 갖추고 있었다.[4]

인류 역사상 최악의 전쟁이 끝날 무렵, 미국은 전 세계 금의 75퍼센트, 세계총생산의 50퍼센트를 점유한 어마어마한 부자 나라가 되어 있었다. 그때까지도 돈 하면 역시 금이었다.

_____

달러,
금과 동급이 되다

1944년 7월 1일, 세계 44개국에서 파견된 730명의 경제 관료와 전문가들이 미국 뉴햄프셔 주의 한적한 시골 마을 브레턴우즈Bretton Woods로 속속 모여들었다. 참석자 중에는 거시경제학의 창시자 존 메이너드 케인스도 있었다. 영국 대표였다.

대한민국 대표는 없었다. 일본의 식민지였으니 어쩔 수 없다. 아시아 국가로는 인도, 중국, 필리핀, 이란, 이라크 다섯 나라만 참여했다. 공산주의 국가인 소련USSR이 자본주의 질서를 구축하는 회의에 참가한 것은 역사의 아이러니다. 미국의 적대국인 일본, 독일, 이탈리아는 초대받지 못했다.[5]

유럽 전선에서는 연합군이 노르망디 상륙작전에 성공하여 파리로 진격 중이었고, 태평양에서는 미군이 필리핀해 해전에서 일본 전투기 400대를 격추하고 항공모함 3척을 침몰시킨 후 일본 본토를 향해 한 발 한 발 조여들어가던 시점이다. 당시 조선 땅에서는 전세가 이미 기울었음을 알지 못하고 친일 변절자가 속출했으나, 미국을 비롯한 연합국 측에서는 벌써 전후戰後 세계의 질서를 준비하고 있었다.

호스트인 미국을 빼고 그 자리에 초대된(사실은 소집된) 사람은 43개

금본위제 시대의 20달러 지폐. '액면가와 같은 가치의 금화와 교환해 준다'라는 문구가 인쇄되어 있다. 이는 미국인뿐만 아니라 전 세계를 향한 미국 정부의 약속이었다.

국 726명이다. 미국은 그들에게 제안한다. "너희들 돈(금) 없지? 경제가 돌아가려면 돈이 필요하지? 그러니까 일단 종이로 돈을 찍어. 그돈을 내가 보증해 줄게. 나는 금이 많고, 달러야말로 진짜 돈이니까. 그 대신 너희들의 종이돈은 내가 값을 매길 거야. 알았지?"

거부할 수 없는 제안이었다. 전쟁으로 만신창이가 된 유럽 국가들이 파괴된 시설을 복구하고 경제를 재건하려면 미국의 풍부한 물자가 필요했다. 미국의 물자를 사려면 달러를 확보해야 한다. 이런 사정은 신생 독립국들도 마찬가지였다.[6] 케인스가 세계중앙은행을 설립하고 세계화폐를 발행하자고 주장했지만 간단히 묵살되었다.

이렇게 해서 달러를 기준으로 다른 모든 통화의 환율이 정해졌다. 이것이 바로 '브레턴우즈 체제Bretton Woods System'다. 달러는 세계의 통화 중에서 유일하게 금과 동급이 되었다(35달러=금 1온스).

그때부터 달러는 다른 모든 통화의 가치를 결정하는 기축통화基軸通貨, key currency의 지위를 획득했다. 달러가 세계 유일의 금본위제 화폐이고, 다른 통화들은 모두 달러에 종속된 달러본위제 화폐로 강등되었다. 이로써 미국 연준은 달러에 대한 담보물로 금을 보유하고, 다른 나라 중앙은행은 금 대신 달러를 보유하는 큰 그림이 완성되었다. 1944년 이후의 세계 경제는 그전과는 완전히 다른, 달러가 세계 경제를 주도하는 구조로 재편되었다.

여기까지는 아무 문제가 없다. 자본주의 사회는 번영을 구가했고, 막스 베버Max Weber, 1864~1920의 『프로테스탄트 윤리와 자본주의 정신』에 대해 누구도 의문을 제기하지 않았다. 이 책에서 베버는 소명의식에 충실한 개신교 정신이 자본주의 발달에 기여했다는 주상을 펼쳤다. 그가 말한 개신교 정신을 요약하면 이렇다. "주어진 일에 힘쓰라. 그것이 신의 뜻이다." '달러=금'이란 불문율이 유지되는 한, 근검절약은 미덕으로 칭송되고 열심히 일한 사람은 보상을 받았다. 미국이 보유한 금이 그 가치를 보장하기 때문에 달러로 저축한 부는 세계에서 가장 안전한 자산으로 인정받았다.

앞에서 이야기한 대로 브레턴우즈 체제는 미국 달러화를 금에 고정시킨 환율 체제다. 금 1온스의 가치를 35달러로 정했고, 세계 각국의 통화와 달러 사이의 환율을 일괄 책정했다. 그러니까 브레턴우즈 체제의 운영자는 국제통화기금International Monetary Fund, IMF이고, 운영방법은 고정환율제固定換率制, fixed exchange rate였다. 예를 들어 과거의 기축통화였던 영국 파운드화의 환율이 미국 달러화 기준으로 새로 정해졌다.

[도표 2]를 보면 1달러에 4파운드 정도의 교환비율이 책정되었다. 고정환율은 오르락내리락하지 않는다. 그래서 고점이 뾰족하지 않고 테이블처럼 판판하다. 만약에 환율이 시장의 변화를 반영하지 못한다

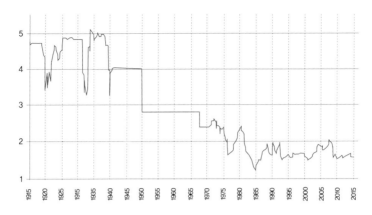

[도표 2] 파운드/달러 환율(1915~2015)

고 판단하면 다시 미국과 협의하여 적정 환율을 책정한다. 1949년에 그런 일이 일어났다. 1달러의 값이 3파운드 밑으로 재조정됨으로써 달러 가치는 떨어지고 파운드화 가치는 올라갔다. 이런 걸 파운드화 입장에서 볼 때 '평가절상'이라고 한다. 길게 보았을 때, 파운드화 가치는 꾸준히 오르고 달러 가치는 내리막길을 걸었다. 2018년 1월 17일 현재, 두 화폐의 환율은 1달러에 0.73파운드다.

비틀스The Beatles라는 영국 밴드가 빌보드 차트를 석권할 무렵, 미국은 베트남에 달러를 쏟아붓고 있었다. 하늘을 까맣게 덮은 B-52 폭격기 편대가 매년 10억 달러어치 이상의 폭탄을 무차별적으로 퍼부었다. 제2차 세계대전 때 사용된 양보다 많은 폭탄이 북베트남 상공에 뿌려졌고,[7] 달러 찍는 기계가 쉴 새 없이 돌아갔다. 금 보유고의 570퍼센트나 되는 달러가 시중에 풀렸으니,[8] 금 1온스=35달러라는 약속이 지켜질 리 만무했다.

달러 가치가 폭락하면 금 가격은 오르게 마련이다. 금은 어떤 인플레이션의 파도에도 침몰할 줄 모르는 불사신이며 세상에서 가장 안전한 자산이다. 지금까지 '달러 폭락=금값 폭등'의 공식이 깨진 적은 한 번도 없다. 베트남전쟁은 밑 빠진 독이 되었고, 국제시장에서 금 시세는 1온스에 60달러까지 치솟았다.

당시 가장 쉽게 돈을 버는 방법은, 어떻게든 달러를 확보한 다음 미국 은행에서 금과 바꾸는 것이었다. 그때까지만 해도 달러는 언제든 금과 맞바꿀 수 있는 태환화폐였다. 35달러=금 1온스. 은행에 가서 3만 5,000달러를 내밀면 은행은 꼼짝없이 금 1,000온스를 내주어야 한다. 그 금을 유럽 시장에 내다 팔면 큰 시세차익이 생긴다. 당시 미국인들은 금을 소유할 수 없었다. 1933년 루스벨트 대통령이 민간인의 금 소유를 엄격히 금지했기 때문이다. 몰래 금을 소장한 사람은 징역 10년에 벌금 25만 달러의 중형을 선고받았다.[9] 그러나 유럽의 중앙은행과 기업들이 결제대금을 금으로 요구하는 것까지 막을 수는 없었다. 미국 포트녹스 지하금고에 보관하던 금괴가 썰물처럼 빠져나가기 시작했다. 1944년에서 1971년 사이에 미국은 금 비축량의 70퍼센트를 잃었다.[10]

달러 하락을 눈치 챈 프랑스의 드골 대통령은 1960년대 내내 수출로 번 돈을 미국 연준에서 금으로 교환해 갔다. 1971년 5월에는 영국 정부가 30억 달러의 금태환을 요구했다.[11] 결국 미국은 두 손을 들 수밖에 없었다.

달러가
금으로부터 독립한 날

1971년 8월 15일. 이날을 기억해 둘 필요가 있다. 세상의 모든 돈이 금으로부터 독립한 날이기 때문이다. 인기 드라마 〈보난자Bonanza〉가 방영되는 일요일 저녁 시간, 미국의 리처드 닉슨Richard Nixon, 1913~1994 대통령이 침울한 표정으로 긴급성명을 발표했다. 닉슨은 "더 이상 달러를 금으로 바꾸어줄 수 없다"고 선언하고, 금융 투기꾼들을 맹렬히 비난했다. 국제사회와 어떤 사전 협의도 하지 않은 일방적인 통고였다. 금태환 중지와 함께, 모든 임금과 물가를 90일간 동결하는 극단적인 정책이 시행되었다.[12]

그때의 충격이 얼마나 강했던지, 자본주의의 연대기에 '닉슨쇼크Nixon shock'라는 항목이 추가되었다. 미국 증시는 곤두박질쳤고, 유럽 외환시장은 폐쇄되었다. 이로써 27년간 유지된 브레턴우즈 체제가 붕괴하고 달러의 금본위제 시대는 막을 내렸다. 세계 경제 질서는 다시 한 번 이전과는 완전히 다른 구조로 탈바꿈했다.

이제 돈은 더 이상 금이 아니다. 화폐는 금과 분리되었다. 실제로 미국 연준이 발행하는 지폐에서 '금화와 교환할 수 있다'는 문구가 삭제되었다. 이때부터 세상의 모든 돈은 한낱 종이 쪼가리로 변할 가능성을 지니게 되었다. 1997년에 한국 돈이 거의 그럴 뻔했고, 2014년에 러시아 루블화가 비슷한 위기를 겪었다.

금과 분리된 달러는 기세가 꺾였을까? 그렇지 않다. 여전히 기축통화의 지위를 유지하면서 세계를 지배하고 있다. 세계 경제는 너무 오랫동안 달러에 길들어 있었다. 게다가 마땅히 달러를 대체할 만한 국제화폐도 없었다. 미국은 여전히 세계 최대의 경제력을 가지고 있고, 세계에서 가장 많은 금을 보유하고 있으며, 세계에서 돈을 가장 많이 쓰는 나라다. 그리고 금융과 정보산업이 가장 발달한 나라다. 부富의 생산능력이 화폐의 신용을 뒷받침한다는 사실을 상기하면, 달러는 아직 힘이 남아있다.

결정적으로, 달러 뒤에는 석유가 있다. 미국은 중동의 산유국 사우디아라비아를 주목했다. 사우디아라비아는 땅은 넓고 인구는 적다. 이란, 이라크, 이집트, 이스라엘 등 강국에 둘러싸여 있어서 군사적으로 취약하다. 사우디아라비아 같은 왕정국가는 체제 유지에 늘 신경을 쓴다. 미국은 거래하기 좋은 상대를 찾았다. 거래의 기본은 이익을 주고받는 것이다. 미국은 사우디아라비아의 통치체제를 전폭적으로 지지하고 군사적 지원을 약속했다. 대신에 사우디아라비아는 석유 판매대금으로 미국 달러화만 받기로 했다. 1974년 미국 국무장관 헨리 키신저Henry Kissinger가 사우디아라비아를 방문해서 역사적 거래가 성사되었다.

달러화 결제의 원칙은 사우디아라비아의 영향력에 힘입어 석유수출국기구OPEC 전체로 확장되었다. 기름 안 쓰고 살 수 있나? 석유가 필요한 나라에 달러는 선택이 아닌 필수가 되었다. 금 대신 석유가 달러의 가치를 보증하는 시대가 된 것이다.

2003년 미국이 일으킨 이라크전쟁은 아편전쟁 버금가는 추악한 전쟁이다. 침공의 명분이었던 대량살상무기Weapons of Mass Destruction는 이라크에 없었다. 미국 브루킹스 연구소Brookings Institution의 보고에 따르면 전쟁 발발 후 9년 동안 민간인 19만 명이 사망하고 270만 명의 난민이 발생했다.[13] 미국의 부시 정권은 왜 독일, 프랑스, 중국, 러시아 등 많은 국가의 반대를 무릅쓰고 무리한 침공을 강행했을까? 국제 금융 전문가인 쑹훙빙宋鴻兵(송홍병)은 이라크전쟁이 유로화 출범과 관련 있다고 주장했다. '이라크 원유의 결제통화를 달러화에서 유로화로 전환하고, 100억 달러의 외화준비금을 유로화로 교체할 것'이라는 이라크 중앙은행의 발표가 미국의 민감한 곳을 건드렸다는 것이다. 미국이 격분한 이유를 쑹훙빙은 간단히 설명했다. "달러로 원유조차 사지 못한다면 누가 약세 달러를 보유하려 하겠는가?"[14]

달러의 위상이 점점 낮아지고 있는 것은 사실이다. 국제은행간통신협회SWIFT의 발표에 따르면 2016년 6월 기준으로 국제 결제에서 미국 달러화가 차지하는 비중은 40.97퍼센트다. 유로화(30.82퍼센트), 영국 파운드화(8.73퍼센트), 일본 엔화(3.46퍼센트), 캐나다 달러화(1.96퍼센트), 중국 위안화(1.72퍼센트)가 뒤를 이었다.[15] 한때 달러가 국제 결제의 60퍼센트를 점유했던 것에 비하면 꽤 줄어들었다. 브레턴우즈 체제가 출범할 무렵 세계총생산의 절반을 차지했던 미국의 국내총생산이 24퍼센트로 감소한 것과 무관하지 않을 것이다.

종이돈 시대의
신자본주의

1971년 이후의 자본주의는 예전의 그 자본주의가 아니다. 금융경제가 실물경제를 타고 앉아 밀가루 반죽처럼 주무르는 기형적 자본주의다. 구제금융이란 이름으로 월가의 투기꾼들에게 막대한 공적자금을 퍼부을 때, 우리는 신자본주의의 민낯을 똑똑히 목격했다. 책에서 공부했던 그 자본주의가 아니다. 막스 베버의 자본주의 정신은 폐기되었다.

세계의 많은 정부가 소비를 찬양한다. 빚내서 돈 쓰라고 촉구한다. 양적완화라는 희한한 이름으로 천문학적인 돈을 찍어서 인플레이션을 유도한다. 물가가 오르고 돈의 가치가 떨어지면 내 주머니에서 돈이 빠져나가는 것과 똑같은 일이 발생함에도, 사람들은 저항할 줄 모른다. 특히 서민들이 직격탄을 맞는다. 빠져나간 돈이 어디로 가겠나? 인플레이션으로 득을 보는 대기업과 금융권으로 흘러들어간다.

앞의 [도표 2]가 달러의 역사를 한눈에 보여준다. 금본위제와 함께 고정환율제가 폐기되고, 파운드화 환율은 지진파의 기록처럼 들쭉날쭉한 선으로 바뀌었다. 이처럼 환율을 고정하지 않고 시장에 맡기는 제도를 변동환율제變動換率制, flexible exchange rate라고 한다. 오늘날 대부분의 나라가 변동환율제를 채택하고 있다. 그러나 사실을 알고 보면, 정부가 자국 통화의 환율에 개입하지 않는 나라는 거의 없다. 미국은 타국 통화의 환율에도 개입한다. 외환시장에서는 보이지 않는 손보다 보이는 손이 더 극성맞다.

1980년대 초, 일본 경제는 욱일승천의 기세를 이어가고 있었다. 1985년에 일본의 1인당 국민소득은 미국을 추월했다. 반면에 미국 경제는 재정적자에 무역적자가 더해진 이른바 '쌍둥이 적자'로 몸살을 앓고 있었다. 1985년 9월 22일, 미국 재무장관 제임스 베이커James Baker는 뉴욕 맨해튼의 플라자 호텔에서 일본 · 영국 · 프랑스 · 서독의 재무장관을 불러 협상을 시작했다. 말이 협상이지, 미국의 압박은 우격다짐과 협박의 중간쯤 되는 수준이었다.

일본과 서독이 주요 표적이고 나머지는 들러리였다. 미국의 요구사항은 간단명료했다. "통화가치를 절상하라." 자국 화폐의 가치가 떨어지면 수출경쟁에서 유리해진다. 미국의 노림수는 엔화와 마르크화의 절상, 즉 달러 절하를 통해서 무역적자를 줄이는 것이었다. 미국의 강력한 압박에 일본은 버티지 못했고, 미국 재무장관은 기자회견에서 성공적인 회담이었다고 자평했다. 이것이 그 유명한 '플라자 합의Plaza Accord'다. 이듬해 1월, 엔/달러 환율은 259엔에서 150엔으로 떨어졌다. 일본의 '잃어버린 20년'은 이렇게 시작되었다.

2008년 글로벌 금융위기 이후, 일본은 엔화를 무제한 찍어내서 환율을 끌어올리기 시작했다. 엔/달러 환율은 2011년 10월 76엔에서 2015년 6월 125엔까지 올라갔다. 틈만 나면 위안화를 절상하라고 중국에 으름장을 놓는 미국이 웬일인지 일본의 엔화 절하는 못 본 척 방관한다. 중국을 견제하려면 일본의 협력이 절실하기 때문이다.

종이돈이 자본주의 세계를 어떻게 바꾸었는지 살펴보자. 국가가 법으로 보증하지 않는 한 종이 쪼가리에 지나지 않는 화폐, 물품화폐와 달리 그 자체로는 아무런 가치도 없는 화폐를 '명목화폐' 또는 '법화法貨, fiat money'라고 한다. 피아트fiat는 '명령, 지시'를 뜻하는 말이다. 법은 정부의 명령이고, 법화는 정부의 강제에 따라 통용되는 화폐다.[16] 금과 달러의 연결고리가 끊기자 인류는 역사상 처음으로 명목화폐 시대를 맞게 되었다.

우리는 손가락에 침을 묻혀가며 돈을 세는 감각적 경험 없이도 영수증에 찍힌, 혹은 액정화면에 뜬 추상적 수치만 보고 얼마가 입금되었다는 사실을 인식한다. 달러는 더 이상 금의 분신이 아니다. 보이지 않는 약속, 혹은 만질 수 없는 믿음에 지나지 않는다. 설사 보고 만진다 해도 그것은 하나의 디자인일 뿐이다. 그것도 종이돈이 손에서 손으로 건너질 때에 한한 이야기다. 키보드로 몇 개의 숫자가 입력되는 순간, 사람들을 매료시켰던 기호와 상징은 깨끗이 사라지고 0과 1의 깜빡임만 남는다.

소꿉놀이를 하다가 한 아이가 나뭇잎 한 장을 따서 "이거 돈이야"라고 말하면 그때부터 나뭇잎은 돈이 된다. 내가 한 달 동안 노동을 하고 임금을 받을 때 경리직원이 키보드를 몇 번 두드리고 "입금했어요"라고 말하면 나는 통장에 찍힌 숫자가 돈이라는 사실을 믿지 않을 도리가 없다.

화폐는 날개를 달았다. 그 날개는 원하는 곳까지 한순간에 갈 수 있고, 원하는 물건을 시카고에서 상하이까지 하룻밤 사이에 몇 번이고 실어 나를 수 있는 마법의 날개다. 이제 누가 화폐를 지상에 붙들어 둘 수 있겠는가?

사실 자유를 얻은 것은 금융자산을 굴리는 자본가들이다. 오래된 계획이었는지 혹은 우연의 결과였는지는 알 수 없지만, 그들이 원하는 세상이 되었다. 닉슨의 금불태환 선언 이후, 인류는 한 번도 가보지 않은 길을 가게 되었다. 세상은 근본적으로 바뀌었다. 금본위 시대의 자본주의와 구별하기 위해 새롭게 도래한 종이돈 시대를 '신자본주의 시대'라고 부르자. 신자본주의의 다른 이름은 '카지노 자본주의casino capitalism'다.

기축통화의
특권

세상에는 정말 많은 종이돈이 있다. 이름도 다르고, 그림도 다르고, 지질도 다르고, 크기도 다르고, 통화가치 또한 천차만별이다. 유로화, 영국 파운드화, 중국 위안화, 일본 엔화 정도가 달러에 버금가는 결제통화로 대우받을 뿐, 나머지 돈은 국경 밖으로 나가면 사실상 '잉크 묻힌 종이 쪼가리'에 지나지 않는다. 경제규모 세계 11위인 한국의 원화는 어떨까? 1997년 겨울, 대한민국은 경제의 기초체력fundamental이 비교적 탄탄했지만 당장 필요한 석유와 밀가루도 수입할 수 없었다. 이유는 단 하나, 달러가 부족했기 때문이다.

세상의 거의 모든 상품은 달러로 값이 매겨지고, 달러로 거래가 이루어진다. 석유는 말할 것도 없고 금·은 같은 귀금속과 구리·납·니켈 등의 원자재는 대부분 달러로 값을 치른다. 옥수수, 쌀, 밀, 콩 등 사람과 가축이 먹는 곡물도 달러 없이는 구입할 수 없다. 그뿐인가?

세계 모든 화폐의 가치가 달러에 의해 평가되고, 달러 기준으로 환율이 결정된다. 심지어는 가장 잘사는 나라에서 가장 못사는 나라까지, 달러로 환산한 소득에 따라 서열이 정해진다. 오늘날 달러는 인간이 생산하는 거의 모든 상품의 유일한 가치척도다. 물론 원화로도 세상의 모든 물건에 값을 매길 수 있다. 그러나 달러가 원화의 값을 정한다는 사실을 잊지 말아야 한다.

달러가 세상의 모든 가치를 평가하는 척도가 된 것은, 결정적으로 지상에서 금본위제가 사라졌기 때문이다. 그 전에는 달러도 금에 의해 값이 매겨졌다. 1971년의 닉슨쇼크는 값이 떨어진 달러가 계속 제 몸값을 숨기고 비싸게 굴다가 더 버티지 못하고 만천하에 진실을 드러낸 사건이었다. 그때까지 달러는 금 보관증일 뿐이었고, 금이야말로 진짜 돈이었다.

달러는 금을 권좌에서 몰아내고 그 자리를 차지하는 데 성공했다. 금은 니켈, 납, 아연 따위와 더불어 원자재commodities의 하나로 전락했다. 금과 함께 화폐의 기능을 분담했던 은과 구리는 이미 오래전에 원자재시장으로 편입되었다. 달러는 금이라는 버팀목을 스스로 치워 버렸다. 하지만 석유를 볼모로 잡고 다시 살아났다. 파운드화가 그러했던 것처럼, 언젠가 기축통화의 자리에서 물러나는 날이 올지도 모른다. 아마 달러는 지금의 특권을 내려놓고 싶지 않을 것이다. 기축통화로서 누리는 혜택이 너무 달콤하기 때문이다. 어떤 혜택이 있을까?

첫째, 기축통화를 가진 국가는 파산하지 않는다. 외채 만기가 도래했을 때 갚을 돈이 없으면 인쇄기를 돌려서 찍어내면 된다. 이게 얼마나 대단한 특권인지 우리만큼 잘 아는 이도 드물 것이다. 1997년 12월,

대한민국은 부도 직전이었다. 달러 환율은 1,964원이었고, 시중금리는 29퍼센트까지 치솟았다. 국제통화기금IMF의 구제금융이 없었다면 망했을 것이다. 세상에 공짜는 없다지만 구제금융의 대가는 혹독했다. 수많은 노동자가 일자리를 잃었고, 알짜 기업이 헐값에 팔렸다.

2008년 미국의 금융위기는 인류 역사상 최악의 대재앙이었다. 미국 연준은 부지런히 인쇄기를 돌려서 월가를 구했다. 다만 이 방법을 자주 쓸 수는 없다. 이런 식으로 계속 돈을 찍어서 빚을 갚으면 그 나라의 신뢰도는 땅에 떨어지고, 통화가치도 하락한다. 통화가치가 하락하면 그 화폐를 보유하려는 사람이 줄고, 너도나도 약세 화폐를 팔아치우기 때문에 통화가치는 점점 더 떨어진다. 또한 통화 남발로 인플레이션이 발생할 가능성도 있다. 결국 그 통화는 기축통화의 지위를 잃게 된다.

둘째, 기축통화를 가진 국가는 게임의 룰을 바꿀 수 있다. 전 세계의 경제 전문가와 정책 입안자들이 미 연준 의장의 발언에 귀를 쫑긋 세우는 까닭은 그의 말 한마디가 세계 경제에 막대한 영향을 끼치기 때문이다. 미국의 금리가 오르내릴 때마다 세계 각국의 금리와 환율이 요동치고 자금의 흐름이 확확 바뀐다.

금리가 내리고 달러 가치가 떨어지면 미국 정부의 채무 부담은 확 줄어든다. 거꾸로 미국에 돈을 빌려준 나라와 외환보유고의 대부분을 달러 자산으로 채운 나라는 손해를 본다. 예를 들어 중국이 열심히 미국에 물건을 팔아서 달러를 잔뜩 벌었다 치자. 미국 연준이 달러를 마구 찍어서 시장에 풀어버리면 달러 가치가 하락한다. 달러 가치가 30퍼센트 하락할 경우, 중국이 달러로 저축한 부의 30퍼센트가 허공으로 사라진다.

셋째, 다른 나라의 부를 자국으로 쉽게 옮길 수 있다. 기축통화는 전 세계 어디서나 재화 또는 서비스와 교환할 수 있다. 20달러짜리든 100달러짜리든 달러 지폐 한 장을 찍는 비용은 9.1센트다.[17] 중국산 냉장고 한 대 가격이 250달러라고 하면, 미국 사람은 27.3센트의 비용으로 냉장고 한 대를 받고 50달러의 거스름돈까지 챙길 수 있다. 달러를 찍어내기만 하면 다른 사람의 노동 성과를 가져올 수 있다? 얼핏 이해하기 어렵지만 실제로 미국과 다른 나라 사이에 이런 일이 벌어지고 있다. 미국인들이 빚내어 풍족하게 살아갈 수 있는 것은 미국 달러가 기축통화이기 때문이다.

기축통화가 누리는 이런 특혜를 '시뇨리지seigniorage(화폐주조차익)'라고 한다. 중세 봉건영주를 시뇨르seigneur라고 불렀던 데에서 유래한 말이다. 화폐 발행권을 가진 영주는 금화 또는 은화를 만들 때 구리 같은 불순물을 섞는 방법으로 부당이득을 취했다. 불순물을 섞으면 주화의 가치는 액면가치보다 낮아진다. 사람들은 순도가 높은 주화는 장롱 속에 보관하거나 녹여서 팔고, 물건을 살 때는 순도가 낮은 불량 주화를 사용한다. 결국 나쁜 돈(악화惡貨)만 시장에 유통되고 좋은 돈(양화良貨)은 시장에서 사라진다. 이런 현상을 '그레셤의 법칙Gresham's law'이라고 부른다.

넷째, 여간해서 인플레이션이 발생하지 않는다. 기축통화는 전 세계에 유통된다. 아예 미국 달러를 공식 화폐로 채택한 나라도 10여 곳이나 된다(영국령 버진아일랜드 · 터크스케이커스 제도, 네덜란드령 카리브, 마셜 제도, 미크로네시아, 팔라우, 에콰도르, 엘살바도르, 파나마, 짐바브웨, 동티모르, 캄보디아 등이 미국 달러를 공식 화폐로 쓰고 있다). 2008년 금융위기 이후 미국 연준이 그렇게 많은 달러를 찍어냈음에도 미국의 물가가 기대한 만큼 오르지 않은 데에는 몇 가지 이유가 있다. 우선 미국의 은행들이 대출에 소극적이었고, 달러가 실물경제로 흐르지 못하고 금융자산만 잔뜩 부풀렸다. 또한 발행된 달러의 상당액을 해외시장에서 흡수했다. 달러를 간절히 원하는 사람은 70억이 넘는다. 게다가 상당 기간 지속된 미국의 '제로금리'는 달러의 해외 유출을 가속화했다. 미국에서 발행한 지폐의 약 50퍼센트가 미국 밖에서 유통되고 있다.[18]

문제는 달러를 가진 외국인들이 미국에 청구권을 행사할 때다. 달러는 본질적으로 빚 문서이기 때문에 누구라도 달러를 내밀면 액면가에 상응하는 재화나 서비스를 제공해야 한다. 미국의 제조업이 완전히 망가질 때 미국 사람들은 이렇게 말할 것이다. "뭐, 가져갈 거 있는지 둘러보시게. 무기라면 얼마든지 드릴 수 있는데." 달러와 바꿀 만한 상품이 별로 없다고 생각하면 사람들은 달러를 내던지기 시작한다. 결국 전 세계의 달러가 미국으로 역류하고, 미국에서도 감당키 어려운 인플레이션이 발생할 수 있다.

그밖에도 기축통화에는 무역결제의 편리성과 환전의 용이성 등 여러 장점이 있다. 예를 들어 미국 사람은 아프리카 오지에 가도 달러로 그 나라 돈을 쉽게 바꿀 수 있지만, 아프리카 사람은 미국에서 자국 돈을 달러로 바꾸기가 쉽지 않다. 그리고 미국의 기업은 달러로 물건을 사고 달러로 물건을 팔기 때문에 환차손 따위로 골머리를 앓을 필요가 없다.

기축통화가 되려면 일단 그 화폐가 해외에서 널리 쓰여야 한다. 한

국가의 통화가 해외로 흘러나가 유통되도록 하기 위해서는 큰 규모의 무역적자를 감수해야 하고, 화폐 발행량도 많아야 한다. 화폐 공급량이 많아지면 통화가치가 하락하고, 화폐에 대한 신뢰도도 떨어진다. 이처럼 기축통화로서 역할이 커질수록 통화가치가 하락하는 문제를 '트리핀의 딜레마Triffin's dilemma'라고 한다. 미국 예일대학교 교수였던 로버트 트리핀Robert Triffin이 1959년에 처음으로 이런 문제점을 제기했고, 미국 달러화는 정확히 그가 가리킨 대로 가치 하락의 길을 밟았다.

미국 정부에는
달러 발행권이 없다

달러를 발행하는 기관은 미국 연방준비제도Federal Reserve System다. 줄여서 'Fed' 또는 '연준'이라고 한다. 연방준비제도이사회Federal Reserve Board는 연준의 최고 의사결정기구로, 14년 임기가 보장된 7명의 이사로 구성된다. 그중 한 사람이 '경제 대통령'이라고 불리는 연준 의장이다. 연준 의장은 미국 상원의 인준을 거쳐 대통령이 임명한다. 임기는 4년이고 연임이 가능하다. 이사와 의장 모두 대통령이 임명하지만 요식 절차일 뿐, 실제로는 월가의 입김이 세게 작용한다. 미국 전역에 분포한 12개의 연방준비은행Federal Reserve Banks은 연준의 정책을 실행하는 곳이다.

미 연준 홈페이지에 가보면 그들이 자신을 어떻게 규정하고 있는

지, 혹은 어떤 모습으로 보이고 싶어 하는지 짐작할 수 있다.

미국의 중앙은행인 연방준비제도는 안전하고 신축적이며 안정적인
통화 및 금융 체제를 국가에 제공합니다.[19]

연준은 화폐(달러)를 발행하고, 기준금리를 결정하고, 통화량을 조
절한다. 통화량 조절은 공개시장조작open-market operations, 즉 채권을 매
입 또는 매각하는 방법과 상업은행에 자금을 대출 또는 회수하는 방
법을 통해 이루어진다. 기준금리도 통화량에 영향을 준다. 미국에서
는 일반인의 예금을 취급하는 은행을 상업은행이라 하고, 주식, 채권,
파생상품 등을 다루는 은행을 투자은행이라고 한다. 그러니까 미국의
상업은행은 한국의 시중은행, 미국의 투자은행은 한국의 증권회사와
비슷하다.

미국 정부(재무부)는 돈이 필요하면 의회의 승인을 받고 국채를 발
행한다. 그 국채를 공개시장에 내놓으면 중국·일본·한국 등 여러
나라의 정부와 은행, 채권시장의 큰손들이 외환보유고를 늘리기 위
해, 혹은 돈을 벌기 위해, 혹은 안전자산을 확보하기 위해 미국 국채
를 매입한다. 채권시장에서 팔리지 않은 국채는 연준이 전량 매입한
다. 정부가 발행하는 종이 쪼가리(국채)와 연준이 발행하는 종이 쪼가
리(달러)를 맞교환하는 셈이다. 물론 미 재무부는 연준에 채권 이자를
꼬박꼬박 지급한다.

그렇다면 연준이 채권 인수 비용으로 지불하는 달러는 어디서 나오
느냐? 연준이 인쇄기로 찍어낸다. 공장을 운영하거나 무역을 해서 돈

을 버는 것이 아니라, 단지 인쇄기를 돌려서 달러를 만들어낸다. 물론 연준이 아무런 투자도 없이 돈을 버는 것은 아니다. 잉크와 종이가 들어가고 인쇄공도 고용해야 한다. 돈을 보관할 창고와 실어 나를 트럭도 필요하다. 이것저것 다 합쳐서 달러 한 장 찍는 데 들어가는 비용은 9.1센트다.

그런데 미 연준은 정부기관도 아니고 공기업도 아니다. 완벽한 사기업private enterprise이다. 1983년의 연준 주주 명단을 보면 6개 민간은행이 53퍼센트의 지분을 갖고 있다. 씨티은행 15퍼센트, 체이스맨해튼은행 14퍼센트, 모건신탁은행 9퍼센트, 케미컬은행 8퍼센트, 하노버은행 7퍼센트다.[20] 씨티은행은 록펠러와 J. P. 모건의 자본으로 설립되었고, 하노버은행에는 로스차일드 가문의 그림자가 서려 있다. 다시 말해 미국 정부에는 달러 발행권이 없다.

미국 정부는 달러 발행권은 없지만 보조화폐인 동전은 주조할 수 있다. 미국 재무부가 발행하는 주화는 페니penny(1센트), 니클nickel(5센트), 다임dime(10센트), 쿼터quarter(25센트) 등 네 종류가 있다. 그래서 이런 우스갯소리가 나왔다. "미국 재무부에서 1조 달러짜리 동전을 18개 만들어서 연준에 갖다 주면 미국 정부의 부채 문제가 일거에 해결된다."

미국의 국가부채는 2018년 초에 20조 달러를 돌파했고, 동시에 사상 처음으로 국내총생산을 추월했다. 우리나라 국내총생산의 13배에 해당하는 돈이고, 이를 원화로 환산하면 10의 16제곱에 해당하는 '경京'이라는 단위를 불러와야 한다. 미국 연방정부의 1년 세수tax revenue는 약 3조 3,800억 달러이고, 지출은 4조 달러가 넘는다. 기업과 가계가 진 빚까지 합하면 미국의 총부채는 69조 2,500억 달러로, 세계 총생산과 거의 맞먹는다. 이자만 해도 매년 2조 6,000억 달러가 넘는다.[21] 부채의 파도가 무시무시한 속도로 부풀고 있다.

환율을 알면 세상이 보인다

혼자 사는 남자가 있다. 사람들은 그를 '기러기 아빠'라고 부른다. 시애틀의 사립 중학교에 다니는 딸과 아내의 생활비로 매달 5,000달러를 보낸다. 이번 달에는 3만 달러를 더 송금해야 한다. 시애틀 교외에 사는 아내와 딸이 학교 가까운 데로 집을 옮겨야 하기 때문이다. 그에게 판촉 일을 맡긴 업체에서 잔금 지불을 미루는 바람에 송금이 며칠 지연되었다. 걱정스러운 목소리로 아내가 전화했다. 더 늦어지면 대출이라도 받아야 할 판이다. 다음 날 익숙한 알림 소리가 울리고 돈이 들어왔다는 메시지가 뜬다. 스마트폰으로 달러 시세를 확인해 보니 그 사이에 환율이 35원 떨어졌다. 송금이 늦어진 덕분에 120만 원 넘게 이득을 보았다. 횡재한 기분이다. 오랜만에 친구와 술 약속을 잡는다.

도대체 환율이란 무엇인가? 환율은 왜 끊임없이 변하는 걸까? 왜 그때마다 누구는 손해 보고 누구는 이익을 보는 걸까? 왜 고환율은 수출 대기업에 유리한가? 환율이 오르면 왜 물가가 따라 오를까? 환율은 어떻게 결정되는가?

세상에는 수많은 종류의 화폐가 있고, 그 화폐들 간의 교환이 끊임없이 이루어지고 있다. 예를 들어 영국으로 여행을 가려는 사람은 출발에 앞서 한국 돈을 영국 돈으로 바꾸어야 한다. 원화를 파운드화로 바꾸어야 영국에서 쇼핑도 하고 여기저기 편하게 다닐 수 있다. 마찬가지로 영국 사람이 서울 구경을 하려면 원화가 필요하다. 인사동에서 녹두전을 사 먹을 때 파운드화를 낼 수는 없지 않겠나? 50파운드 지폐를 받으면 식당 주인이 아주 난감해할 것이다.

화폐 교환이 필요한 이는 비단 여행자뿐만이 아니다. 한국의 식품회사가 미국에서 밀가루를 수입하려면 미국 돈이 있어야 한다. 신사임당이 그려진 5만 원 지폐를 아무리 많이 싸 들고 가봐야 밀가루를 내주지 않는다. 수년 전에 비하여 가격이 반 토막 난 석유도 마찬가지다. 반드시 달러로 결제해야만 계약한 물량을 받을 수 있다.

[도표 3]에서 보듯, 원/달러 환율은 오르내림이 가파르다. 그만큼 한국 경제가 불안정하다는 뜻이고, 좋게 말하면 역동적이라고 할 수 있다. 이 그림을 파도라고 생각하면 배를 띄우기가 쉽지 않을 것 같다. 2014년 7월 4일 원/달러 환율은 1,007원이었다. 2016년 3월 4일에는 1,244원. 무려 237원이나 올랐다. 그 후로 등락을 거듭한 끝에 2018년 1월 19일에는 1,064원까지 떨어졌다. 이 시계열 그래프가 계속 떨어질지, 아니면 다시 치고 올라갈지는 아무도 모른다.

그럴 리는 없지만 미국의 밀값이 일정하다고 가정해 보자. 제분업자 김대박은 2014년 7월 4일에 밀 5,000톤을 100만 달러에 수입했고, 곡물거래업계의 큰손 강부자도 2016년 3월 4일에 같은 양을 수입했다. 누가 더 이익을 보았을까? 간단히 계산이 나온다. 편의상 환

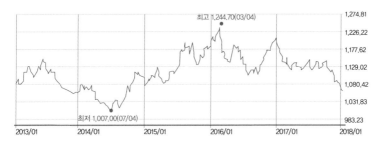

[도표 3] 원/달러 환율 추이(2013~2018)

전수수료와 송금수수료는 없는 것으로 치자. 두 사람이 미국에서 밀을 수입하려면 일단 한국 돈을 미국 돈으로 바꾸어야 한다. 김대박은 환율이 1,007원일 때 거래했으므로 100만 달러를 만들기 위해 한국 돈으로 10억 700만 원을 지불했고, 환율이 1,244원일 때 거래한 강부자 역시 100만 달러를 송금하기 위해 자신의 통장에서 12억 4,470만 원을 지출했다. 강부자는 김대박에 비해 2억 3,770만 원을 손해 보았다. 그런데 실제로는 강부자가 승자다. 환율도 변하지만 곡물값도 변하기 때문이다.

곡물은 보통 부셸bushel이란 단위를 쓴다. 1부셸은 약 27.2킬로그램이고 5,000톤이면 약 18만 3,800부셸이다. [도표 4]의 세로축 가격 단위는 센트cent다. 2014년 7월 4일의 밀(소맥) 시세는 1부셸당 697센트이고 2016년 3월 4일 시세는 454센트다. 1년 8개월 만에 소맥 5,000톤의 가격이 128만 1,000달러에서 83만 4,450달러로 떨어졌다. 일단 달러로만 계산하면 강부자가 44만 6,550달러를 덜 냈다. 이 금액을 다시 구매 시점의 원/달러 환율로 따져보아야 한다. 김대박

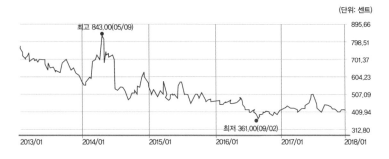

최고 843.00(05/09)

최저 361.00(09/02)

895.66
798.51
701.37
604.23
507.09
409.94
312.80

2013/01　2014/01　2015/01　2016/01　2017/01　2018/01

[도표 4] 소맥 가격 추이(2013~2018)

은 한국 돈으로 12억 8,997만 원을, 강부자는 10억 3,805만 원을 썼다. 똑같이 밀 5,000톤을 수입했는데, 김대박이 2억 5,192만 원을 더 썼다. 환율로는 김대박이 유리했지만 밀값이 훅 떨어지는 바람에 강부자가 약 2억 5,000만 원을 절감할 수 있었다.

만약에 김대박이 수입한 밀가루를 국내에서 처분하고, 판매대금 가운데 일부를 환율이 1,020원일 때 달러로 바꾼 다음 외화보통예금으로 은행에 넣었더라면 어찌 되었을까? 30만 달러를 예치했다고 가정해 보자. 환율에 남달리 민감한 김대박은 꾹 참고 기다렸다가 마치 신의 계시라도 받은 것처럼 환율이 최고점을 찍은 2016년 3월 4일에 보유한 달러를 전부 원화로 바꾼다. 환율이 1244.7원이니까 간단히 계산해서 달러당 224.7원씩, 총 6,741만 원의 이득을 올렸다. 이런 경우를 환차익換差益이라고 한다. 반대로 손해 보는 경우는 환차손換差損이다.

도대체 왜 환율이 오르락내리락하는 걸까? 화폐도 밀가루나 석유처럼 수요와 공급의 법칙을 따르기 때문이다. 수요, 즉 찾는 사람이 많아지면 값이 올라간다. 반대로 공급, 즉 팔려는 사람이 많아지면 값이 떨어진다.

화폐도 사고파는 상품이라고 생각하면 모든 게 간명해진다. 금, 옥수수, 반도체, 자동차, 석유 따위와 마찬가지로 화폐 역시 수요와 공급의 법칙에 따라서 가격이 정해진다. 이렇게 세계 여러 나라의 화폐를 사고파는 시장을 외환시장外換市場이라고 한다. 그리고 두 화폐 간의 교환비율을 환율換率, exchange rate이라고 한다. 환율은 상대적이다.

달러 공급이 줄면 달러 가치는 높아지고 원화 가치는 떨어진다. 따라서 환율이 올라간다. 달러 수요가 늘면 달러 가치는 높아지고 원화 가치는 떨어진다. 따라서 환율이 올라간다. 수출이 늘면 달러가 많이 들어오므로 환율이 내리고, 수입이 늘면 달러가 새어 나가므로 환율이 오른다. 외국인 투자가 증가하면 달러를 비롯한 외환보유고가 높아져서 환율이 내리고, 외국인들이 한국 시장에서 철수하면 외화도 같이 빠져나가기 때문에 환율이 올라간다. 이게 다 같은 말이다.

석유값과
달러

2014년 이후 석유값이 배럴당 110달러 선에서 50달러 대로 추락한 이유는, 기름이 남아도는데도 사우디아라비아가 계속 원유를 뽑아 올리기 때문이다. 미국의 셰일가스shale gas도 기름값 하락을 부추겼다. 셰일가스는 세계 에너지시장을 뒤흔들고 있다.

러시아를 예로 들어보자. 러시아는 석유와 가스가 수출의 60퍼센트를 차지한다.[22] 한마디로 기름을 팔아 먹고사는 나라다. 이렇게 석유 의존도가 높은데, 요즘처럼 저유가가 장기화되면 어떤 일이 벌어질까? 수출액이 확 떨어진다. 수출액이 줄면 판매대금으로 받는 달러가 줄고, 달러가 줄면 환율이 올라간다. 환율이 오르기 시작하면, 다시 말해 루블화의 가치가 떨어지기 시작하면 사람들은 너도나도 루블화를 팔아치우고 달러를 사재기한다. 결국 달러 가치는 더 올라가고 루블화 가치는 더 떨어진다. [도표 5]와 [도표 6]이 현재 러시아가 처한 상황을 극명하게 보여주고 있다.

유가가 반 토막 나자 2013년 달러당 30루블이었던 환율은 2016년 1월에 80루블 선을 뚫고 최고점을 기록했다. 2017년 하반기에 접어들면서 60루블로 가라앉긴 했지만 고통스럽기는 마찬가지다. 긴 병에 효자 없다는 한국 속담을 푸틴은 알까?

환율이 폭등한다는 것은 러시아에서 달러 가치가 폭등하고 루블화 가치가 폭락한다는 뜻이다. 2014년 12월 16일, 러시아 중앙은행은 루블화를 방어하고 외화가 빠져나가는 것을 막기 위해 기준금리를 10.5퍼센트에서 17퍼센트로 무려 6.5퍼센트포인트나 올리는 특단의 조치를 단행했다. 그럼에도 루블화 환율은 잠시 떨어졌다가 다시 꾸역꾸역 고개를 쳐들고 있다. 정부가 시장을 이기기란 연어가 폭포를 거스르는 것 이상으로 지난한 일이다.

유가 폭락은 사우디아라비아와 미국이 짜고 치는 고스톱이란 이야기가 있다. 크림반도를 병합하고 우크라이나 사태를 일으킨 러시아를 응징하려는 미국의 속셈이 숨어있단 뜻이다. 시리아의 시아파 정부를

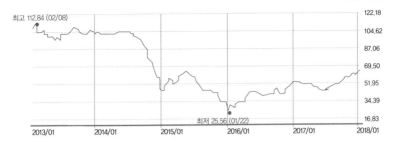

최고 112.84 (02/08)

최저 25.56 (01/22)

122.18
104.62
87.06
69.50
51.95
34.39
16.83

2013/01   2014/01   2015/01   2016/01   2017/01   2018/01

[도표 5] 두바이유 가격 추이(2013~2018)

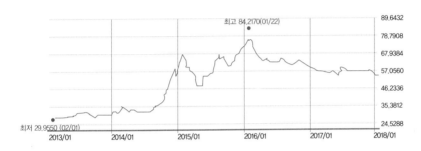

최고 84.2170(01/22)

최저 29.9550 (02/01)

89.6432
78.7908
67.9384
57.0560
46.2336
35.3812
24.5288

2013/01   2014/01   2015/01   2016/01   2017/01   2018/01

[도표 6] 루블화/달러 환율 추이(2013~2018)

지원하는 러시아의 돈줄을 말릴 수 있으니, 사우디아라비아와도 이해가 맞아 떨어진다. 러시아의 곤두박질은 시장 논리에 정치 논리가 더해짐으로써 빚어진 특이한 현상이라고 볼 수 있다.

이처럼 환율은 그 나라의 경제 사정을, 때로는 정치·사회적 상황을 짐작케 해주는 유용하고도 객관적인 지표다. 이런 자료를 '시장지표'라고 한다. 지표指標, 손가락으로 가리켜서 알려준다는 뜻이다.

유가 하락과 함께 세계 경제가 장기 침체에 빠지면서 러시아, 브라질, 인도네시아 등 자원 수출로 먹고사는 신흥국들이 큰 어려움을 겪고 있다. 하나같이 고환율의 몸살을 앓는다. 특히 수출의 90퍼센트 이상을 석유에 의존하는 베네수엘라는 최악의 경제난에 빠졌다. 연 720퍼센트에 달하는 인플레이션으로, 돈을 세지 않고 무게를 재서 거래할 정도다. 위조지폐를 만드는 범죄조직도 자국 화폐는 위조하지 않는다고 한다.[23]

그런데 이 대목에서 한 가지 의문이 떠오른다. 왜 저 나라들은 모두 미국 돈에 목을 매고 있는 걸까? 유로화도 있고 영국 파운드화도 있고 일본 엔화, 중국 위안화, 인도 루피화, 스위스 프랑화, 멕시코 페소화 등 하고많은 돈 중에 하필이면 왜 '달러 대비 환율'로 자신들의 가치를 평가받아야 할까? 그 이유는 딱 하나, 달러가 세계의 기축통화이기 때문이다.

신흥국들은 자원을 팔아서 번 달러로 공산품과 식량을 수입한다. '21세기형 사회주의'를 표방하면서 미국에 반기를 든 베네수엘라도 달러 없이는 먹고살 수 없다. 한국은 신흥국 시장에 공산품을 수출한다. 신흥국의 경제가 어려워지면 한국의 수출도 위축된다. 이렇게 세계 경제는 사방팔방으로 엮여 있다. 어딘가에서 문제가 생기면 줄줄이 영향을 받는다.

수출상품의
가격경쟁력

이번에는 수출업자 입장에서 환율을 살펴보자. 한국 경제를 흔히

'수출경제'라고 말한다. 국내총생산GDP에서 수출이 차지하는 비중이 그만큼 크다는 뜻이다. 수출경제를 다른 말로 '환율경제'라고도 한다. 환율과 수출의 상관관계가 매우 밀접하단 뜻으로 이해하면 되겠다. 환율은 우리나라 경제지표 가운데 대단히 중요한 지표다. 수출을 많이 하려면 미국, 중국, 유럽 등 해외시장에서 우리 상품이 가격경쟁력을 가져야 하고, 가격경쟁력을 가지려면 무엇보다 높은 환율을 유지해야 하기 때문이다. 다시 말해 원화 가치가 떨어질 때 수출은 증가하고, 그만큼 달러를 더 많이 벌어들일 수 있다.

가격경쟁력이라고 하니까 좀 어렵게 들릴 수도 있는데, 해외시장에서 같은 물건을 누가 얼마나 더 싸게 팔 수 있느냐 하는 문제다. 장사의 원리는 간단하다. 싸게 팔면 잘 팔리고, 비싸게 팔면 덜 팔린다. 한국 제품과 일본 제품이 미국 시장에서 경쟁한다. 두 상품의 품질이 비슷할 경우, 한국 제품이 2만 달러이고 일본 제품이 2만 5,000달러라면 어느 쪽이 더 많이 팔리겠나? 아마 미국 사람들이 바보가 아니라면 한국 제품을 선택할 것이다.

그런데 가격경쟁력과 환율이 도대체 무슨 관계인가? 한국의 대표적인 수출상품인 자동차를 예로 들어보자. 한국의 현대자동차가 소나타 한 대를 생산하는 비용이 2,000만 원이라고 치자. 여기에 500만 원의 마진을 붙이면 자동차 가격은 2,500만 원이 된다.

미국 사람들은 한국 돈의 가치 따위에는 아무 관심이 없다. 그들이 눈여겨보는 것은 달러로 표시된 가격표뿐이다.

소나타가 미국에서 팔리는 가격이 2만 5,000달러라고 가정해 보자. 환율이 1,000원일 때 미국에서 팔린 소나타 한 대 값을 한국에서 원화로 바꾸년 2,500만 원이다.

25,000달러×1,000원=25,000,000원

환율이 1,100원으로 오르면 어떻게 될까?

25,000달러×1,100원=27,500,000원

가만히 앉아서 250만 원의 이득을 보았다. 이런 걸 환차익이라고 한다. 현대자동차 마케팅 담당 임원이 얼른 머리를 굴린다. "한 2,000 달러쯤 깎아줘도 손해 안 보겠네." 정말 그런가 볼까?

23,000달러×1,100원=25,300,000원

판매대금을 한국의 은행에서 원화로 바꾸었더니 오히려 마진이 30만 원 증가했다. 대당 2만 5,000달러에 팔던 소나타를 2만 3,000달러에 팔기 시작하자 날개 돋친 듯이 팔려 나간다. 만약 엔/달러 환율에 변동이 없고 원/달러 환율만 올랐다면, 현대자동차는 미국 시장에서 점유율을 크게 높일 수 있을 것이다. 1980년대 엔고일 때 실제로 그랬다. 한국은 1985년 플라자 합의 덕을 톡톡히 본 나라다.

이제 환율과 가격경쟁력, 정확히 말하면 '수출상품의 가격경쟁력'의 관계를 이해했으리라 믿는다. 환율이 오르면 누가 좋아할까? 수출로 돈 버는 기업들이 좋아한다. 대한민국은 2010년 이후로 5년 연속

수출 실적 세계 7위를 유지해왔다. 1등은 물어볼 것도 없이 중국이다. 중국은 한국의 가장 큰 교역국인 동시에 가장 강력한 경쟁국이다.

고려 말에 원나라에 빌붙어 부와 권력을 거머쥔 권문세족은 양민을 노예로 만들어 노동력을 착취하고 권력에서 소외된 계층의 토지를 폭력으로 갈취했다. 오늘날의 기득권 세력은 그런 무식한 방법을 쓰지 않는다. 세밀하게 관찰하지 않으면 어느 주머니에서 나와 어느 주머니로 들어가는지도 모를 정도로 세련된 수법을 쓴다.

2008년 이명박 정권이 출범할 때 원/달러 환율은 947원이었다. 2009년 3월 2일에는 1,570원까지 폭등했다. 무슨 일이 있었나? 미국에서 시작된 금융위기가 있었다. 그러나 미국의 금융위기는 달러를 거의 쓰레기급으로 끌어내렸다. 미국 경제가 한국 경제에 미치는 영향력이 큰 것은 사실이다. 그러나 모든 통화의 환율은 상대적이기 때문에 원화 가치는 달러 가치에 비해 상승할 수밖에 없고, 따라서 원/달러 환율은 떨어져야 정상이다. 게다가 한국은 미국과 유럽에 비해 부실채권의 피해를 덜 입었다.

그런데 어떻게 환율이 폭등했나? 환율 폭등의 배경에는 강만수라는 인물이 있다. 1997년 외환위기 당시 재정경제원 차관으로 재직했으며 2008년에는 이명박 정부의 재정경제부 장관으로서 경제정책을 진두지휘한 사람이다. 이명박과 함께 소망교회 장로이기도 한 그는 취임하자마자 환율을 올려야 한다고 주장했고, 의도적인 고환율 정책을 실행했다.[24]

정부는 어떻게 환율을 올리는가? 달러가 국내로 들어오는 족족 한국은행이 이를 사들이고 원화를 방출한다. 그러면 국내 외환시장에서 달리는 줄어들고 원화 공급은 늘어난다. 수요와 공급의 법칙에 따라 달러 가치는 상승하고 원화 가치는 하락한다. 결국 원/달러 환율은 올라간다. 1997년에 악명 높은 투기꾼 조지 소로스George Soros가 태국에서 한 짓을 대한민국 정부가 똑같이 했다. 차이가 있다면 소로스의 공격 대상은 바트화였고, 이명박 정부의 공격 대상은 원화였다는 점이다.

대기업의 머리 위로 집중호우가 쏟아졌다. 돈벼락을 동반한 꿀 같은 비였다. 2009년 삼성전자는 사상 최대 실적을 달성했고, 대부분의 수출 대기업이 세계적인 불황 속에서도 흑자 행진을 이어갔다.

반면에 서민들은 죽을 맛이었다. 환율이 오르면 자동으로 물가가 오른다. 우리나라는 석유와 밀가루 등 원자재 대부분을 수입해서 쓰기 때문이다. 그러나 임금은 오르지 않았다. 1997년 이후 '고용 유연화'가 꾸준히 진행되어 노동시장을 대기업 입맛에 맞게 바꾸어놓은지 오래다. 서민들의 얄팍한 주머니에서 빠른 속도로 돈이 빠져나갔다. 그 돈이 어디로 갔나? 고스란히 대기업의 금고로 흘러들어갔다. 만 명의 가난뱅이를 털어 한 명의 부자를 돕는다는 것은 바로 이런 경우를 두고 하는 말이다.

금은
길들일 수 없다

◆

◆

금은 법적으로 화폐가 아니다.
그러나 세상 사람의 마음속에는 화폐로 새겨져 있다.
_쑹훙빙(글로벌재경연구원 원장)

●

○

가짜
달러인덱스

"금값, 달러 약세에 4개월 내 최고가." 한 경제신문 기사의 헤드라인이다. 이 기사에 따르면 2018년 1월 17일(현지 시간) 뉴욕상품거래소Commodity Exchange, COMEX에서 2월물 금값은 전일 대비 온스당 2.10달러 상승한 1339.2달러로 거래를 마쳤고, 이는 2017년 9월 8일 이후 최고가다.[1] '2월물'이라 함은 1월 말에 만기가 되는 선물先物, futures 상품이란 뜻이다.

왜 달러가 약세이면 금값이 오를까? '달러 약세'라는 말은 달러화의 가치가 떨어진다는 뜻이다. 반대로 '달러 강세'는 달러화 가치가 오른다는 뜻이다. 어디까지나 상대적인 개념이다. 달러 가치가 상승했다는 것은 상대적으로 다른 통화의 가치가 하락했다는 뜻이다. 때문에 국가 간 통화경쟁을 전쟁에 빗대어 '달러화의 전투력'으로 설명하기도 한다.

달러인덱스US Dollar Index란 지표가 있다. 미국 연준이 유로, 영국 파운드, 스위스 프랑, 스웨덴 크로나, 캐나다 달러, 일본 엔화 등 6개 통화와 비교하여 달러화의 평균 가치를 계산한 지표다. 달러인덱스는 1973년 3월을 기준점으로, 그때의 달러 가치를 100포인트로 설정했다. 따라서 달러인덱스 추이를 보면 달러화의 위상이 어떻게 변해왔는지 한눈에 알 수 있다. 달러인덱스가 100 밑으로 떨어졌다는 것은 달러의 위상이 1973년보다 못하다는 말이고, 그만큼 미국의 경제 사정이 좋지 않다는 뜻이다. [도표 7]을 통해 2008년 미국에 사상 최악의 금융위기가 터졌을 때 달러인덱스가 어땠는지 살펴보자.

역시 하락했다. 하락 정도가 아니라, 그야말로 처참하게 곤두박질쳤다. 앞에서도 이야기했지만 이 정도면 원화 가치가 상승해야 정상이다. 그런데 거꾸로 원화 가치는 폭락하고, 원/달러 환율은 폭등했다. 이명박 정부가 의도적인 고환율 정책을 밀어붙였기 때문이다. 대기업은 수출 호조에 환호했고, 서민들은 물가 폭등으로 큰 고통을 겪었다. 2008년 3월, 이명박 정부는 52개 주요 생활필수품을 지정해서 물가를 관리하겠다고 발표했다.[2] 경제를 조금이라도 공부한 사람이면 이게 얼마나 엉터리인지 금방 알아챌 것이다. 아궁이에 장작불을 계속 지피면서 가마솥의 물이 끓지 않기를 바랄 수 있을까? 52개 생활필수품에는 라면, 빵, 짜장면이 있었는데, 그 원료인 밀가루 가격이 전년 동월 대비 64퍼센트 상승했다.[3] 밀가루는 거의 수입에 의존하는 품목이다. 고환율 정책으로 밀가루값이 이미 폭등했는데 어떻게 짜장면값을 억제하겠다는 말인가? 짜장면값 올리지 말라는 것은 중국집 망하라는 이야기다. 이명박 정부는 국민을 속이고 우롱했다.

아무튼 달러인덱스는 달러의 경쟁력을 나타내는 지표라 할 수 있

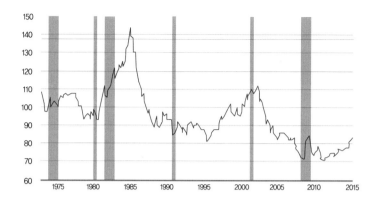

[도표 7] 달러인덱스 추이(1973~2015)

다. 그런데 그 경쟁력을 평가하는 방법이 유로, 파운드, 엔화 등 다른 통화와 비교하는 것이다. 만약 달러와 다른 통화들이 다 같이 망가지면 어떻게 되나? 달러의 경쟁력에는 특별한 이상이 없는 것으로 나타난다. 마치 저울에 매단 고기의 양을 줄여도 저울추가 가벼워지면 변화가 없어 보이는 것과 같은 이치다. 이런 달러인덱스는 신뢰하기 어렵다. 현재 미 연준이 발표하는 달러인덱스는 대중의 눈을 미혹하는 가짜다. 그렇다면 달러의 상태를 정확하게 점검하는 방법이 있을까? 있다. 바로 금이다.

'금'이라는 거울에 비추면 달러의 실상이 적나라하게 드러난다. 금값이 달러의 경쟁력을 나타내는 가장 정확한 지표임에도 금값을 달러인덱스로 삼지 않은 이유는 무엇일까? 달러의 실상을 감추고 싶기 때문이다. 감추려는 자는 누구인가? 세상을 도박판으로 만든 달러자본가들이다.

황금의
현대사

달러를 무기로 세계의 부를 농단해온 금융자본가들은 금을 화폐의 지위에서 끌어내렸다. 1971년 닉슨의 금불태환 선언 이후 달러는 중동의 원유를 볼모로 잡고 기축통화로서 권력을 되찾았다. 금의 제약에서 해방된 달러는 글로벌 도박판의 판돈을 한껏 키울 수 있게 되었다. 정치적으로는 신자유주의, 경제적으로는 신자본주의 시대가 활짝 열렸다.

그렇다면 금은 이제 돈이 아닐까? 그렇지 않다. 금은 과거 5,000년 동안 국적·인종·종교·계급·이념·취향을 초월하는 돈이었고, 지금도 그러하며, 앞으로도 역시 그런 돈으로 남을 가능성이 크다. 농경민이든 유목민이든, 금을 바라보는 시각에는 차이가 없었다. 조지 소로스와 빌 게이츠도 그렇고, 도널드 트럼프와 북한의 김정은도 다르지 않을 것이다. 어찌 보면 금은 현재 지구상에서 유통되는 유일한 진짜 돈인지도 모른다.

금은 언제나 역사의 중심에 있었다. 전성기의 로마제국, 아바스왕조, 오스만제국, 청나라, 영국 등의 역사를 보면 항상 금이 흐르는 쪽으로 부와 권력이 이동했다. 왜 그랬을까? 아마도 금이 지닌 불변의 가치 때문일 것이다. 금은 부를 담는 깨지지 않는 그릇이고, 부를 지키는 가장 확실한 수단이다. 흔히 국채, 귀금속, 달러, 엔화 등을 '안전자산'으로 꼽는다. 안전자산이란, 갖고 있으면 어지간해서 줄어들지 않는 자산을 말한다. 예금과 적금도 안전자산이다. 하지만 최고의 안전자산은 뭐니 뭐니 해도 금이다.

적금 들려고 은행에 갔다가 복리와 비과세 혜택의 유혹에 넘어가 적립식 펀드에 가입하는 사람이 있다. 다달이 월급통장에서 일정한 돈이 빠져나가는 적립식이든, 목돈을 한꺼번에 맡기는 거치식이든 이런 종류의 금융상품은 안전자산이 아니다. 수익률이 기대에 못 미치거나 심하면 원금을 까먹을 수도 있다. 은행 직원이 권유했더라도 높은 금리(수익률)를 바라고 위험한 금융상품에 투자한 것이므로 가입자에게도 상당한 책임이 있다.

주식은 대표적인 위험자산이다. 어떤 기업의 주식을 대량으로 샀는데 그 기업이 부도나면, 주식은 하루아침에 종이 쪼가리로 변한다. 전 재산을 털어 그 주식에 투자했다면 바로 알거지가 된다. 장기간 주가의 오름세가 확실해 보일 때, 채권에 묶여있던 자금이 대거 주식시장으로 이동할 수 있다. 채권의 매력은 떨어지고 주가는 가파르게 상승한다. 이런 경우를 '대전환Great Rotation'이라고 한다. 세계 경제가 획기적으로 좋아지지 않는 한 이런 장면은 다시 보기 어려울 것이다.

시장이 불안해지면 자본은 안전자산으로 이동한다. 2008년 글로벌 금융위기 때 극적인 대전환이 있었다. 주식시장에 몰렸던 자금이 안전자산으로 갈아타기 시작했다. 마치 게르만족의 대이동 같았다. 이번에 갈아탄 말은 달러도 채권도 아닌 금이었다. 당시 금값이 무섭게 치솟았다. 황금의 현대사를 간단히 살펴보자.

1971년 6월, 국제 금 시세는 온스당 40달러를 약간 상회하는 정도였다. 지금 보면 별것 아닌 것 같지만, 그 당시에 금값이 40달러를 넘였다는 것은 세계사에 한 획을 그을 만큼 엄청난 사건이다. 왜냐? 당시 달러는 세계 유일의 금본위제 화폐였고, 미국 정부가 공인한 금값은 온스당 35달러였기 때문이다.

금 1온스=35달러. 이렇게 달러 가치가 금에 고정되어 있었다. 미화 3,500달러를 미국 은행에 가져가서 금으로 바꾸어달라고 하면 은행은 금 100온스를 내준다. 미국에서 국제 시세인 40달러보다 무려 12.7퍼센트나 싼값으로 금을 팔았다는 이야기다. 달러를 가진 사람들이 이것을 보고만 있었을까? 달러를 미국 은행에 가지고 가서 금으로 바꾼 다음, 그 금을 유럽 시장에 내다 팔면 막대한 시세차익이 생긴다. 세상에 이렇게 손쉬운 장사도 없을 것이다. 프랑스와 영국은 보유한 달러를 금으로 바꾸기 시작했고, 미국의 금 보유고는 급격히 줄어들었다. 마치 썰물이 빠져나가는 것 같았다. 결국 그해 8월 15일, 미국의 닉슨 대통령은 금본위제를 포기한다.

1973년 석유파동oil shock 때 금값은 온스당 100달러 대에 진입한다. 1973년 제4차 중동전쟁이 일어나기 전까지만 해도 두바이유 가격은 배럴당 2.9달러에 불과했다. 1974년 중동 산유국들의 원유 감산과 가격 담합으로 유가는 배럴당 10달러 벽을 넘어섰다. 이때 미국의 국채 수익률은 6퍼센트 대에서 8퍼센트 대로 상승했다. 안전자산으로 여기던 미국 국채도 그만큼 리스크가 커졌다는 뜻이다. 따라서 금값이 오를 수밖에 없다. 금은 안전자산 중에서도 첫손가락에 꼽히는 안전자산이다.

그 후 몇 년간 150달러 안팎을 오르내리던 금값이 200달러 선을 넘어선 것은 1978년 말이다. 1979년에 400달러 선을 돌파하고, 이

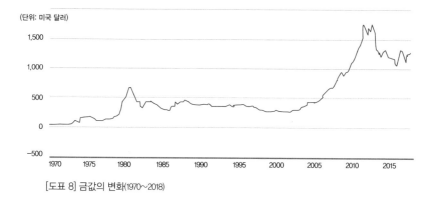

(단위: 미국 달러)

[도표 8] 금값의 변화(1970~2018)

듬해 9월에는 무려 682달러까지 폭등한다. 도대체 무슨 일이 있었는 가? 두 번째 석유파동이 전 세계를 강타했다.

1978년 12월, 이란 이슬람혁명으로 팔레비 정권이 무너지면서 배 럴당 13달러였던 유가가 20달러로 뛴다. 이듬해에 이란-이라크전쟁 으로 30달러 선이 무너지고, 1981년 사우디아라비아가 '자원 무기 화'를 선언하면서 두바이유 가격은 39달러의 꼭짓점을 찍는다. 대한 민국은 유가 폭등의 직격탄을 맞고 휘청거렸다. 원화 환율은 36퍼센 트 넘게 올랐고, 물가상승률은 28.7퍼센트에 달했으며, 경제성장률은 -2.1퍼센트로 추락했다. 그 와중에 박정희 18년 독재가 끝났다. 신군 부가 권력을 장악하고 패악을 부리던 시절이다. 당시 민주화운동에는 경제난이라는 시대적 배경이 깔려 있다.

다시 [도표 8]을 보라. 국제 금값은 1982년 400달러 밑으로 떨어 진 이후 20년간 300달러 대에서 약보합세(약간 하락하여 변동의 폭이 극 히 작은 상태)를 유지한다. 금값에 별다른 변화가 없다는 것은 그만큼 세상이 안정적이었다는 뜻으로 해석해도 될 것 같다. 1991년 소련이 붕괴하고 냉전이 막을 내리는 엄청난 변화가 있었지만 자본주의 세계는 그럭저럭 잘 돌아가고 있었다. 중국이 본격적으로 몸집을 불리기 시작했고 유럽이 서서히 기울어갔지만, 미래에 대한 전망은 대체로 낙관적이었다. 1997년에는 동남아시아 개발도상국들과 한국이 자본의 덫에 걸려 된통 혼쭐이 났다. 하지만 세계사적 시각으로 보면 국지적인 사건이었다. 21세기에 접어들면서 미국산 버블이 만들어지기 시작했다. 시장은 이미 버블을 감지하고 있었다.

금값이 다시 400달러 선을 깬 때는 2004년이다. 그때부터 금값은 가파르게 오르기 시작한다. 2006년에 500달러와 600달러 선을 훌쩍 넘고, 2007년 700달러, 2008년 900달러를 돌파하더니 2011년에는 1,800달러 대까지 치솟는다. 이 정도면 폭등이 아니라 폭발이라고 해야 한다. 이게 바로 2008년 미국의 금융버블이 팡, 하고 터지면서 전 세계로 번진 글로벌 금융위기다.

달러의 관점에서
금의 관점으로

금값이 1,800달러라는 말은 달러/금 환율이 1,800달러라는 뜻이다. 미국 종이돈의 화폐단위는 '달러'이고, 금의 화폐단위는 '온스'다. 원래 한 몸이었으나 스스로 금을 분리하는 바람에 한낱 종이돈이 되어버린 달러는 진짜 돈에 의해 냉정한 평가를 받는 처지가 되었다.

금이 진짜 돈이라면 이런 발상도 가능하지 않을까? "금으로 세상의 모든 화폐에 값을 매긴다." 왜 안 되겠는가? 지금 당장 해볼 수 있다.

1944년 브레턴우즈 체제가 시작되었을 때의 금값을 기준점으로 삼으면 이 세상 모든 화폐의 가치를 객관적으로 평가할 수 있다. 1944년에 금 1온스는 35달러였다. 당시 달러는 태환화폐였으므로 금의 가치와 달러의 액면가는 정확히 일치한다. 다시 말해 금 1온스와 미화 35달러의 구매력은 같았다.

금 1온스의 구매력＝미화 35달러의 구매력

금의 가치는 변하지 않는다고 가정한다. 이 가정은 지난 5,000년간 금이 어떤 정치적 격동과 인플레이션에서도 살아남았다는 사실에 근거한다. 금 1온스에 해당하는 35달러의 가치지수를 1,000포인트로 잡아 보자.

달러가치지수＝(35÷금 1온스의 달러표시 가격)×1,000

(35÷35)×1,000＝1,000

간단한 계산이다. 1944년의 달러가치지수는 1,000이었다. 이 수치가 오늘날 어떻게 변했을까? 2018년 1월 20일 현재, 금 1온스의 가격은 1,332달러다(소수점 이하 반올림).

(35÷1,332)×1,000＝26.28

2018년 1월 20일 기준, 달러가치지수는 26.28이다. 금의 가치는 불변이기 때문에 금의 구매력은 70여 년이 흐른 지금도 그대로다. 달러의 구매력은 1,000에서 26.28로 줄었다. 대충 계산해도 38분의 1로 쪼그라들었다. 이게 돈인가? 이런 돈을 저축하는 사람은 바보 아니면 화폐수집가일 것이다.

달러의 구매력이 형편없이 쪼그라들었다는 사실을 못 믿는 사람은 직접 달러로 물건을 구매해 보면 안다. 지금 1만 달러로 살 수 있는 금은 7.5온스다. 이 돈을 그대로 1944년으로 갖고 가면 금 285.7온스를 살 수 있다. 이번에는 금이라는 화폐의 구매력을 보자. 금 10온스로 살 수 있는 금은 10온스다. 1944년에도 금 10온스를 살 수 있었고, 1973년에도 금 10온스를 살 수 있었으며, 2008년에도 금 10온스를 살 수 있었다. 아마 2050년에도 금 10온스를 살 수 있을 것이다. 금의 구매력은 영원불변이다.

그렇다면 2018년에 연준에서 발행한 종이돈 100달러와 1944년의 100달러 지폐를 교환할 수 있을까? 절대로 불가능하다. 1944년의 100달러 지폐는 금화gold coin 100달러, 즉 금 80그램과 바꿀 수 있는 돈이지만 2018년의 100달러 지폐로는 금은방에서 겨우 금 2.1그램밖에 살 수 없다.

다른 나라 화폐의 가치는 달러가치지수인 26.28을 현재의 달러 환율로 나누면 쉽게 구할 수 있다. 영국 파운드화는 36.47, 유로화는 32.19, 엔화는 100엔 기준으로 23.75다. 원화는 1,000원 기준으로 24.60이다. 금을 기준으로 놓고 보면, 달러를 포함한 모든 종이돈은 문자 그대로 종이쪽임을 알 수 있다. 금 빼고 저들끼리만 비교하다 보니 환율이 크게 오르락내리락하는 것처럼 보이지만 금의 시각에서 보면 아주 한심한 수준이다.

멀리 갈 것도 없이, 달러의 위세가 절정이었던 10년 전의 금값을 기준으로 놓고 봐도 현재의 달러가치지수는 형편없다. 2007년 6월의 금값(온스당 654.75달러)을 기준점으로 삼아 달러가치지수를 1,000포인트로 잡는다. 소수점 이하는 반올림하자.

(655÷1,332)×1,000=491.74

10년 만에 달러의 구매력이 절반 넘게 줄었다. 그나마 2014년부터 많이 회복된 결과가 이렇다. '이러고도 네가 돈이냐?' 금이 달러를 질타하는 소리가 들리는 것 같다. 금의 시각으로 보면, 2007년에 5만 달러를 벌었던 사람은 2018년에 10만 달러쯤 벌어야 10년 전과 비슷한 생활수준을 유지할 수 있다. 씀씀이를 줄이고 싶지 않은데 소득이 그대로면 어떻게 해야 할까? 빚을 내는 수밖에 없다.

미 연준이 금값을 기준으로 달러인덱스를 측정하지 않는 까닭은 자명하다. 금하고는 도저히 게임이 안 되기 때문이다. 어쩌면 우리는 지금까지 달러가 금을 빼고 벌이는 돈놀이에 현혹되어 죄다 속고 있었는지도 모른다. 화폐의 구매력을 평가하는 방법으로 1986년 영국의 『이코노미스트』에서 처음 사용한 빅맥 지수Bic Mac Index라는 지표가 있다. 금이라는 정교한 잣대를 놓아두고 '빅맥'이라니, 가소롭지 않은가? 질량, 밀도, 순도, 재질 등 모든 면에서 햄버거는 금의 상대도 되지 않는다.

금값의 변화와 미국인의 소득 변화를 비교해 보자. 1944년 브레턴우즈 체제가 출범했을 때 미국의 1인당 GDP는 12,333달러였고 금값은 온스당 35달러였다. 2016년 미국의 1인당 GDP는 57,294달러이고, 금값은 같은 해 12월 30일 종가 기준으로 1,160달러다. 자, 금과 달러 중에 누가 이겼나? 72년 동안 미국의 1인당 GDP가 4.6배 성장할 때 금값은 33배 올랐다. 금은 그동안 발생한 모든 공황과 모든 인플레이션을 비웃으며 불멸의 구매력을 지켜왔다. 1944년 미국 중산층 한 사람의 연봉으로 352온스의 금을 살 수 있었다면, 오늘날 미국의 중산층은 연봉을 탈탈 털어도 50온스밖에 살 수 없다. 금값으로만 보면 미국인의 소득은 70년 전에 비해 7분의 1로 쪼그라들었다.

금은 거짓말을 안 한다. 금이 정직한 이유는 간단하다. 금은 손상되거나 변질되지 않는 가치를 지녔고, 그 가치는 세계 어디서나 동일하다. 종이돈의 양적완화는 모든 나라에서 가능하지만 금의 양적완화는 어떤 정부에서도 불가능하다. 전 세계 모든 금광의 광부가 쉬지 않고 일해도 1년에 3,000톤 이상의 금을 캘 수 없다. 2001년 세계 금 생산량은 2,560톤, 2012년에는 2,700톤이었다.[4]

금값이 요동친다는 것은 진실이 아니다. '달러가 요동친다'라는 표현이 진실에 가깝다. '금값이 오른다, 내린다'라는 표현은 '달러값이 내린다, 오른다'로 바꾸어야 한다. 달러값은 1944년 이후 지금까지 꾸준히 내리막길을 걸어왔다. 세상의 모든 종이돈이 같은 길을 걸어왔다. 그럼에도 종이돈의 환율에 일희일비하는 삶은 비루하지 않은가?

금의 입장에서, 금의 시선으로 세상 돌아가는 꼴을 잘 관찰할 필요가 있다. 그래야 보인다. 세상의 큰 사기꾼들이 달러를 가지고 어떤 농간을 부리고 있는지.

금은 투자상품이 될 수 없다는 주장도 있다. 현물 금에는 리스크가 없기 때문이다. 물론 '종이 금'을 사고파는 선물先物, futures에는 리스크가 존재한다. 모든 수익은 리스크에서 발생한다. 따라서 현물 금은 리스크도 없고 이자도 안 붙는다. 이것이 전문가들의 일반적 견해인 동시에 국제 금시장을 기웃거리는 투자자들의 시각이다. 과연 그럴까? 나는 정부와 시장이 금에 이자를 붙여 준다고 생각한다. 정부는 서툰 통화정책으로, 시장은 인플레이션으로.

달러와
금의 전쟁

달러화의 최대 맞수는 유로화도 위안화도 아닌 금이다. 국제금융 전문가 쑹훙빙은 단언한다. "미국은 달러화를 대체할 가능성이 있는 어떤 화폐도 용납할 용의가 없다."[5] 아들 부시George W. Bush 정권이 '악의 축an axis of evil'으로 규정한 이라크, 이란, 북한의 공통점은 무엇인가? 세 나라 모두 국제 결제통화를 달러에서 유로화로 전환하려고 시도했다.[6] 언제든 달러를 대체할 수 있는 금에 대해서는 더 민감할 수밖에 없다.

역사적으로 금은 모든 법정화폐의 천적이었다. 달러자본가들은 본능적으로 금을 두려워하고 혐오한다. 2010년 9월 9일 뉴욕상품거래소COMEX의 금값이 1,899달러를 찍었을 때, 월가의 금융자본가 세력과 미 금융당국의 공포가 어떠했을지는 굳이 확인할 필요도 없다. 그들의 시각으로 볼 때, 달러의 붕괴는 곧 세계의 붕괴다.

달러와 금은 강력한 경쟁 관계다. 달러가 강해지면 금값이 내리고, 달러가 약해지면 금값은 오른다. [도표 9]와 [도표 10]을 보면 이런 경향성을 확인할 수 있다. 그러나 이것은 '다른 화폐에 대한 달러의 상대적 가치'와 '선물시장에서 거래된 금값'을 같이 놓고 비교한 것이므로 금과 달러의 우열을 평가하는 근거로는 적절하지 않다.

선물시장에서 거래되는 금의 99퍼센트는 현물 금이 아니고 종이 금paper gold이다. 쑹훙빙이 지적한 대로, "선물, 옵션 따위의 종이 금 거래량이 현물 금 거래량의 100배를 초과한다면 그 시장은 더 이상 '금선물' 시장이라 말할 수 없다. 그저 '금'이라는 명칭을 가진 선물시장일 뿐이다."[7] 따라서 뉴욕상품거래소에서 매겨지는 금 가격은 시장의 진정한 평가라고 할 수 없다(달러인덱스와 선물시장의 금 시세는 참고하는 정도로 활용하면 될 것 같다).

시장이 극도로 불안해질 때 사람들이 금 자산으로 몰리면서 금값이 폭등하는 것은 자연스러운 현상이다. 국채와 달러가 안전자산으로 꼽히는 것도 평화로울 때 이야기지, 극심한 위기가 닥치면 금이 유일한 안전자산이다. 1980년대의 남아메리카 부채위기, 1987년의 주식시장 붕괴, 2002년의 닷컴버블 붕괴, 2007년의 서브프라임 모기지론 사태 같은 대형 사고가 터지면 달러인덱스니 안전자산이니 하는 말장난은 아무런 의미가 없다. 격랑에 흔들리는 부를 지켜주는 것은 오직 금뿐이다.

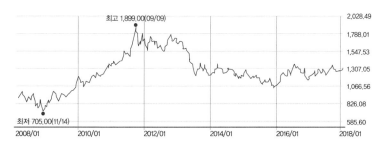

[도표 9] 금값 추이(2008~2018)

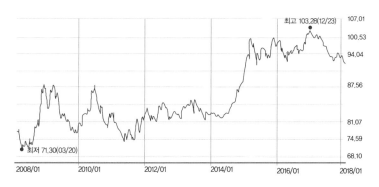

[도표 10] 달러인덱스 추이(2008~2018)

월가의 신자본주의 추종자들에게, 위기 때마다 달러의 취약한 모습을 환하게 비추는 금의 존재는 두고두고 불편할 수밖에 없다. 쿠데타를 일으켜 금을 권좌에서 쫓아내는 데는 성공했지만 민심은 여전히 금을 우러르고 있다.

달러자본가들은 금의 광휘를 눈뜨고 볼 수 없었던 모양이다. 대공황 이후 금의 시장권력을 제거하려는 시도가 몇 번 있었다. 첫 번째 시도가 1933년 루스벨트 대통령의 '금 보유 금지령'이다. 민간인의 금 보유가 진면 금지되있고, 정부는 미국인이 갖고 있던 모든 금을 온스당 20.67달러의 보상금을 주고 강제로 수매했다.[8] 이는 미국 시민의 부를 강탈한 것이나 다름없다. 1934년 1월에 금 가격이 온스당 35달러로 상승했으니 금을 내놓은 시민들은 불과 몇 달 만에 엄청난 시세차익을 빼앗긴 것이다. 미국인들은 1975년이 되어서야 합법적으로 금을 소유할 수 있게 되었다.

미국 정부가 금을 독점한 이유는 무엇일까? 금이 시장 논리에 따라 춤추는 것을 봉쇄하고 화폐경제를 통제하려는 의도에서였다. 그러나 미국 내에 한정된 정책에는 한계가 있었다. 금은 해외시장에서 춤을 추었다. 대공황 때 주식, 채권, 선물 등 온갖 증권이 휴지 조각이 되었지만 금에 응축된 부는 독야청청 살아남았다. 증권으로 부를 축적해온 자본가들에게, 금의 이런 속성은 잠재적 위협으로 비쳤을지 모른다. 사실 자본가들은 자유경쟁시장을 원하지 않는다. 자본가들이 바라는 것은 '그들이 지배할 수 있는 시장'이다.

두 번째 시도는 1974년에서 1980년 사이에 있었다. 미국은 현물 금 1,000톤을 헐값에 시장에 풀었고, 국제통화기금IMF을 설득해 700톤을 팔게 했다. 총 1,700톤을 덤핑했음에도 닉슨쇼크 직후 온스당 42달러였던 금값은 1980년 1월에 800달러까지 치솟았다. 시장은 미국 재무부와 국제통화기금이 금을 푸는 족족 흔적도 없이 흡수해버렸다. 결국 미국은 금값 억제를 포기했다.[9]

세 번째 공격은 베트남전쟁 때의 융단폭격을 방불케 하는 전면전이었다. 2013년 4월 12일 뉴욕상품거래소가 개장하자마자 금 100톤짜리 매도 주문이 떨어졌다. 이어서 금 300톤의 매도 물량이 쏟아졌다. 이는 2012년 세계 금 생산량의 11퍼센트에 달하는 엄청난 규모였다.[10] 순식간에 금값이 폭락하고, 금 투자자들은 공포에 사로잡혔다. 그들의 공포를 이해하려면 선물시장의 거래방식을 알아야 한다. 금 선물에 투자하는 사람들은 보통 20배의 '레버리지leverage'를 활용한다. 레버리지란 빚내서 투자하는 것을 말한다. 레버리지 20배는 자기자본 1,000만 원을 증거금으로 냈을 때 최대 2억 원까지 투자할 수 있다는 뜻이다. 금값이 10퍼센트 떨어지면 어떻게 될까? 2억 원의 10퍼센트를 손해 보았으니 2,000만 원이 사라졌다. 원래 가지고 있던 자금 1,000만 원을 날린 것은 물론이고 추가로 1,000만 원을 더 집어넣어야 한다. 이래서 선물투자가 무서운 것이다.

모두가 '금은 끝났다'고 생각했을 때 놀라운 일이 벌어졌다. 홍콩, 상하이, 싱가포르, 도쿄, 뭄바이, 시드니, 두바이 등 전 세계의 사람들이 현물 금을 사기 위해 쏟아져 나왔다. 하마터면 뉴욕상품거래소의 금 재고가 바닥을 드러낼 뻔했다. 금 재고가 고갈되면 선물 거래가 멈추고 전체 금융시장이 파국을 맞는다. 막후의 암살자들은 총구를 거둘 수밖에 없었다.

인간,
금을 창조하다

영국에 금본위제를 도입한 아이작 뉴턴은 연금술에 심취해 있었다. 사후에 그의 머리카락을 분석한 결과 수은 함유량이 자연 상태의 40배가 넘는다는 사실이 밝혀졌다. 당시 수은은 연금술사들이 많이 쓰는 재료였다.[11] 뉴턴은 연금술에 실패했지만 호모 사피엔스는 결국 금을 창조하는 데 성공했다. 금이 아닌 물질에서 금을 얻는 방법은 우연히 발견되었다. 심지어 그 방법을 실행한 사람들 중에 대다수는 자신이 금을 만들었다는 사실조차 알지 못했다.

이쯤 되면 눈치챘겠지만 그들이 발명한 것은 '종이 금'이다. 인류사에 거대한 변화를 일으킨 화폐가, 누군지도 모르는 사람들에 의해, 어떤 의도도 없이 우연히 발명되어 전 세계로 퍼진 것처럼, 종이돈도 그렇게 세상에 나왔다. 현대인의 경제생활에 이보다 큰 영향을 미치는 존재를 찾기도 쉽지 않을 것이다. 발명자가 누구인지는 불분명하지만, 종이 금이 누구에게 가장 많은 이익을 가져다주는가에는 이론의 여지가 없다. 바로 월가의 자본가들이다.

금은 본질적으로 경쟁 상대가 없는 '절대화폐'다. 화폐의 제왕인 달러조차도 금과 마주보기를 두려워한다. 금값으로 측정한 달러가치지수가 얼마나 형편없는지 우리는 확인했다. 만약 세계 경제를 100퍼센트 '보이지 않는 손'에 맡기고 모든 정부가 손을 뗐다면 달러는 진즉에 찌그러져 기축통화의 위상을 잃었을 것이다. 달러를 표준화폐로 남아있게 한 힘의 원천은 석유와 종이 금이다. 석유는 실물 분야에서, 종이 금은 금융 분야에서 달러의 패권을 지탱해왔다.

실물이 아닌 종이 금이 무엇을 의미하는지 대부분의 사람은 알지 못한다. 결론부터 이야기하면, 종이 금은 금을 길들이는 마약이고 금을 잠재우는 주술이다. 종이 금은 팽창하는 거품이고, 그 거품은 현물 금을 몇 겹으로 에워싸서 감추어 버린다. 그리고 전형적인 물타기 전술로 금의 가치를 희석시킨다. 그러나 종이 금은 금이 아니다.

1971년 8월 15일, 닉슨 대통령이 금태환 중지를 선언한 시점으로 돌아가 보자. 그날, 미국이란 나라를 세계에서 가장 안전한 부富의 곳간으로 이용해온 자본가들이 깨달은 것은 무엇일까? 달러로 쌓아올린 부의 마천루가 하루아침에 무너질 수 있다는 사실은 그들의 공포심을 자극하기에 충분했다. 금융경제에 미치는 금의 영향력을 그냥 놓아둘 수 없다는 암묵적 합의가 이루어졌을 것이다. 월가의 자본가들은 자신들의 치명적인 약점을 인식했고, 그 약점을 극복할 방법을 찾았다. 그들이 찾아낸 해법이 바로 종이 금이다.

종이 금은 이미 오래전부터 유통되고 있었다. 금본위제 시대에 그 가치가 부각되지 않았을 뿐이다. 금과 연결고리가 끊긴 달러가 무한히 팽창할 수 있다면, 종이 금도 그러할 것이다. 현물 금 없이 문서로만, 정확히 말하면 파일로만 거래되는 금! 월가의 금융기술자들은 여기에 주목했다. 런던, 취리히, 뉴욕, 홍콩, 상하이 등 국제 금시장에서 거래되는 금은 대부분 실물이 아닌 종이 금이다. 문서상으로만 소유권이 왔다 갔다 하기 때문에 실제로 현물이 얼마나 있는지는 중요하지 않고, 신경 쓰는 사람도 없다.

중요한 것은 그 거래규모다. 금이 증권화 과정을 통해 금 선물, 금 스와프, 금 임대, 선도계약, 금지수연동형 펀드, 비할당 금 등 수많은 파생상품으로 거듭나면서 금시장은 순식간에 100배 이상 팽창한다. 초단타 프로그램 매매를 통해 한 사람이 하룻밤에 수십만 건의 거래 기록을 남기기도 한다. 그러나 금 파생상품 가운데 대부분은 현물 금을 인수할 수 없는 빈껍데기에 불과하다.

무수히 많은 금 기반 상장지수펀드ETFs 가운데 한 상품을 보자. 이 펀드의 최소매매단위(1계약)는 금 10분의 1온스다. 150달러 정도의 소액으로도 금 관련 펀드에 투자할 수 있어서 선풍적 인기를 끌었다. 그러나 그 펀드에는 '가입자가 10만 계약의 증권을 가져가야 현물 금을 내준다'라는 조건이 붙어있다.[12] 1만 온스의 금을 계약한 사람, 다시 말해 1,000만 달러 이상 동원할 수 있는 큰손만 금을 만져볼 수 있다. 개미투자자들은 펀드에 이름만 올려놓고 금이라고 생각되는 '숫자'를 받을 뿐이다. 이런 방식의 상장지수펀드는 사실상 사기다. 이런 괴기한 시장이 유지되는 것은 현물 금을 소유할 생각 없이 도박에 참여하는 사람들이 대다수이기 때문이다.

국제 금시장에서는 땅속에 묻혀있는 금도 상품으로 만들어 사고 판다. 호주의 한 금 생산업체는 미래에 7년간 채굴할 금을 미리 팔았다.[13] 수많은 금 생산업체가 갱도에서 금광석을 채굴하기도 전에 미리 증서로 만들어 시장에 내놓는다. 그 배후에는 골드만삭스 같은 월가의 투자은행들이 있다.

금괴 하나가
열 사람에게 팔리다

상하이금거래소SGE의 금 거래량은 2014년 10월 기준으로 1만 2,077톤을 기록했다. 연말까지 합산한 추정 거래량은 1만 7,000톤이다.[14] 런던금속거래소London Metal Exchange, LME의 거래량은 그 3배가 넘는다. 얼추 계산해도 두 거래소에서만 2014년 한 해에 6만 8,000톤이 사고팔렸다. 전 세계의 중앙은행과 국제통화기금에 비축된 금의 총량은 3만 2,000톤 남짓이다.[15] 이 수치와 비교해 보면 상하이와 런던에서 얼마나 엄청난 물량의 금이 거래되고 있는지 어림할 수 있다. 실제로 이만한 규모의 금괴가 거래 당사자 간에 오갔을까? 시세차익을 노리고 거래소 서버 안에서 사고파는 과정이 수십 번 혹은 수백 번씩 반복되는 경우가 대부분이다. 현물로 인도되어 거래소 밖으로 빠져나가는 금은 거래량의 극히 일부다.

그렇다면 저 많은 금은 다 어디서 온 걸까? 오늘날 지구상에서 거래되는 대부분의 금은 깊은 갱도가 아니라 책상 위에서 생산된다. 현대의 연금술사들은 종이로 금을 만드는 비법을 터득했다. 키보드를 몇 번 두드리는 것으로 막대한 금이 프린터에서 찍찍 소리를 내며 인쇄되어 나온다. 현물 금이 금고 안에서 양전히 잠을 자는 동안, 혹은 존재하지도 않는 금이 증권으로 변신하여 개미투자자들의 계좌로 분배되는 동안, 문서상으로만 금값이 오르락내리락하는 것이다.

이것은 무엇을 의미하는가? 월가의 자본가들은 그동안 넘볼 수 없었던 금의 지위를 확 끌어내리는 데 성공했다. 절대화폐였던 금은 수많은 원자재 가운데 하나로 격하되었다. 마침내 금은 포획되어 우리 속에 갇혔다. 금 사냥에 동원된 사냥개들은 종이 금이다. 월가의 자본가들은 금을 우러르는 민중의 머릿속에 종이 금의 주술을 주입했다. 금을 원한다면 얼마든지 주마. 보거나 만지지만 않는다면.

앞에서 금의 양적완화는 불가능하다고 말했지만, 모든 사람이 종이 금을 금이라고 믿는다면 금도 양적완화가 가능하다. 월가의 자본가들이 노리는 섯이 바로 이것이었다.

'비할당 선도판매'란 무엇인가? 미국의 시중은행은 중앙은행에서 금을 빌려서 일반인에게 판매하는 사업을 한다. 금괴는 여전히 중앙은행 금고에 있고, 장부상으로만 시중은행에 임대한 것으로 기록된다. 중앙은행은 건물주가 집세를 받듯이 꼬박꼬박 임대료를 챙기고, 시중은행은 중앙은행 금고에 보관된 금을 고객에게 판매한다. 그러나 고객에게 고유번호가 찍힌 금괴가 할당되는 것은 아니다. 단지 고객이 소유한 금이 은행 금고에 있다는 증서만 발급해 줄 뿐이다. 그래서 '비할당'이다.

고객은 그 금을 보거나 만질 수 없다. "내 금은 어디에 있소?"라고 물으면 은행 직원은 장부를 가리키며 "여기에 있습니다"라고 대답한다. 현물 금을 내주는 것이 아니기 때문에 은행은 같은 금을 여러 사람에게 거듭해서 팔 수 있다. 사기에 가깝지만 불법은 아니다. 종이금은 이렇게 팽창에 팽창을 거듭하면서 시장에 막대한 물량을 공급한다. 현물 금은 여전히 중앙은행 금고에 있고, 법적 소유권만 이 사람에게서 저 사람에게로 이동한다.

종이 금이 등장하고부터 금은 저축의 수단이 아니라 투기의 대상이 되었다. 심지어 전자상거래를 통한 매도·매수 주문으로 가격 조작도 가능해졌다. 금뿐이겠나? 석유, 밀가루는 물론이고 구리, 니켈, 옥수수, 콩, 돼지고기 등 세계의 모든 선물상품은 실수요자가 아닌 투기꾼의 손아귀에서 놀아난다. 세상 전체가 거대한 도박판이다. 도박에 참가한 사람들은 모두 지정된 게임머니만 사용해야 한다. 게임머니는 물어볼 것도 없이 달러다.

이제 더 이상 달러의 지위를 위협할 경쟁자는 없어 보인다. 과연 그럴까? 현물 금이 그렇게 약해졌다면 왜 국가부도 위기에 처한 러시아가 오히려 금을 사 모으고 있으며, 중국과 인도는 또 왜 세계의 금을 쓸어 담는 일에 열중하는가? 중국과 인도 양국은 2013년에만 약 2,000톤 이상의 금을 매입한 것으로 추정된다. 제임스 리카즈James Rickards의 분석에 따르면, 중국의 비공식 금 보유량은 4,200톤에 달한다. 미국(8,133톤)에는 못 미치지만 러시아(996톤), 일본(765톤), 인도(558톤), 영국(310톤)에 비해 압도적이다. 유로존Eurozone의 금 보유량은 10,783톤으로 미국을 능가하지만 이는 독일, 프랑스, 이탈리아, 스페인 등 19개국의 금 보유량을 합산한 것이다.[16]

금본위제 시대가 일찌감치 끝났음에도 세계의 중앙은행들이 다량의 금을 비축하는 이유는 무엇일까? 충분한 금을 보유하고 있다는 사실은 자국 화폐의 신뢰도를 유지하는 데 도움이 된다. 각국 중앙은행의 금 비축은, 금이야말로 가장 확실한 화폐임을 입증하는 증거다. 만약 1997년 외환위기 때 대한민국이 충분한 금을 비축하고 있었더라면 그렇게까지 혹독한 취급은 받지 않았을 것이다. 금본위제는 공식적으로 폐기되었지만, 세계의 주요한 통화들은 여전히 금의 후광에 기대고 있다. 금과 통화가 공존하는 이런 방식을 가리켜 '그림자 금본위제'라고 말한다.

종이 금이 거래의 대부분을 차지하고 있다면 현물 금의 시대는 끝난 걸까? 만약 전 세계의 금 소유자들이 일제히 금괴은행에 찾아가서 "내 금 내놔라"라고 하면 어떤 일이 벌어질까? 어쩌면 그날이 달러의 마지막 날일 수도 있다. 미국 연준의 금 보유고를 믿지 않는 사람이 많다. 미 연준이 발표하는 금 보유량에는 장부상의 종이 금도 포함되어 있을 것이다. 포트녹스의 금괴는 오래전에 J. P. 모건 같은 골드바 은행으로 옮겨졌고, 금이 있던 자리를 텅스텐이 채웠다는 것은 공공연한 비밀이다. 언젠가 금지금金地金, gold ingot의 실제 보유량이 드러나면 전 세계가 충격에 빠질 수도 있다.

금,
불변의 가치

나는 미국의 달러화가 실제보다 고평가되었다고 생각한다. 그 이야기는 금이 실제보다 저평가되었다는 뜻이다. 그것도 적정한 시장가치와 굉장히 큰 차이가 있을 거라고 짐작한다. 이 정도를 판단하는 데 엄청난 기밀문서나 치밀한 조사가 필요하지는 않다. 세상이 다 아는 사실과 몇 가지 상식만으로 충분하다.

종이돈 공급이 20배 넘게 느는 동안 금 공급은 1퍼센트 늘었다.

지난 몇 년 동안 시중에 풀린 어마어마한 유동성이 반영되면 금값은 온스당 3,000달러를 넘을 것이라는 예측도 있다. 2008년 글로벌 금융위기 이후 미 연준은 인쇄기를 돌려서 4조 5,000억 달러의 본원통화를 공급했다. 본원통화는 최대 10배의 통화량을 창출한다. 막대한 통화 공급에도 달러인덱스가 큰 폭으로 떨어지지 않는 이유는 다른 통화도 같이 공급량을 늘렸기 때문이다. 2012년 5월까지 일본은 82조 엔, 영국은 5,400억 파운드, 유로존은 8,800억 유로, 중국은 44조 위안을 인쇄기로 찍어서 풀었다.[17] 세상의 모든 돈이 저렴해지고 있는데, 금값이 제자리걸음을 한다는 것은 이상하지 않은가?

달러 추종자들에게 미안한 이야기지만 달러는 과거의 그 달러가 아니다. 영광의 시대는 저물었다. 미국인들은 더 이상 제조업을 살리겠다는 의지가 없는 것 같다. 단지 달러 강세를 유지함으로써 금융자산을 부풀리는 데 관심이 있을 뿐이다. 미국 기업의 경영자들이 설비투자보다 자사주 매입으로 주가 띄우기에 열중하는 것이 그 증거다. 월가의 자본가들에게는 공장가동률이나 소비지수 따위의 실물지표보다 칠레의 지진 소식이 더 흥미로울지 모른다. 달러를 굴려서 쉽게 세계의 부를 긁어모을 수 있는데 뭐 하러 골치 아프게 공장을 짓고 사람을 고용하겠는가? 장하준의 지적처럼 미국은 2008년 금융위기 이후 7년을 낭비했다.[18]

미국의 금융자본가들이 달러 강세에 집착하는 이유는 무엇일까? 그들에게 필요한 것은 '자산의 안전한 피난처'라는 아름다운 이미지다. 달러 강세를 위협하는 유일한 적은 금이다. 금은 시장의 진실을 드러내고 달러의 약점을 여과 없이 까발린다. 월가의 자본가들은 2008년 금융위기 직후 금값이 온스당 1,800달러까지 치솟았던 공포를 결코 잊지 못할 것이다. 정확히 이야기하면 금값은 그대로인데 달러값이 곤두박질친 것이다. 그때 하마터면 달러의 시대가 아주 끝장날 뻔했다.

상식에 근거하여 추정하면 지금의 금값은 터무니없이 저렴하다. 일단 시장가격이 생산원가에 못 미친다. 쑹훙빙의 분석에 따르면, 2012년 4분기에 금 생산원가는 온스당 1,399달러였다.[19] 2018년 1월 20일 현재 뉴욕상품거래소의 금 가격은 온스당 1,332달러다. 생산할수록 적자가 쌓인다면 누가 광산을 운영하려 하겠는가? 결국 문을 닫게 되고, 금 공급량은 줄어들 것이다. 공급이 줄면 가격이 오른다.

금값을 인위적으로 억제하는 세력이 있다. 금값 상승을 억제하는 이유에 대해서는 앞에서 충분히 살펴보았다. 우리 눈에는 보이지 않지만 금과 달러는 사력을 다해 싸우고 있다. 국가권력을 등에 업은 이익집단과 시장의 싸움인데, 결국은 시장이 이길 거라고 생각한다. 그 이야기는 금값이 오른다는 뜻이다. 도전하는 상대가 사람이라면 강한 공격으로 주저앉힐 수 있다. 그러나 시장가격을 제압하는 것은 사실상 불가능하다. 대증요법으로 일시적 효과를 거둘 수는 있다. 하지만 돌아서면 곧바로 일어나 원래 있어야 할 자리를 찾아가는 것이 가격이다.

철석같던 달러의 위상도 여기저기서 조금씩 금이 가는 게 보인다. 45년간 달러의 지배력을 공고하게 뒷받침해온 석유가 이제 와서 달러에 등을 돌리려 한다. 2017년에 중국은 위안화로 대금을 결제하고 이를 금으로 전환할 수 있는 원유선물상품을 내놓았다.[20] 충분한 금을 비축한 중국의 자신감이 엿보인다.

금과 연계된 원유선물상품의 출시, 의미심장한 변화가 아닐 수 없다. 도도히 흐르는 장강長江의 물결도 샘물에서 시작된다. 2016년 중국은 하루 평균 760만 배럴의 원유를 수입했다. 석유시장의 큰손이다. 산유국들이 석유를 팔아서 번 위안화를 상하이와 홍콩에서 금으로 바꿀 수 있다면 굳이 달러에 목맬 이유가 없다. 그리고 산유국들은 금을 중국인민은행에 예치해 놓고 금 또는 위안화로 중국의 공산품을 구입할 수 있다. 사실상 현물 금은 중국 밖으로 빠져나가지 않는다.

금은 월가의 자본가들을 긴장하게 만드는 유일한 적수다. 아마 그들은 금값을 떨어뜨리기 위해서라면 종이 금의 과도한 발행과 허수 매도도 서슴지 않을 것이다. 문제는 어떤 방법으로도 금을 길들일 수 없다는 점이다. 가짜는 진짜를 대체할 수 없다. 금은 궁극의 믿음이고, 불변의 가치다. 화폐의 정점에 있으며, 시장의 자연법칙을 반영한다. 월가의 자본가들이 금을 완벽하게 통제하는 유일한 방법은, 지구의 모든 금을 우주선에 실어서 우주 밖으로 날려 보내는 것뿐이다.

금리가 오르면
가난해진다?

이자율이 5퍼센트일 때,
지금 100달러를 받는 것보다
10년 후에 200달러를 받는 것이 이득이다.
_그레고리 맨큐(경제학자)

금리 인상
이후의 세계

2015년 12월 16일, 미국 연준이 제로금리 시대를 마감하고 기준 금리를 0.25퍼센트포인트 올렸을 때 한국 사람들의 반응은 여러 가지였다.

"올 것이 왔나?"

"큰일이군. 얼른 빚 청산을 해야겠네."

"뭔 소리야, 정부가 부동산경기 팍팍 띄우는 거 몰라? 빚을 내서라도 집을 사야지."

"미국이 금리를 올린다고 해도 급하게 올리진 못할 거야. 미국도 사정이 별로 좋지 않거든."

"미국의 금융 전문가들이 금리를 올릴 적에는 다 보는 바가 있겠지."

"달러 자산으로 갈아탈 때가 온 것 같네."

"이건 보통 일이 아니야. 조만간 한국 경제에 위기가 닥칠 거야."

"주식은 이떡하지?"

"미국이 금리를 올린다고? 그게 나하고 뭔 상관이야?"

만약 미국이 금리를 가파르게 올린다면 그 영향권에서 자유로울 사람은 지구상에 거의 없다. 눈에 보이건 안 보이건 상관없다. 지구에는 나침반의 바늘을 움직이는 자기장이 있고, 세계의 돈줄을 움직이는 달러장이 있다.

금리가 오르면 누가 득을 볼까? 쉽게 생각하자. 금리가 오른다는 것은 돈의 몸값이 오른다는 이야기다. 따라서 돈을 많이 가진 사람이 유리해진다. 이자로 먹고 사는 사람을 생각해 보라. 그에게 금리 인상보다 반가운 소식이 있을까? 반대로 빚이 많은 사람에게 금리 인상은 공포일 것이다. 경제라는 생태계는 너무 복잡해서 미래를 예측하기가 어렵지만 이거 하나는 기억해 두자. 저금리 시대에는 채무자가 유리하고, 고금리 시대에는 채권자가 유리하다.

미국의 금리가 오른다는 것은 달러의 몸값이 비싸진다는 뜻이다. 따라서 달러 강세는 필연이고, 달러 자산을 많이 보유한 사람은 엔화나 유로화 자산을 가진 사람보다 돈 벌 기회가 많아진다. 누가 달러 자산을 많이 가지고 있나? 아무래도 미국 사람일 것이다. 미국에서도 달러 자산을 많이 보유한 자본가들이 저소득층보다 많은 혜택을 본다. 이쯤 되면 왜 미국 연준이 더딘 경기회복에도 애써 금리를 올리려 하는지 이해할 것이다.

그렇다면 미국은 왜 그동안 금리를 올리지 않았을까? 올리지 않은 게 아니라 올리지 못한 것이다. 2008년 금융위기 이후 미국 경제, 특

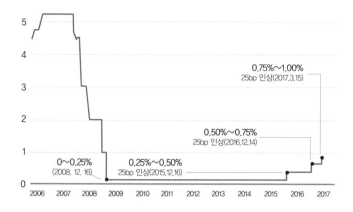

[도표 11] 미국 기준금리 추이(2006~2017)

히 금융 분야는 워낙 심하게 망가져서 우선 숨을 쉬는 일이 급선무였다. 그래서 천문학적인 돈을 제로금리로 퍼부어 다 죽어가던 금융제국을 살려냈다. 이런 통화정책을 양적완화라고 한다. 금리가 0퍼센트에 근접하여 더 이상 금리 인하 정책을 쓸 수 없을 때 사용하는 최후의 수단으로, 돈을 찍어서 유동성을 확대하는 단순한 방법이다.

2008년 금융위기 이후 미국 연준은 3차에 걸쳐 총 4조 달러가 넘는 통화를 공급했다. 그게 가능했던 것은 미국이 기축통화인 달러를 찍어내는 나라이기 때문이다. 만약 다른 나라에서 그 정도의 금융위기가 발생했다면 영영 재기할 수 없었을 것이다.

수조 달러의 통화가 공급되자 돈을 먹고사는 월가는 금세 기력을 회복한 반면, 제조업은 좀처럼 기를 펴지 못했다. 양적완화를 종료하기까지 7년이나 걸린 것은 제조업 관련 지표가 시원치 않았기 때문이다. 어쨌든 미국은 제로금리 시대를 끝내고 금리를 올리기 시작했다. 그 말은 오랜 회복기를 보낸 미국 경제가 7년 만에 새로운 국면에 접어들었다는 뜻이고, 세계 경제 또한 피할 수 없는 전환기에 돌입했다는 이야기다. 금리 인상 이후의 세계가 이전의 세계보다 좋아질지 나빠질지 단언하기는 어렵지만, 미국을 비롯한 세계 경제에 일대 변화가 시작되었다는 점에는 이론의 여지가 없어 보인다.

"자, 이제부터 올립니다." 미 연준은 전 세계에 달러의 몸값이 올라간다는 메시지를 타전했다. 그러나 미국의 기준금리가 0.25~0.50퍼센트에서 다시 0.25퍼센트포인트 오르기까지 만 1년이 걸렸다. 미 연준은 2017년에 세 차례 금리를 인상했다. 2018년 1월에 미국의 기준금리는 1.25~2.50퍼센트다. 연준의 향후 기준금리 일정을 보여주는 점도표는 2018년에 3회, 2019년에 2회 인상을 예고했다.[1]

전문가들은 금리(수익률)를 말할 때 베이시스포인트basis point, bp라는 단위를 쓴다. 1bp는 100분의 1퍼센트포인트다. 따라서 0.25퍼센트포인트는 25bp와 같은 말이다. 전문가는 아니지만 우리도 앞으로는 금리의 단위를 말할 때 bp라고 하자.

세계 경제는 장기적으로 고금리 시대로 나아가고 있다. 그 선두에는 달러가 있다. 모든 면에서 저금리 시대와는 다른 양상이 펼쳐진다. 세계의 자본이 미국으로 쏠리고, 경제력이 취약한 나라는 돈가뭄에 시달릴 가능성이 크다. 이때 '돈'은 자국 통화가 아니라 달러를 가리킨다. 금리가 상승하면 빚이 많은 개인도 괴롭지만 부채가 많은 국가는 큰 고통을 겪는다.

빚으로
유지되는 세상

미국의 기준금리는 금융위기 이전 수준인 5퍼센트 고지를 다시 밟을 수 있을까? 미국에 인플레이션이 발생하면 5퍼센트는 아무것도 아니다. 미 연준의 12대 의장으로 8년 동안 재임한 폴 볼커Paul Volcker 는 1979년 취임 당시 11.2퍼센트였던 기준금리를 3개월 만에 14퍼센트로 끌어올린 적이 있다. 1981년의 기준금리는 무려 21.5퍼센트. 지금은 상상하기 어려운 수치다.[2] 요즘 이렇게 금리를 올렸다가는 해임될 가능성보다 테러를 당할 가능성이 더 크다.

미국의 중앙은행 역할을 하는 연준은 금리 인상을 결정하는 데에 고용과 물가, 두 지표를 중요한 근거로 삼는다. 자세히 들여다보면 '주간 신규 실업수당 청구건수', '주간 비농업부문 고용지표' 등의 항목이 눈에 띈다. 결국 일자리에 관한 이야기다. 일자리가 늘면 가계소득이 늘고, 살림이 펴지면 씀씀이가 커진다. 소비가 늘면 물가도 따라서 오르기 마련이고, 기업은 늘어난 수요에 부응하기 위해 설비투자를 늘인다. 기업의 설비투자가 증가하면 또 새로운 일자리가 생긴다. 이런 변화는 정부, 기업, 가계 모두에게 반가운 소식이다.

그러나 이런 오름세가 지나치게 가파르면 사회 전체가 물가 상승에 따른 고통, 즉 인플레이션inflation이라는 비용을 치러야 한다. 그래서 경기가 과열되지 않도록 조절하는 기능이 필요하다. 그 기능을 수행하는 것이 금리다. 경기가 뜨거워지면 금리를 올려서 식혀 주고, 침체될 조짐이 보이면 금리를 내려서 돈이 잘 돌게 만든다. 그 일을 하라고 만든 기관이 중앙은행이다. 그러니까 중앙은행은 현대 자본주의 사회가 고안한 '경기의 온도조절장치'인 셈이다.

"황금시장을 통해 화폐를 투시하고, 주식시장을 통해 경제를 분석하며, 채권시장을 통해 자본을 이해하고, 환매시장을 통해 금융을 탐색한다. 금리시장을 통해 위기를 탐지하고, 주택시장을 통해 거품을 통찰하며, 취업시장을 통해 회복을 구분한다." 국제금융 전문가인 쑹홍빙의 말이다.3

'금리시장을 통해 위기를 탐지한다'. 이게 무슨 뜻일까? 금리시장은 금리 변동에 따라 돈의 향방이 뒤바뀌고 통화의 유통속도가 달라지는 시장을 가리킨다. 콜금리 혹은 금리스와프 같은 금융상품의 흐름을 보면 위기의 조짐을 읽을 수 있을지도 모른다.

전 세계의 거의 모든 국가가 동시에 이렇게 많은 빚을 진 경우는 유사 이래 없었다. 2008년 이전으로 돌아가면, 부채위기는 국지적인 사건이었다. 1970년대까지만 해도 대부분의 국가가 빚을 못 얻어서 안달이었다. 금리는 높았고, 개발도상국이 선진국에서 돈을 빌리는 것은 여간 어려운 일이 아니었다. 1965년 박정희 정권이 일본군 성노예(종군위안부)와 징용 노동자의 인권을 팔아먹으면서 일본과 굴욕적인 외교협정을 맺은 것도 외국 자본을 끌어들이려는 몸부림이었다. 1980년대에는 주로 라틴아메리카의 외채가 문제였고, 1990년대 후반에는 아시아 신흥국들이 달러 빚 때문에 무릎을 꿇었다. 2000년대에는 '유럽의 돼지들PIGS'이라고 불리는 포르투갈, 이탈리아, 그리스, 스페인이 감당키 어려운 부채로 유로존의 짐이 되었다.

2008년 이후, 과도한 부채는 정책의 기본 방향이자 시대의 유행이 되었다. 빚을 많이 진 국가가 빚을 더 많이 진 국가를 가리키며 "우리는 아직 괜찮아"라고 국민을 안심시키는 세상이 된 것이다.

오늘날 세계는 빚으로 유지되고 있다. 미국의 국가부채는 20조 달러를 돌파했다. 기업과 가계 부문의 빚까지 합하면 69조 달러를 웃돈다.[4] 2017년 일본의 공공부채 규모는 국내총생산의 240퍼센트에 달한다. 중국과 유럽도 천문학적인 빚을 지고 있다. 한국 또한 심각한 수준이다. 「2016 회계연도 국가결산보고서」에 따르면, 중앙정부와 지방정부의 채무는 사상 처음으로 600조 원을 넘어섰다. 공무원 · 군인연금 충당부채 752조 6,000억 원을 합하면 공공부채는 1,400조 원을 훌쩍 넘는다.[5] 거의 국내총생산에 근접한 규모다. 여기에 가계부채 1,400조 원을 얹으면 무릎이 푹 꺾일 지경이다.

금리가 1퍼센트만 올라도 한국 정부는 6조 원 이상의 금융비용을 추가로 부담해야 한다. 일본은 국가 예산의 25퍼센트를 빚 갚는 데 쓰고 있다.[6] 빚을 많이 진 국가일수록 금리 상승에 따른 재정적자의 폭은 더욱 커지고, 국가부채는 눈덩이처럼 불어난다.

부채 규모가 커지면 금리의 향방이 경제를 좌우하게 된다. 빚으로 유지되는 사회에서 금리는 모든 문제의 출발점이자 귀착점이다. 빚이라는 이름의 올가미가 기업, 가계, 정부의 목을 죄고 있다. 그 말은 70억 인류가 돈놀이의 볼모로 사로잡혔다는 뜻이다.

미국 국채가
자산의 가격을 결정한다

채권왕 빌 그로스Bill Gross는 말했다. "채권시장이 막강한 이유는 모든 시장의 기본 토대이기 때문이다. 신용비용, 금리뿐 아니라 궁극적으로 주식과 주택을 포함한 모든 자산의 가치를 결정한다."[7] 그의 말은 조금도 과장이 아니다.

화폐가 빚debt이라는 사실을 감안하면, 빚 그 자체인 채권이야말로 자본주의 경제의 핵심이다. 달러는 미 연준이 발행한 어음이고 채권은 재무부가 발행한 어음이다. 차이가 있다면 재무부 어음, 즉 국채에는 만기가 있고 이자가 붙는다는 점이다. 화폐는 이자와 만기가 없는 독특한 형태의 부채다.

채권債券, bonds은 쉽게 말해서 빚 문서다. 모든 채권에는 '언제 빚을 갚고, 그때까지 매년 얼마의 이자를 지급하겠다'는 약속이 명시되어 있다. 다시 말해 채권은 규격화된 차용증이다. 채권 발행자는 그 차용증을 불특정다수에게 판매함으로써 필요한 자금을 마련할 수 있다. 차용증을 국가가 발행하면 국채, 기업이 발행하면 회사채다. 국채는 나라가 망하지 않는 한 떼일 염려가 없다. 채권을 구입한 사람은 만기가 되기 전 언제라도 보유한 채권을 다른 사람에게 팔 수 있다. 이때 채권 가격은 시장에서 정해지기 때문에 액면가보다 높거나 낮을 수 있다.

채권 발행자에 대한 신뢰도가 떨어질수록 높은 이자가 붙고 신뢰도가 오를수록 낮은 이자가 붙는다. 미국 국채나 일본 국채 같은 안전자산에 돈이 몰린다면 그만큼 시장이 불안하다는 의미다. 국채에 투자하는 것은 높은 수익률을 포기하는 대신 위험을 줄이는 전략이다. 2018년 1월 25일 현재 우리나라의 3년 만기 국고채 수익률은 연 2.22퍼센트이고, 3년 만기 회사채 수익률은 연 2.75퍼센트다.[8] 현금 1억 원을 국고채에 묻어두면 3년 후에 얼마가 되는지 계산해 보자.

$$100,000,000 \times (1+0.0222)^3 = 106,808,946$$

약 680만 원이 불어났다. 이런 식으로 이자에 이자가 붙는 채권을 '복리채'라고 한다. 국고채와 지방채 대부분이 복리채로 발행된다. 이자소득에 대한 세금을 빼면 수입은 더 줄어든다. 채권은 이자소득에 대해서만 과세하고, 만기가 되기 전에 보유하고 있던 채권을 팔았을 때 생기는 양도차익에는 세금이 붙지 않는다.

국채라고 다 안전한 것은 아니다. 그리스처럼 휘청휘청하는 나라의 국채는 매우 위험한 자산이다. 따라서 금리가 높다. 돈(달러)은 필요하고, 차관을 얻자니 선뜻 빌려주려는 나라나 은행은 없다. 국가가 부도 나면 국채 또한 휴지 조각이 되기 때문에 아무도 그 나라 국채를 사려 하지 않는다. 결국 높은 금리로 유혹하는 수밖에 없다.

채권의 수익률이 높아졌다는 것은 반가운 소식이 아니다. 예를 들어 액면가 10만 루블의 러시아 국채에 투자했다 치자. 만기는 5년이고 고정금리는 연 10퍼센트, 즉 1만 루블이다. 채권시장에서 거래되는 국채 가격이 액면가와 같은 10만 루블이면 수익률은 연 10퍼센트다. 러시아의 경제 사정이 악화되어 러시아 국채의 시장가격이 9만 루블로 떨어지면 수익률은 어떻게 될까? 9만 루블을 투자하여 연 1만 루블의 이자소득을 기대할 수 있으므로 수익률은 11.1퍼센트로 증가한다. 만약 러시아 경제가 호전되어 국채 가격이 11만 루블로 상승하면 수익률은 9.1퍼센트로 하락한다. 국채 수익률이 하락한다는 것은 그 나라 정부와 국민 모두에게 좋은 소식이다.

위험이 크면 수익도 크다high risk, high return. 고스톱을 쳐 본 사람이라면 이해가 빠를 것이다. '고'를 계속 부르면 고박을 쓸 가능성이 점점 커진다. 대신 점수가 날 경우에는 몇 배의 돈을 따게 된다. 이게 투자의 매력이고, 패가망신의 지름길이기도 하다.

국채에 대한 불신이 커지면 어떻게 될까? 투자자들이 매력이 떨어진 채권을 내다 팔기 시작하면, 채권의 가격은 하락하고 수익률은 상승한다. 정부가 추가로 채권을 발행하려면 더 높은 이자를 약속해야 하고, 따라서 금융비용은 점점 커진다. 더 이상 금융비용을 감당하기 어려울 때 정부가 할 수 있는 일은 세 가지밖에 없다. 첫째, 채권시장을 안심시키기 위해 재정지출을 줄인다. 둘째, 세금을 올려서 적자 폭을 줄인다. 셋째, 채무불이행을 선언한다. 세 번째는 최악의 경우이고, 앞의 두 가지 방법도 유권자의 반발을 사기 때문에 결행하기가 쉽지 않다.

금융시장에는 수많은 종류의 채권이 흘러 다닌다. 이 세상의 모든 채권을 금리가 낮은 채권부터 순서대로 차곡차곡 쌓으면 맨 밑바닥에 놓이는 것은 미국 국채다. 맨 꼭대기에는 망하기 직전의 회사채가 놓일 것이다. 꼭대기 근처에서 노는 채권을 정크본드junk bond라고 한

1979년 미국 재무부에서 발행한 1만 달러짜리 채권. 미국 국채는 최고의 안전자산으로 꼽히며, 미국의 국채 수익률은 모든 금융자산의 가격을 산정하는 기준이 된다.

다. '쓰레기'라는 뜻이다.

미국이 막대한 채무를 지고 있음에도 미국 국채가 최고의 안전자산으로 꼽히는 이유는 무엇일까? 일단 미국 국채는 떼먹힐 염려가 없다. 미국이라는 국가가 존재하는 한 인쇄기로 달러를 찍어서 갚으면 된다. 달러는 여전히 세계 경제를 지배하는 기축통화이고, 외환시장에서도 그럭저럭 가치를 유지하고 있다.

수익률이 같으면 투자자는 조금이라도 더 안전한 쪽을 선택한다. 만약 미국 국채의 수익률과 브라질 국채의 수익률이 똑같다면 미국 국채 대신 브라질 국채를 보유할 사람은 없을 것이다. 마찬가지로 미국 국채의 수익률과 미국 기업의 회사채 수익률이 같은 경우에도 미국 국채를 선택하게 된다. 따라서 이 세상의 모든 채권은 미국 국채보다 조금이라도 높은 수익률을 제공할 수밖에 없다. 그래야 시장에서 팔리기 때문이다. 그 말은 미국의 국채 수익률이 모든 금융자산의 가격을 산정하는 기준이라는 뜻이다. 바닥이 움직이면 그 위에 있는 모든 것이 흔들린다. 미국의 국채 수익률이 급격하게 상승하면 미국의 금융시장뿐만 아니라 세계 경제에 큰 충격을 준다.

국가는 왜 채권을 발행할까? 세금만으로는 재정을 충당하기 어렵기 때문이다. 도로와 항만을 건설하고, 군대를 유지하고, 무기를 사고, 각종 복지사업을 시행하려면 돈이 필요하다. 대통령을 비롯한 공무원 월급과 국회의원 세비도 정부 예산에서 지출한다. 대폭 감세와 함께 대규모 재정지출이 필요한 트럼프의 정책 기조가 바뀌지 않는 한, 미국은 더 많은 채권을 발행해야 할 것이고, 미국의 금리는 꾸준히 오를 수밖에 없다.

세계적 수준에서
더 가난해지다

"나는 달러 자산도 유로 자산도 없고, 한국 돈으로 매달 100만 원씩 받습니다. 미국이 금리를 더 올리면 어찌될까요?" 누가 이렇게 묻는다면 내가 해줄 말은 이것뿐이다. "당신은 세계적 수준에서 지금보다 조금 더 가난해질 겁니다."

미국의 금리가 오른다는 것은 달러가 강해진다는 뜻이다. 달러가 강해지면 상대적으로 다른 통화는 약해진다. 원화가 약해지면 환율이 오르고, 환율이 오르면 수입 물가가 비싸진다. 우리나라는 밀가루와 석유를 수입하지 않으면 먹고살 수 없는 나라이기 때문에 환율 상승에 따른 물가 상승은 필연적이다. 따라서 대한민국의 모든 월급쟁이는 그들이 소비한 재화와 서비스의 가격이 상승한 만큼 가난해진다.

그보다 무서운 것은 모락모락 부푸는 금융비용이다. 미국이 기준금리를 올리면 한국도 금리를 올릴 수밖에 없다. 좋지 않은 경제 사정을 감안하여 최대한 버티겠지만 미국의 금리보다 한국의 금리가 낮게 책정되는 사건은 결코 일어나지 않는다. 왜냐? 세상의 모든 돈은 금리(수익률)가 낮은 쪽에서 높은 쪽으로 이동하려는 성질이 있기 때문이다. 돈은 물과 반대 방향으로 흐른다. 한 은행이 예금에 대한 이자를 1퍼센트 줄 때 그 옆에 있는 은행이 2퍼센트를 준다면 어느 은행에 돈을 맡기겠는가? 미국의 금리가 한국의 금리보다 높을 경우, 한국에 들어왔던 달러 자금이 썰물처럼 빠져나간다. 어디로 가나? 금리가 높은 고향으로 간다. 빠져나가려는 외화를 붙잡아두려면 더 높은 금리로 유혹하는 수밖에 없다. 아니면 독일이나 일본처럼 굳이 금리를 올리지 않아도 자본을 유인할 수 있는 경쟁력을 갖추든지.

지구 반대편 미국 땅에서 금리가 살짝 오르내리는 일은 나와 상관없는 일이라고 여기는 사람도 있겠지만, 미 연준의 의사결정은 내 의사와 상관없이 내 삶의 조건을 결정한다. 그 조건들은 매우 심각한 결과를 낳을 수도 있다.

평범한 샐러리맨 박대성의 경우를 보자. 한 중소기업에서 부장으로 재직하는 박대성은 서울 교외에 있는 33평형 아파트에 살고 있다. 그 아파트의 시가는 5억 원이고, 집을 살 때 은행에서 3억 원의 주택

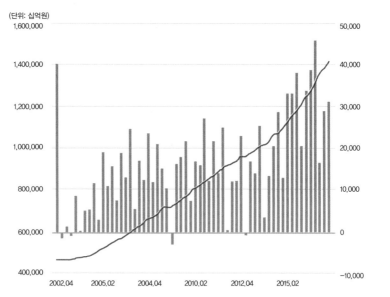

(단위: 십억원)

가계신용(왼쪽)
전기 대비 증감(오른쪽)

[도표 12] 가계부채 증가 추이

담보대출을 받았다. 대출 금리가 3퍼센트일 때 박대성이 매달 은행에 물어야 할 이자는 75만 원이다. 금리가 1퍼센트포인트 오르면 매달 100만 원을 내야 하고, 2퍼센트포인트 오르면 125만 원을 내야 한다. 금리가 1퍼센트포인트 오를 때마다 가처분소득(실소득)이 월 25만 원씩 허공으로 사라진다. 만약 금리가 7퍼센트까지 상승한다면 월 소득이 일정한 임금노동자가 감당할 수 있을까? 금리가 3퍼센트였을 때 가처분소득이 월 200만 원이라고 가정하면, 금리 7퍼센트일 때 가처분소득은 100만 원으로 쪼그라든다. 이쯤 되면 금융비용을 줄이기 위해 집을 팔아야 할지도 모른다. 집을 팔려는 사람이 많아지면 집값은 떨어지게 되어 있다. 빚내어 집을 서너 채씩 산 사람에게는 하루하루가 악몽일 것이다.

도대체 우리나라 사람들은 얼마나 많은 빚을 지고 있는 걸까? 한국 은행 통계에 의하면 2017년 3월 기준으로 판매신용을 합한 가계부 채는 1,419조 원이다.[9] 그중에 3분의 1이 주택담보대출이다. 판매신 용은 카드 결제, 할부 구입 등 외상구매를 뜻한다. 그것도 빚이다. 통 계에 잡히지 않는 사채까지 합치면 이보다 훨씬 많을 것이다. 진짜 문 제는 가계부채의 가파른 증가 추세에 있다. 일단 이 오름세를 멈추거 나 떨어뜨려야만 문제를 해결할 가닥을 잡을 수 있을 것이다.

가계부채 이야기를 했더니 농사짓는 지인이 웃으며 말했다. "1920년대 독일처럼 초인플레이션이 일어나면 깨끗이 해결될 거야. 감자 한 알에 1조 원씩 해봐. 우리 밭에서 나는 감자만으로도 전 국민 의 빚을 싹 갚을 수 있지." 아주 틀린 말은 아니다. 인플레이션이 발생 하면 채무자가 유리해진다.

돈의
미래가치

왜 돈에 이자가 붙을까? 돈을 빌리려는 사람이 있기 때문이다. 만약 남의 돈을 빌려 쓰고자 하는 사람이 하나도 없다면 세상의 금리는 언 제나 0퍼센트일 것이다. 근대 이전의 유럽 사회에서는 이자 받는 행 위를 죄악시했다. 특별히 잘못한 것도 없는 베니스(베네치아)의 대부업자 사일록이 얼마나 가혹한 운명에 처해졌는지 상기해 보라. 그는 단지 빌려준 돈을 돌려받으려 한 죄로 전 재산을 몰수당했다. 현대의 정의관正義觀으로 보면 어처구니없는 일이다.

금리金利, interest는 말 그대로 돈金에 붙는 이자利다. 세상에 공짜는 없다. 이 만고불변의 법칙은 자본시장에도 그대로 적용된다. 돈을 빌려준다는 것은 돈의 '소유권'을 가진 사람이 돈의 '사용권'을 일정 기간 다른 사람에게 이전하는 것이다. 당연히 빌리는 사람은 사용권에 대한 값을 치러야 한다. 집을 빌리면 집세를 내듯이 돈을 빌리면 금리를 낸다. 그러니까 금리는 '돈의 임대가격'이라고도 말할 수 있다. 그러고 보면 월세라는 것이 대개 그 집 매매가의 한 달 이자와 비슷한 선에서 형성되는 것은 우연의 일치가 아니다.

금리, 즉 돈을 임대하는 비용도 다른 상품과 마찬가지로 수요와 공급의 법칙에 따라 결정된다. 돈을 빌리려는 사람(수요)이 많아지면 금리는 올라가고, 빌려주려는 사람(공급)이 많아지면 금리는 떨어진다. 시중에 돈이 많아지면 금리는 떨어지고, 어떤 이유로든 돈줄이 막히면 금리는 올라간다. 이렇게 자금이 거래되는 시장을 '금융시장financial market'이라고 한다. 자금시장 또는 자본시장이라는 용어도 있다. 굳이 구분하자면 만기가 1년 미만인 단기금융시장을 '자금시장'이라 하고, 그 이상의 장기금융시장을 '자본시장'이라고 한다.

벤저민 프랭클린Benjamin Franklin, 1706~1790은 이렇게 말했다. "기억하라, 시간은 돈이다. 기억하라, 신용은 돈이다. 기억하라, 돈은 번식하는 성질이 있어서 돈이 돈을 낳는다." 금리의 본질을 정확히 간파한 말이다. 돈에는 이자가 붙고, 시간이 흐른 만큼 가치가 자란다. 그 가치가 자라는 속도가 바로 '이자율'이다. 따라서 모든 돈에는 현재가치present value와 미래가치future value가 있다.

하버드대학교 경제학 교수인 그레고리 맨큐는 학생들에게 재미있는 퀴즈를 냈다. 이자율이 5퍼센트일 때, 지금 100달러를 받는 것과 10년 후에 200달러를 받는 것 중 어느 쪽이 이익인가?[10]

매년 이자소득이 원금에 더해지는 방식, 다시 말해 이자가 이자를 낳는 방식을 복리계산compounding 방식이라고 한다. 원금을 a, 이자율을 r이라고 할 때 n년 뒤의 가치를 계산하는 방법은 다음과 같다.

$(1+r)^n \times a$

여기에 원금 100달러와 이자율 5퍼센트를 대입하면 10년 뒤의 가치는 163달러다.

$(1.05)^{10} \times 100 = 163$

따라서 지금 100달러를 받는 것보다 10년 뒤에 200달러를 받는 쪽이 37달러 이득이다.

이 이야기를 지인에게 했더니 그는 콧방귀를 뀌며 말했다. "누가 10년 뒤에 천만 원을 준대도 나라면 지금 백만 원을 갖겠네." 맨큐의 계산법을 들었을 때 그의 머릿속에는 미래의 불확실성이 번개처럼 스쳤을 것이다. 10년 뒤에 세상이 어떻게 바뀔지 아무도 모른다. 약속이 지켜진다는 보장도 없다.

10년 뒤의 200달러는 현재가치로 얼마인가? 미래가치를 계산할 때 곱하기를 했으니까 거꾸로 현재가치를 계산할 때는 나누기를 하면 된다.

$$a \div (1+r)^n$$

a 대신에 200을 대입하면 $200 \div (1.05)^{10} = 123$달러다. 이런 식의 가치계산 방식을 실생활에 적용해 보자. 10년 뒤에 지급해야 할 연금 총액을 200억 원으로 예상할 때, 기금 관리자는 123억 원의 기금으로 매년 5퍼센트의 수익률을 달성해야 한다. 현재 적립된 기금이 100억 원밖에 없다면 37억 원의 적자가 발생한다. 따라서 연금 가입비를 더 올리든지, 아니면 수익률(위험)이 더 높은 금융상품에 투자하는 수밖에 없다.

복리계산법으로 이자를 계산했을 때 원금이 2배가 되는 시점을 알기 위해서는 '70'이라는 숫자를 기억할 필요가 있다. 이자율 5퍼센트일 때 100달러의 원금이 200달러가 되기까지 70÷5=14년이 걸린다. 한 나라의 경제가 매년 3퍼센트씩 성장한다고 치면, 경제규모가 2배가 되기까지 23.3년 걸린다. 만약에 중국이 연평균 6퍼센트의 성장률을 계속 유지할 수 있다면 불과 12년 만에 지금의 2배, 24년 뒤에는 4배 규모로 커진다. '70의 법칙'을 알아두면 여러 모로 유용하다.

그런데 금리를 정할 때는 물가상승률을 고려해야 한다. 명목금리 nominal interest rate가 5퍼센트이고 물가상승률이 3퍼센트이면 실질금리 real interest rate는 2퍼센트다. 인플레이션으로 물가가 상승하면 실질금리는 하락하고, 디플레이션으로 물가가 하락하면 실질금리는 상승한다. 정리하면, 금리에는 네 가지 요소가 포함되어 있다. 돈의 미래가치, 돈의 사용권(채권자의 기회비용), 채무불이행의 위험, 물가상승률이다.

'보이는 손'이
금리를 결정한다

그런데 금리가 시장에서만 결정되는 것은 아니다. 국가, 즉 중앙은행이 인위적으로 금리를 결정하는 경우가 더 많다. 미국은 연준의 정책결정기구인 연방공개시장위원회Federal Open Market Committee, FOMC에서 금리를 결정하고, 우리나라는 한국은행 금융통화위원회에서 금리를 결정한다. 국가의 금리결정권은 무서운 권리다. 금리 변동에 시장은 즉각적으로 반응한다. 금리조절 버튼을 잘못 눌렀다가는 시장에 큰 혼란을 초래할 수 있다.

고전주의 경제학에서 상품의 시장가격을 결정하는 것은 '보이지 않는 손'이다. 자본도 사고파는 상품이기 때문에 애덤 스미스의 주장대로 시장에 맡기면 최적의 금리가 저절로 형성될 것이다. 신자유주의자들이 입이 닳도록 부르짖는 구호가 무엇인가? '시장에 맡겨라', '정부는 손 떼라'라는 것이다. 그러나 오늘날 금리를 시장에 맡기는 나라는 없다. 신자유주의의 종주국인 미국조차도 금리결정권을 연준이 쥐고 있다.

정부 또는 중앙은행이 정하는 금리를 '정책금리' 또는 '기준금리'라하고, 시장에서 결정되는 금리를 '시중금리'라고 한다. 사채社債 이자도 시중금리에 포함된다. 은행에서 돈 빌릴 길이 막막한 사람은 아는 사람에게 손을 내밀거나 그도 안 되면 아주 비싼 이자를 물어야 하는 대부업체를 찾을 수밖에 없다.

한 대부업체 홈페이지에 이런 경고문이 적혀있다. "과도한 빚은 당신에게 큰 불행을 안겨줄 수 있습니다." 고객을 배려하는 충고의 말 같지만 그야말로 병 주고 약 주는 수작에 지나지 않는다. 빚은 목에 걸린 올가미와 흡사하다. 금리는 그 올가미가 목을 죄는 강도를 수치로 나타낸 값이다. 낮은 금리는 올가미가 느슨하다는 뜻이고, 반대로 높은 금리는 올가미가 팽팽하다는 뜻이다. 과도한 빚도 금리가 느슨하면 그런대로 견딜 만하고, 얼마 안 되는 빚이라고 겁 없이 빌렸다가 높은 금리를 매겨서 꽉 조이면 숨이 막혀 즉사할 수 있다.

1997년에 대한민국이 유례없는 외환위기를 겪은 데에는 여러 이유가 있지만 직접적인 원인 중 하나는 한국의 금융기관, 특히 저축은행이나 종합금융사 같은 제2금융권에서 벌인 위험한 돈놀이였다. 당시 일본의 금리는 매우 낮았고 동남아시아의 금리는 매우 높았다. 장사의 원리는 간단하다. 싸게 사서 비싸게 팔면 돈을 번다. 돈이라는 상품도 마찬가지다. 싸게 빌려서 비싸게 빌려주면 이익이 생긴다. 물론 빌린 돈을 갚을 능력이 있고 빌려준 돈을 받을 수 있을 때에만 적용되는 원리다. 금융자본주의 기술과 노하우 측면에서 초보 수준이었던 한국의 금융기관들은 일본에서 싼 이자로 돈을 빌린 다음 태국과 말레이시아 같은 나라에 가서 비싼 이자로 돈을 빌려주었다. 아주 짭짤한 장사였다.

문제는 일본에서 빌린 돈은 대부분 단기대출이었고 동남아시아에 빌려준 돈은 대부분 장기대출이었다는 점이다. 만기가 도래하여 빚을 갚아야 하는데 돈이 없었다. 정확히 말하면 엔화와 달러가 없었다. 한국 사람들이 은행에 저축한 그 많은 돈은 외채를 갚는 데 전혀 도움이 되지 않았다. 일본에서 빌린 돈을 갚으려면 벤저민 프랭클린이나 후쿠자와 유키치福澤諭吉의 초상이 박힌 돈이 필요했다. 빌려서 갚기, 시쳇말로 '돌려막기'를 하면 되지만 한국의 외환보유고가 위험 수준에 도달했음을 눈치 챈 일본 은행들은 더 이상 한국에 돈을 빌려주지 않았다. 그 결과는 우리 모두가 겪은 대로다.

외환위기가 코앞에 닥친 1996년, 한국의 외환보유고는 294억 달러에 불과했다. 1997년 1월에 미국 연준이 금리를 인상했다. 위험의 신호탄이 일찌감치 터졌지만 김영삼 정부는 무슨 일이 벌어지는지조차 모르고 있었다. 1997년 11월 5일, 『블룸버그Bloomberg통신』은 한국이 가용할 수 있는 외환보유고가 20억 달러에 불과하다고 보도했다. 그때 한국 정부가 과감히 원화를 절하했더라면 수출이 늘어서 달러 가뭄이 완화되었을지도 모른다.

그러나 원화 가치가 떨어지면 금융비용은 더욱 증가한다. 같은 100만 달러라도 환율이 높으면 환율이 낮을 때보다 많은 원화를 지불해야 하기 때문이다. 국민은 원화로 세금을 낸다. 외채를 갚으려면 달러가 필요하다. 결국 원화를 달러로 바꾸어서 외채를 갚아야 하기 때문에 환율이 상승하면 그만큼 세금이 더 들어간다. 무역의존도가 높은 나라일수록 국가의 신용을 유지하기 위해 충분한 외환을 확보할 필요가 있다. 2017년 12월 현재 한국의 외환보유고는 약 3,900억

달러다.[11]

자본은
인간을 차별한다

우리가 자본주의 사회에서 계속 살아가려면 자본의 차별을 받아들여야 한다. 돈을 빌리려고 은행 문턱을 넘는 순간, 수능성적과 상관없이 당신에게 등급이 매겨진다. 이른바 신용등급이다. 1등급에서 10등급까지 있고, 이 신용등급이 당신이 내야 할 금리를 결정한다. 만약에 당신의 신용등급이 낮다면 높은 이자를 물어야만 돈을 빌릴 수 있다. 자본은 인간을 차별한다. 금리는 그 차별의 정도를 수치로 나타낸 값이다.

국내의 한 대부업체는 "(신용등급) 9등급, 10등급도 대출 신청이 가능하다"고 선전하고 있다. 정확히 이해해야 한다. '신청'이 가능하다는 이야기이지 '대출'이 가능하다는 뜻은 아니다. 대출에 성공했다 하더라도 24퍼센트의 고금리를 감당해야 한다. 제때 이자를 못 내거나 원금을 갚지 못하면 연체이자 24퍼센트를 추가로 내야 한다. 왜 24퍼센트일까? 정부가 법으로 정한 최고금리가 24퍼센트이기 때문이다. 법정최고금리는 2007년 49퍼센트에서 2011년 39.9퍼센트, 2014년 34.9퍼센트, 2016년 3월 27.9퍼센트, 2018년 2월 24퍼센트로 점차 낮아졌다.

자본의 탐욕은 끝이 없는 것이어서 이런 상한선이 없었다면 훨씬 높은 금리로 고객의 등골을 뺐을 것이다. 운이 나빠서 악질 사채업자에게 걸리면, 이자를 먼저 떼고 나머지 돈만 받을 각오도 해야 한다. 그들 뒤에는 소위 '해결사'가 있다. 요즘은 법에 밝은 변호사들이 채권·채무 해결 비즈니스에 뛰어드는 경우가 많다. 법과 주먹은 늘 붙어 다닌다. 둘 다 폭력이다. 합법과 불법의 차이가 있을 뿐.

신용등급에 따라 금리가 달라지는 것은 자본주의 사회에서 당연해 보인다. '이익 추구, 위험 회피'의 원칙이 가장 철저하게 적용되는 곳이 금융시장이다. 신용등급이 낮다는 것은 돈을 떼먹고 튈 가능성이 높다는 뜻이고, 그런 사람에게는 누구나 대출을 꺼릴 것이다. 돈을 빌려주는 것도 투자다. 다시 말해 이익을 기대하고 자기가 가진 자본을 투입하는 행위다.

사기꾼이 흔히 쓰는 수법이 있다. "나에게 투자해라, 몇 배로 키워서 돌려주겠다." 세상의 모든 금리(수익률)에는 돈을 빌려주었을 때 떼먹힐 가능성, 즉 투자 위험도가 반영되어 있다. 러시아의 금리가 높다는 것은, 러시아에 투자했다가 투자금을 떼먹힐 가능성이 높다는 뜻이다. 마찬가지로 당신의 대출 금리가 당신보다 공부를 못했던 고등학교 동창생보다 높다는 것은, 그 동창생이 안정된 직장에서 당신보다 많은 연봉을 받고 있고 연체할 가능성이 낮다는 뜻이다.

자본은 인간과 법인을 포함하여 세상의 거의 모든 것에 등급을 매기고 등급에 따라 차별한다. 심지어는 국가도 차별한다. 국가신용등급이 높으면 낮은 금리로 국채를 발행하여 외국의 자금을 끌어들일 수 있다. 반대로 신용등급이 낮으면 외자 확보가 어려워지고 국채 금리는 높아진다.

1997년 10월 말까지만 해도, 미국의 신용평가회사 스탠더드앤드 푸어스Standard & Poor's, S&P가 매긴 대한민국의 국가신용등급은 호주, 스웨덴과 같은 A+였다. 그러나 채 두 달도 못 되어 무려 아홉 단계나 떨어진 B+가 되었다. 1998년 4월에 한국 정부가 발행한 3년짜리 국고채 금리는 17.23퍼센트까지 치솟았다. 20년이 흐른 지금, 똑같은 3년 만기 국고채의 금리는 연 2.22퍼센트다. 외환위기 당시에 대한민국의 국고채를 사들인 외국 은행들은 짧은 기간에 엄청난 이익을 챙겼다. 결과를 놓고 보면 그들은 도박에 성공했다. 세계 금융시장의 흐름을 제대로 알지도 못하면서 세계화를 외쳤던 대한민국은 뼝골까지 쪽 빨렸다. 그리고 아주 짧은 기간에, 세상이 바뀌고 많은 사람의 인생이 달라졌다.

그런데 왜 정부가 금리를 시장에 맡기지 않고 기준금리를 정하여 발표하는 걸까? 우리나라뿐 아니라 미국을 비롯한 대부분의 국가가 기준금리라는 강력한 무기로 금융시장에 개입한다. 그것은 금리가 한 국가의 통화량, 물가, 주가, 환율 등 경제 전반에 걸쳐 막대한 영향을 끼치기 때문이다. 경제정책의 절반 이상이 금리정책이라 해도 과언이 아닐 정도다.

금리는 살살 다루어야 한다. 올려도 조금씩, 내려도 조금씩, 시장의 눈치를 봐가며 조심스럽게 조정하지 않으면 안 된다. 그러나 주저하다 타이밍을 놓치면 사후약방문死後藥方文 격이 되어버리기 때문에 정교한 계산과 판단이 필요하다. 반대로 너무 성급했다가는 시장을 충격에 빠뜨릴 수 있다. 금리 변동의 파급효과가 워낙 크기 때문에, 어떻게 해서든 금리에 고삐를 채워서 통제하려는 생각을 하게 된 것은 자본가의 입장에서 지극히 자연스러운 일이다. 그래서 100퍼센트 시장에 맡기지 않고 강력한 대리인을 내세워 금리를 통제하는 방법을 택했다. 대리인은 물론 '정부government'다. 그중에서도 특히 미국 정부를 대리인으로 내세운 월가의 은행가들이 세계 금융시장을 좌지우지한다.

『누구를 위하여 종은 울리나For Whom the Bell Tolls』는 미국의 소설가이자 저널리스트이며 육군 상사였던 어니스트 헤밍웨이Ernest M. Hemingway, 1899~1961가 쓴 장편소설이다. 같은 제목으로 만들어진 영화도 있다. 이 소설의 배경은 스페인내전이다. 우파와 좌파, 혹은 파시스트 진영과 반파시스트 진영 간의 대결인 동시에 소련, 독일, 이탈리아가 개입한 국제전이었다. 우파의 승리로 3년에 걸친 전쟁이 끝나고 프란시스코 프랑코Francisco Franco의 38년 독재가 시작되었다. 누구를 위하여 종은 울리나. 그 말이 내게는 21세기 신자본주의 시대를 읽는 키워드로 들린다. 미국 정부가, 혹은 한국 정부가 어떤 정책을 결정하고 발표할 때마다 나는 헤밍웨이가 남긴 문장을 되뇌어 본다. 누구를 위하여 종은 울리나, 누구를 위하여 금리는 오르나, 누구를 위하여 사드는 배치되나, 누구를 위하여 개성공단은 폐쇄되었나, 누구를 위하여 국가는 존재하는가.

마이너스
금리

2008년 글로벌 금융위기 이후, 사람들은 '양적완화'라는 개념을 접하게 되었다. 양적완화에 대해 자신 있게 설명할 수 있는 사람은 경제 전문가들 중에도 거의 없었다. 인류사에 유례없는 경제적 사건을 지켜보던 사람들은 '마이너스 금리'라는 개념 앞에 또 한 번 어리둥절해했다. 마이너스 금리는 금세공업자들이 금을 맡긴 부자들에게 보관증을 써주던 시절에나 있던 이야기였다.

『연합뉴스』 보도에 따르면, 일본 중앙은행인 일본은행Bank of Japan, BOJ은 2018년 1월 23일 금융정책결정회의를 열고 기준금리를 지금처럼 마이너스(-) 0.1퍼센트로 동결했다. 10년 만기 국채 금리 목표치도 현행 0퍼센트 수준으로 유지하기로 했다.[12]

일본은행은 2016년 2월 16일부터 마이너스 금리를 시행했다. 앞으로 일본의 시중은행과 금융기관들은 중앙은행인 일본은행에 예치한 돈에 대해서 -0.1퍼센트의 이자를 물어야 한다. 예금이자를 받는 게 아니라 거꾸로 보관료를 내야 한다는 뜻이다.

은행에 돈을 예금하면 당연히 이자를 받는 것으로 알고 있던 사람들에게 마이너스 금리는 얼른 이해가 되지 않는다. 마이너스 금리가 대출에도 적용된다면, 돈을 빌릴 때 이자를 내는 게 아니라 거꾸로 채무자가 이자를 받게 된다. 예를 들어 일본은행에서 1,000억 엔을 빌린 다음에 1년 동안 장롱 속에 처박아 두었다가 999억 엔을 갚아 버

[도표 13] 은행의 수익 모델

리면, 깔끔하게 1억 엔이 내 수중에 떨어지는 식이다.

하지만 이런 꿈같은 일은 생기지 않는다. 시중은행이 손해를 보면서까지 일반인이나 기업에 돈을 빌려주는 일은 없을 테니까. 그리고 중앙은행은 일반인을 상대하지 않는다. 그러나 은행의 대출 금리(여신 금리)가 더 낮아질 가능성은 매우 높다. 당연히 예금 금리(수신 금리)도 떨어지게 되어 있다. 실제로 일본의 미쓰이스미토모은행三井住友銀行, SMBC은 보통예금의 금리를 사상 최저인 0.001퍼센트로 낮추었다. 10억 엔을 보통예금 통장에 1년간 넣었을 때 1만 엔이 불어난다. 더 이상 이자소득으로 먹고살 생각은 하지 말라는 뜻이다.

은행의 수익 모델은 간단하다. 싼 이자로 예금을 받아 그보다 비싼 이자로 대출하여 이익을 남긴다. 대출 금리에서 예금 금리를 뺀 값을 '예대마진'이라고 한다. 시중은행이 중앙은행에 예치한 돈에 대해서 이자를 물어야 한다는 이야기는 시중은행의 수익률이 떨어진다는 뜻이다. 그리고 대출 금리가 낮아진다는 것은 시중은행의 예대마진이 줄어든다는 말과 같다. 따라서 시중은행은 예대마진을 지키기 위해 조금이라도 예금 금리를 낮추려 한다.

예대마진＝대출 금리 - 예금 금리

만약에 시중은행이 일반인이 맡긴 예금에 마이너스 금리를 적용한다면 어떤 일이 벌어질까? 너도나도 돈을 찾아 현금으로 보관하려고 들 것이다. 파산하는 은행이 생길 수도 있다. 은행들은 어떻게든 살아남기 위해 송금수수료와 환전수수료 등 돈이 이동하는 과정에서 발생하는 각종 수수료를 올릴 가능성이 많다. 이래저래 서민들의 삶은 점점 더 팍팍해진다. 일반인의 예금에 마이너스 금리를 적용한다는 것은 상상하기 어렵지만 그런 사례가 아주 없는 것도 아니다. 실제로 스위스의 일부 은행은 개인예금에 마이너스 금리를 적용하고 있다. '싫으면 돈 빼 가라'는 식의 배짱이다. 이런 금융상품이 팔리는 것은, 보관료를 내더라도 안전한 스위스 은행에 돈을 맡기는 것이 낫다고 판단하는 사람들이 있기 때문이다.

마이너스 금리를 시행하는 나라는 일본만이 아니다. 유럽중앙은행 ECB은 이미 2014년부터 -0.1퍼센트 금리를 시행해서 -0.3퍼센트까지 떨어뜨렸다. 덴마크가 -0.65퍼센트이고 스웨덴은 -0.5퍼센트다. 스위스는 기준금리가 무려 -0.75퍼센트다.[13] 그래서 스위스의 한 지방 세무서가 납세자들에게 '세금을 최대한 늦게 내 달라'고 요구하는 진풍경이 벌어졌다. 세금을 받아서 은행에 예치하면 보관료를 물어야 하기 때문이다.

금리가 마이너스인 세상에서는 현찰의 매력이 커진다. 그럴 수밖에 없다. 어찌 되든 0퍼센트의 금리가 보장되니까. 스위스에서는 1,000프랑권(한국 돈으로 약 124만 원) 지폐가 큰 인기를 끌고 있고, 금고제작회사의 매출이 25퍼센트나 늘었다고 한다.

　이 대목에서 금을 떠올리는 것은 매우 자연스럽다. 금과 현찰, 둘 다 이자가 안 붙는다. 그렇다면 어느 쪽이 가치 보관에 유리할까? 물어보나 마나다. 어떤 경우에도 금은 최고의 안전자산이다. 현찰은 인플레이션에 취약하지만 금은 초인플레이션이 발생해도 끄떡없다. 금리가 올라갈수록 금의 매력이 떨어지는 것은 사실이다. 그러나 금리 인상이 경제 불안을 야기할 때, 금의 매력은 다시 올라간다.

월가를 발가벗긴 금융버블

◆

◆

나는 주식 차트의 선을 보면서
그냥 '오르고, 내리고, 승패, 수익, 하락, 문제, 해결책,
공매도, 매수'라고 생각했다.
하지만 이제 나는 차트에서 사람을 본다.
_로렌스 G. 맥도널드(전 리먼브라더스 부사장)

●

○

_____

_____

〈빅쇼트〉,
월가를 발가벗기다

현대 금융자본주의를 이해하는 데 도움이 되는 자료를 고르라면 나는 책도 논문도 아닌 영화 한 편을 선택하겠다. 2015년에 개봉한 〈빅쇼트〉라는 영화다. 이 영화의 감독이자 각본 작업에도 깊숙이 관여한 애덤 매케이Adam McKay는, 이른바 '최첨단 금융공학'의 산물인 월가의 투자기법을 최대한 알기 쉽게 전달하려고 여러 곳에 내레이션을 집어넣었다. 특별출연한 여배우 마고 로비Margot Robbie는 거품목욕을 하면서 서브프라임 모기지 채권이 양산된 배경을 설명한다. 세계적인 셰프 앤서니 보데인Anthony Bourdain은 부실채권이 새로운 금융상품으로 탈바꿈하는 과정을 설명하기 위해, 신선도가 떨어진 생선을 버리지 않고 해물스튜에 넣는 비법을 주방에서 직접 보여준다. 그럼에도 보통 사람들이 이 영화를 한 번 보고 월가에서 벌어지는 일을 이해하기란 쉽지 않다.

영화의 스토리텔링을 따라가려면 펀드fund, 채권bond, 파생상품

derivatives, 공매도short selling, 신용부도스와프CDS, 주택저당증권MBS, 부채담보부증권CDO 등의 전문용어와 금융상품을 꿰고 있어야 한다. 처음 접하는 사람은 머리가 어질어질하겠지만 알고 보면 그리 대단한 것도 아니다. 차근차근 돌파해 보자.

영화의 주역이랄 수 있는 4명의 천재. 그들의 직업은 펀드 매니저 혹은 채권 트레이더다. 펀드 매니저는 투자자들의 돈을 모아 굴려서 수익을 내고, 그렇게 불린 수익을 투자자들에게 돌려주는 일을 한다. 물론 손해가 날 수도 있고, 그 손해는 투자자들이 떠안는다. 채권 트레이더는 채권을 사고파는 일을 전문으로 한다.

채권에 대해서는 앞에서 충분히 설명했다. 은행에서 돈을 빌리는 순간, 당신은 빚을 갚을 의무가 있으므로 채무자債務者가 되고 은행은 빚을 받을 권리가 있으므로 채권자債權者가 된다. 당신과 은행 사이에 채무—채권 관계가 성립했음을 증빙하는 서류가 바로 채권債券이다. '채권자'의 권과 '채권'의 권이 다른 한자임을 주목하기 바란다. 전자는 '권리'를 뜻하고 후자는 '문서'라는 뜻이다. 문서, 다시 말해 종이 쪼가리다. 빚 문서를 사고판다? 그렇다. 빚 문서가 팔리는 순간 빚을 받을 권리도 다른 사람에게 넘어간다. 추상적 권리를 사고파는 채권 시장은 현대 금융자본주의를 이해하는 출발점이다.

그 전에 먼저 '증권證券, securities'이란 개념부터 파악할 필요가 있다. 보통 증권이라고 하면 주식을 떠올리는 사람이 많은데, 주식은 증권의 한 종류일 뿐이다. 재산가치가 있는 모든 문서를 통틀어 증권이라고 한다. 좀 더 전문적으로 풀이하면 증권은 '재산에 대한 권리와 의무를 법적으로 증명하는 문서'다. "아이고, 나는 증권 따위에는 관심

없어요"라고 말하는 사람도 없지 않겠지만, 현대 자본주의 사회에서 증권 없이 살아가는 것은 거의 불가능하다. 주식, 채권은 물론이고 수표, 어음, 화물상환증도 증권이다. 우표, 문화상품권, 승차권, 영화 티켓도 증권의 일종이다. 증권은 우리가 모르는 사이 전 세계에 퍼져서 우리의 삶을 지배하고 있다.

돈도 일종의 증권이다. 만 원짜리 지폐를 보자. 앞면에 세종대왕의 초상이 있고 뒷면에는 장영실이 만들었다는 혼천의가 그려져 있다. 세종대왕이 훌륭한 업적을 남긴 것은 사실이지만 그것 때문에 가로 148mm, 세로 68mm의 종이쪽에 만 원의 가치가 주어진 것은 아니다. 이 돈의 가치를 보증하는 것은 한국은행 총재의 직인이다. 그러니까 액면가 만 원짜리 지폐는 '시장에서 만 원의 가격이 매겨진 재화나 서비스와 교환할 수 있음'을 한국은행이 보증하는 문서, 즉 한국은행이 발행한 증권이다.

금융시장은 세상의 모든 증권이 거래되는 곳이다. 채권이 거래되는 곳을 따로 떼어서 채권시장, 주식이 매매되는 곳은 주식시장, 화폐를 사고파는 시장은 외환시장, 이자를 흥정하는 시장은 자금시장이다. 그런데 월가의 금융기술자들은 주식, 채권, 화폐를 기본 재료로 삼아 이리 섞고 저리 쪼개고 다시 융합하고 변형해서 다양한 금융상품을 만들어냈다. 이것을 '파생금융상품Financial Derivatives'이라고 하는데, 그 종류와 거래량은 상상을 초월한다.

어느 정도 금융을 안다고 해도 월가의 투자은행들이 취급하는 금융상품을 두루 꿰기는 힘들다. 파생상품에 대한 깊은 이해 없이 은행 직원의 권유로 덜컥 투자했다가는 낭패를 보기 십상이다. 역외펀드 선물환 계약으로 피해를 본 투자자 490명이 국민은행, 신한은행, 외환은행 등 펀드 판매사와 운용사를 상대로 소송을 건 사례도 있다. 당시 투자자들은 평균적으로 원금의 78퍼센트를 잃었다.[1]

영화 〈빅쇼트〉에서 냉소적인 펀드 매니저 마크 바움(스티브 커렐 분)은 아내와 통화하면서 이렇게 말한다. "이곳은 전쟁터야. 당신은 몰라. 온갖 사람들이 대놓고 사기를 치는데 다들 너무 태평하다고. 전부 사기 당하고 있는데 사람들 머릿속엔 야구 생각뿐이야."

사기? 영화적 과장으로만 볼 수는 없는 것이, 실제로 2008년 글로벌 금융위기가 있기 직전에 월가의 많은 투자은행이 고객들에게 중요한 정보를 제공하지 않았다. 심지어 S&P, 무디스Moody's Corporation, 피치Fitch Ratings Inc. 같은 신용평가기관은 모기지론의 위험을 은폐하거나 복합파생상품의 신용도를 과도하게 높게 평가했다. 사기가 아니라면 무능력의 극치다. 영화는 월가의 불편한 진실을 적나라하게 드러내 보여준다.

거품으로 만든
금융상품

2008년 글로벌 금융위기가 터지기 전, 그러니까 월가의 내로라하는 금융기술자들이 한창 거품에 취해 질펀한 돈 잔치를 벌이고 있을 때, 미국 경제의 붕괴를 예측한 사람이 몇 있었다. 그들에게 남다른 예지능력이 있었던 것은 아니다. 그들은 단지 주의 깊게 관찰했을 뿐이다. 구글 검색으로 단서를 포착하고, 현장조사로 균열의 징후를 확인해 가며 한 발 한 발 진실에 접근해갔다.

15억 달러 규모의 펀드를 운용하는 마이클 버리, 유대인 펀드 매니저인 마크 바움, 도이체방크Deutsche Bank의 채권 트레이더 재러드 베넷, 11만 달러를 몇 년 만에 3,000만 달러로 불린 아마추어 투자자 찰리와 제이미, 그리고 은퇴한 전직 트레이더 벤 리커트. 이들이 영화 〈빅쇼트〉를 끌고 가는 주요 등장인물이다.

마이클 버리는 이미 2005년 초에 주택시장housing market이 이상하게 돌아간다는 낌새를 감지했다. 모기지론mortgage lawn(주택담보대출)의 연체가 서서히 늘고 있었던 것이다. '주택시장은 바위처럼 단단하다', '주택시장은 안정적이고 리스크가 거의 없다'는 것이 월가의 오래된 믿음이자 상식으로 통할 때였다. 월가의 투자은행들이 부실채권을 우량채권과 한데 엮어서 산뜻하게 포장한 신상품으로 돈을 긁어모으고 있을 때, 마이클 버리는 잘나가는 금융상품이 시한폭탄이라는 사실을 알아챘다.

그러니까 주택저당증권MBS에서 파생된 부채담보부증권CDO은 거품으로 만든 과자였던 것이다. 입에 넣으면 스르르 녹아 버리는 과자. 여기에 신용평가기관들이 설탕을 발랐다. 증권화 과정을 통해 평균 B+급 모기지론의 70퍼센트가 최고등급인 AAA로 둔갑했다.[2] 과다하게 평가된 신용을 '거품'이라고 부르지 않으면 뭐라고 부를 것인가?

남들이 못 보는 것, 혹은 안 보는 것을 본 소수의 이단자들은 동원할 수 있는 모든 자산을 긁어모아 월가를 상대로 건곤일척의 승부를 벌인다. 이때 그들이 투자한 금융상품이 바로 신용부도스와프Credit

Default Swap, CDS나. 투자대상이 망할 때 보상받는 파생금융상품이다. 흔히 투자라고 하면 투자대상이 잘되거나 가격이 올랐을 때 수익을 낸다고 생각하기 쉬운데, 꼭 그렇지는 않다. 재앙과 불행이 돈이 되는 경우도 많다. 심지어 남의 불행이 나의 축복이 되기도 한다.

보험을 떠올리면 이해가 쉽다. 자동차보험은 가입자가 매년 보험료를 꼬박꼬박 내기 때문에 사고가 안 나면 보험료는 모두 보험사의 수익이 된다. 그러나 자동차가 부서지거나 운전자가 죽기라도 하면 보험사는 약관에 따라 목돈을 지급해야 한다. 이런 개념을 주택저당증권Mortgage-Backed Securities, MBS을 비롯한 다양한 파생상품에 적용한 것이 신용부도스와프다.

한 발짝 더 들어가자. 파생상품derivatives이란 무엇인가? 한 상품에서 파생된 상품, 즉 특정한 상품의 거래방식을 변형함으로써 새로운 형태와 가치를 갖게 된 상품이다. 주식, 채권, 통화 같은 금융상품뿐만 아니라 금, 석유, 밀, 옥수수 같은 현물상품도 파생상품으로 거듭날 수 있다. 원자재의 선물과 옵션은 모두 현물상품의 파생상품이다.

마이클 밀러가 아이오와 농장에서 생산한 옥수수 10만 톤은 현물상품이다. 그가 카길Cargill이라는 곡물유통업체에 옥수수 5만 톤을 팔아넘기면, 트럭에 실린 옥수수는 카길의 곡물창고에 잠시 머물렀다가 카길의 유통망을 통해 전 세계로 팔려나간다. 이 옥수수는 우리가 눈으로 볼 수 있고 손으로 만질 수 있는 실물이다. 물론 먹을 수도 있다. 가축의 사료가 될 수도 있고, 한국의 식품공장에서 과자 원료로 쓰일 수도 있다.

나머지 옥수수 5만 톤은 이미 2개월 전에 다른 곡물상을 거쳐 시카고상업거래소CME에 이름이 올라가 있다. 마이클 밀러는 밭에서 여물어가는 옥수수 5만 톤을 부셸당 300센트 가격으로 곡물상 그랜트에게 넘겼다. 그랜트는 3개월 후 현물 옥수수 5만 톤을 부셸당 350센트에 인도하는 조건으로 선물시장에 내놓았다. 그때부터 마이클 밀러가 생산한 옥수수는 볼 수도 없고 만질 수도 없는 추상적 존재로 변신했다. 아직 수확되지도 않은 옥수수 5만 톤의 소유권은 두 달 동안 3,000번쯤 바뀌었다. 시세차익을 노린 투자자들이 사고팔기를 거듭했기 때문이다. 이것이 파생상품이다. 현물 옥수수는 마이클 밀러의 농장에서 수확을 기다리고 있다. 사실 그랜트에게는 창고도 없다. 만기가 되면 마이클 밀러의 농장에서 직접 현물을 인도하거나, 다른 유통경로를 통해 팔아치우면 그만이다.

이번에는 구매자 입장에서 선물을 살펴보자. 서부텍사스유WTI의 현재 가격이 배럴당 49달러인데 '3개월 뒤 배럴당 50달러에 10만 배럴을 인수할 수 있는 선물'을 샀다면, 그 선물상품은 석유라는 원자재의 파생상품이다. 만기가 되었을 때 유가가 배럴당 52달러를 찍으면 지금 현물을 산 것보다 20만 달러 이익이고, 49달러면 10만 달러 손해다. 물론 중간에 그 파생상품을 팔 수도 있다. 만기 때 약속대로 대금을 지급하고 물건을 인수해야 하는 파생상품을 선물先物, futures, 사도 되고 말아도 되는 파생상품을 옵션option이라고 한다.[3]

모기지론 파생상품은 합쳐지고 쪼개지며 증식에 증식을 거듭한다. 무려 40단계의 증식 과정을 거친 파생상품도 있었다.[4] 이게 무슨 이야기냐 하면, 주택 한 채에 대한 저당권이 전 세계 수천, 수만 명에게 분산되었다는 뜻이다.

저당권抵當權, hypothec이란, 담보로 제공된 부동산에 대한 채권사의 권리를 말한다. 채무자는 저당권이 설정된 토지나 건물을 마음대로 팔거나 증여할 수 없다. 또한 채무자가 만기에 빚을 못 갚을 경우, 채권자는 저당권을 행사함으로써 담보물의 처분을 통해 우선변제를 받을 수 있다. 그러나 최초의 저당권은 다른 수천 건의 저당권과 통합된 파생상품으로, 다시 수십 종의 증서로 재편성된 파생상품으로, 다시 이 파생상품이 다른 파생상품과 통합된 형태로 채권시장을 통해 전 세계로 팔려나갔다. 전 세계에 흩어진 채권 소유자들이 모두 모여서 최초의 저당권을 행사하는 것은 사실상 불가능하다. 주택 소유자가 빚을 갚지 않으면 대출을 해준 은행 한 곳만 떼이는 구조에서 수만 명의 피해자가 생기는 구조로 바뀐 것이다.

이 모든 파생상품을 일일이 기억하고 이해할 필요는 없다. 우리가 공부하는 목적은 재테크 기술을 익혀서 돈을 벌기 위함이 아니라, 우리가 살고 있는 이 세상이 도대체 어떻게 생겼는지 이해하는 데 있기 때문이다. 어쨌든 세상에는 파생상품을 비롯하여 무수한 금융상품이 증권시장에서 24시간 거래되고 있음을 기억하자. 그 거래에서 어떤 사람은 이익을 보고 어떤 사람은 손해를 본다. 손익이 발생하는 구조는 매우 단순하다. 팔아서 이익 보는 사람이 있으면 사서 손해 보는 사람이 있다. 증권투자는 제로섬 게임zero-sum game이다.

거품은
반드시 꺼진다

다시 영화 속의 2005년으로 돌아가 보자. 장소는 골드만삭스의 접견실. 가구는 단조롭지만 고급스럽다. 마이클 버리와 골드만삭스의 베테랑 트레이더들이 가죽의자에 등을 기댄 채 마주보고 있다.

마이클 버리　모기지 채권의 스와프를 사고 싶습니다. 채권에 문제
　　　　　　가 생겼을 때 내가 돈을 버는 신용부도스와프요.

트레이더1　　주택시장 폭락에 돈을 건다고요?

트레이더2　　수백만이 모기지론을 안 갚아야 부도가 나는 채권인
　　　　　　데, 역사상 그런 일은 없었습니다. 죄송하지만 어리석
　　　　　　은 투자 같습니다.

마이클 버리　물론 시장과 은행에 대한 일반적인 생각을 보면 어리
　　　　　　석은 투자가 맞습니다. 하지만 모두 틀렸습니다.

트레이더2　　(웃음을 터뜨리며) 농담도 참……

트레이더1　　(미소를 지으며) 여긴 월가입니다, 버리 박사님. 공짜
　　　　　　돈을 마다하진 않아요.

마이클 버리　사실 나는 채권이 부도났을 때 이곳의 지불능력에 문
　　　　　　제가 생기진 않을까 우려됩니다.

트레이더1　　진심이세요? 우리가 돈을 못 줄까 봐 걱정이에요?

마이클 버리　그렇습니다.

(귓속말로 의견을 교환하는 두 트레이더. 이윽고 한 트레이더가 공식적으로 제안한다.)

트레이더2	버리 박사님, 계속 납부 형식으로 해서 채권이 부도 나면 돈을 받으시는 걸로 하죠. 다만, 채권 가격이 오르면 내셔야 할 프리미엄도 오릅니다. 월 단위 납부로 하시죠.
트레이더1	괜찮으시겠습니까, 버리 박사님?
마이클 버리	좋아요. 여섯 개의 주택저당증권에 관심 있는데, 그 투자설명서입니다.
트레이더2	(서류를 검토하고 나서) 버리 박사님, 이걸로 하죠.
트레이더1	500만 달러 규모의 신용부도스와프를 팔겠습니다.
마이클 버리	1억 달러는 안 되겠습니까?
트레이더2	(어이없다는 표정으로) 물론 1억 달러도 되죠.

이런 식의 거래를 '장외거래'라고 한다. 대부분의 개미투자자는 거래소에서 취급하는 표준화된 금융상품만 사고판다. 반면에 증권시장의 큰손들은 투자은행과 직접 협상하여 계약 조건과 규모를 결정한다. 한 사람의 고객을 위한 맞춤형 금융상품이라 할 수 있다. 2007년 말, 장외시장에서 거래된 파생상품의 명목가치는 600조 달러에 달했다.[5] 2016년 미국의 GDP(18조 5,700억 달러)와 비교하면 그 규모가 어느 정도인지 짐작할 수 있다.

이런 방법으로 사이언캐피털Scion Capital의 마이클 버리는 골드만삭스, 도이체방크, BOA, 크레디트스위스 등에서 총 13억 달러의 신용부도스와프를 사들인다. 결과를 궁금해할 필요는 없다. 그가 예측한 대로 미국 채권시장은 완전히 거덜이 났고, 사이언캐피털은 26억 9,000만 달러의 수익을 올렸다.

도이체방크의 재러드 베넷은 "어떤 머저리에게 2억 달러의 모기지론 신용부도스와프를 팔았다"고 자랑하는 동료 직원의 이야기를 듣고 게임에 참여하게 된다(그 '머저리'는 사이언캐피털의 마이클 버리다). 재러드는 은행 직원이지만 은행처럼 생각하지 않았다. 동료 직원들은 그를 '거품 소년bubble boy'이라고 놀리곤 했다. 마크 바움은 사무실에 잘못 걸려온 전화 한 통 때문에 모기지론과 엮이게 된다. 전화한 사람은 재러드 베넷이었다. 그는 전화 받은 사람을 확인해 보지도 않고 "모기지론을 공매도하라"고 천기를 누설해 버렸다. 찰리와 제이미는 JP모건체이스와 거래를 트려고 했지만 문전에서 거절당한다. 15억 달러 이상의 자본금을 굴리는 투자자에게만 JP모건체이스와 협상할 자격이 주어지기 때문이다. 낙담한 그들을 후원한 사람이 바로 전설적인 트레이더 벤 리커트, 개를 산책시키다가 제이미와 아는 사이가 되었다. 우연의 연속이었지만 그들 모두 냉소와 무시와 조롱을 천문학적인 수익과 맞바꾸었다.

이제 영화의 제목을 설명할 시간이 되었다. 금융상품을 거래할 때, 장차 가격이 오를 것을 예상하고 매입하는 것을 '롱 포지션long position'이라 하고, 반대로 떨어질 것을 예상하여 매도하는 것을 '쇼트 포지션short position'이라고 한다. 이익을 보려면 오래 기다리는 인내심이 필요하고, 손해가 예상되면 재빨리 팔아치워야 한다. 여러 정황으로 볼 때 특정 기업의 주가가 떨어질 것 같다고 판단하면, 투자에 도가 튼 선수

추상적 권리를 사고파는 채권시장은 현대 금융자본주의를 이해하는 출발점이다. 영화 〈빅쇼트〉는 이 시장의 불편한 진실을 적나라하게 드러내 보여준다.

들은 없는 주식을 만들어서 팔기도 한다. 예를 들어 애플의 주가가 떨어질 가능성이 매우 높아 보이면 투자은행에서 애플사 주식을 빌린 다음에 판다(물론 주식을 빌리려면 그만한 신용이나 담보가 있어야 한다). 그리고 실제로 주가가 떨어졌을 때 싼값에 그 주식을 사서 되갚아 버리면, 짭짤한 시세차익을 챙길 수 있다.

이렇게 '없는 것을 판다'고 해서 공매도空賣渡라는 이름이 붙었고, 영어로는 쇼트 셀링short selling이라고 한다. 그러니까 빅쇼트는 '대규모 공매도'를 뜻하는 말이다. 공매도한 주식 가격이 예상한 대로 하락하면 이익을 보지만, 거꾸로 올라버리면 큰 손해를 볼 수도 있다. 채권, 주식, 화폐 같은 금융상품은 물론이고 석유나 밀가루 같은 원자재도 파생상품으로 바뀌는 순간 이런 식의 공매도가 가능해진다.

현물상품으로는 성에 차지 않아 파생상품을 만들고, 그것도 모자라

없는 파생상품까지 허공에서 끌어와 팔아치운다. 금의 구속을 떨쳐버린 화폐는 하늘로 날아오르고, 하나의 파생상품은 탐욕이란 자양분을 흡수하며 수십 종으로 증식한다. 신자본주의 금융경제에서 거품의 팽창은 필연적이다.

꺼지지 않는 거품이 있을까? 거품이 꺼지지 않으려면 집값은 끝없이 올라야 하고, 증시는 무한히 부풀어야 하며, 비트코인 가격은 영원히 상승해야 한다. 단연코 그런 일은 없다. 세상의 모든 거품은 반드시 꺼지게 되어 있다.

탐욕의 제국이
무너지다

월가의 바벨탑이 붕괴하는 데는 긴 시간이 필요하지 않았다. 어떻게 이런 일이 가능했는지 이제는 많은 사람이 안다. 요약하면 이렇다. 클린턴 정부 때 금융규제가 대폭 풀리면서 주택담보대출은행mortgage bankers이 우후죽순처럼 생겨났다. 그들이 제공하는 주택담보대출을 '모기지론'이라고 한다. 그러니까 모기지론은 채권의 일종이다.

프라임prime은 신용점수 660점 이상의 우량 등급을 뜻한다. 서브프라임sub-prime은 프라임 아래, 그중에서도 신용점수 620점 이하의 비우량 등급을 뜻한다. 따라서 프라임 모기지론은 '우량 주택담보대출'이고, 서브프라임 모기지론은 '비우량 주택담보대출'이다.

경기부양을 위한 저금리 정책에 힘입어 주택을 담보로 한 융자가 쉬위졌고, 주택담보대출은행은 융자금을 갚을 능력이 없는 사람들에게 엄청난 규모의 주택구입자금을 대출해 주었다. 서브프라임의 시장규모는 총 2조 달러. 대출자 절반이 고정수입 증빙서류를 제출하지 않았다.[6] 전국에 산재한 주택담보대출은행은 모기지론 증서, 즉 빚 문서를 월가의 투자은행에 팔아서 재원을 마련하고, 그 돈으로 다시 대출을 해주었다. 월가의 기술자들은 주택담보대출은행에서 사들인 모기지론을 잘 포장하여 신상품으로 내놓았다.

투자은행은 처음에 신용등급이 높은 우량채권, 즉 프라임 모기지만 취급했다. 그들은 모기지론 판매수수료로 수십억 달러를 벌어들였다. 그런데 프라임 모기지는 물량이 한정되어 있었다. 주택이 무한정 공급되는 것도 아니고, 주택을 살 만큼 수입이 안정적이고 좋은 직장에 다니는 사람은 많지 않았기 때문이다. 그래서 프라임과 서브프라임 사이에 있는 알트에이 모기지Alternative-A Mortgage로 영역을 넓혔고, 나중에는 서브프라임에까지 손대기 시작했다.

서브프라임 모기지는 프라임 모기지보다 이자율이 2~4퍼센트 높다. 그만큼 위험도가 높은 채권이다. 그래서 시장에서 잘 팔리지 않는다. 투자은행은 이 서브프라임 모기지를 구입해서 우량채권과 한데 묶는 방법으로 다양한 파생상품을 만들어 판매했다. 월가의 금융기술자들은 이 파생상품이 99.99퍼센트 안전하다고 자랑했다. 그들은 수천 건의 모기지론이 동시에 부도날 확률은 극히 낮다는 것을 수식으로 보여주곤 했다. 월가와 한통속인 신용평가기관들은 이 파생상품에 높은 신용등급을 부여했다. 등급이 서로 다른 모기지론을 어떻게 묶느냐에 따라 수천 종의 파생상품이 창출되었다. 부실채권이 섞인 모

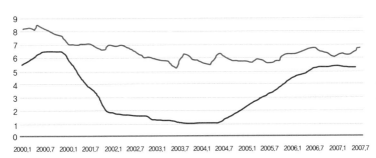

모기지론 금리
연방기금 금리

[도표 14] 미국 모기지론 금리(2000~2007)

기지론 파생상품은 전 세계로 팔려나갔다.

　주택담보대출은행들은 더 많은 고객을 유인하기 위해 처음에는 낮은 고정금리를 적용하다가 일정 기간이 지나면 변동금리로 전환되는 대출상품을 판매했다. 이른바 '문턱 낮추기' 전략이다. 집값이 계속 오를 때는 아무 문제가 없었다. 사람들은 집값이 오른 만큼 돈을 벌었다는 착각에 빠져 흥청망청 소비했다. 심지어 대부업체들은 담보가치를 시가보다 높게 평가해서 돈을 빌려주는 불법 대출도 서슴지 않았다. "집값의 125%까지 빌려 드립니다"라는 광고가 대부업체 웹사이트에 버젓이 실렸다.[7] 그 당시 주택은 저소득층의 현금인출기나 다름없었다.

　2007년 모기지론의 고정금리 기간이 끝나고 변동금리가 적용되기 시작했다. 미국의 기준금리 인상은 모기지론 이자율을 밀어 올렸다. [도표 14]를 보면 모기지론 금리가 5퍼센트 대에서 6퍼센트 대로 겨

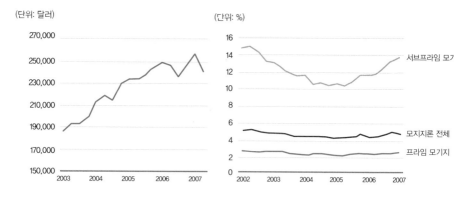

[도표 15] 미국 신규 주택 거래가격(왼쪽) 및 모기지론 연체율

우 1퍼센트포인트 올랐을 뿐이다. 그러나 이 정도의 금리 인상만으로도 상환능력이 취약한 서브프라임 시장은 크게 흔들렸다. 게다가 주택 가격마저 오름세가 꺾였다. 미국의 주택 판매량은 2005년 7월부터, 판매가격은 2006년 6월부터 하락세로 바뀌었다. 주택 가격은 2006년 6월부터 2009년 4월까지 2년 10개월 동안 34퍼센트 하락했다.[8] 금리 인상과 부동산경기 하락이 겹치자 모기지론 연체율이 늘기 시작했다. 특히 서브프라임 모기지의 연체율이 급격히 증가했다. 서브프라임을 공격한 암세포가 차츰 상위등급의 모기지로 번지면서 파생상품 전체가 부실해졌다. 썩은 과일과 섞어 놓으면 싱싱한 과일도 상하기 마련이다.

결국 모기지론 파생상품에 투자한 은행과 보증을 선 보험사들이 한꺼번에 나자빠지는 일이 발생했다. 그때까지도 월가의 투자은행들은 미처 팔아치우지 못한 대량의 모기지론 증권을 잔뜩 움켜쥐고 있었다. 그 종이 쪼가리들을 확보하는 데 사용된 돈은 자본금의 수십 배나 되는 차입금이었다. 차입금을 갚지 못하면 파산이다. 마침내 심판의 날이 닥친 것이다. 우리는 그 미증유의 사태를 '글로벌 금융위기'라고 부른다.

위기crisis는 월가와 미국 금융당국이 만든 말이다. 실제로는 파탄 breakdown이었다. 미국 연방정부와 연준이 시장에 개입하여 파산 직전의 투자은행들을 국유화하는 정책을 실행하지 않았다면, 미국의 금융 시스템은 머리끝에서 발끝까지 붕괴했을 것이다.

상식의 실패가 아닌
구조의 실패

뉴욕은 하루에 5조 달러의 금융상품이 거래되는 곳이다. 2008년 9월 15일(현지 시간), 리먼브라더스Lehman Brothers Holdings Inc.가 파산했다. 그날 뉴욕 월가에서는 단 1달러도 거래되지 않았다.[9] 말 그대로 꽁꽁 얼어붙은 것이다.

배춧값이 폭등해도 사람들은 김장을 하고, 한우 가격이 폭락해도 농부들은 송아지를 돌본다. 주머니 사정에 따라 씀씀이가 헤퍼지거나 허리띠를 조이는 일은 있어도, 남대문시장의 모든 가게가 한꺼번에 문을 닫지는 않는다. 자고 일어났더니 자산이 반 토막이 되었다든지 주식시장에서 하루아침에 수조 달러가 증발했다는 뉴스는 정신 나간 사람이 지어낸 헛소리처럼 들린다. 그러나 그것은 실제로 있었던 일이고, 앞으로도 일어날 수 있는 일이다.

리먼브라더스는 1850년에 세워진 금융기업이다. 골드만삭스, 모건스탠리, 메릴린치와 함께 미국의 4대 투자은행으로 꼽혔고, 2만 5,000명의 전문 트레이더를 거느린 금융계의 골리앗이었다. 2006년 총 자산규모는 5,040억 달러였고, 시장가치는 540억 달러였다.[10] 그런 기업이 6,600억 달러의 부채를 끌어안고 쓰러졌다. 인류 역사상 최대 규모의 파산이었다.

리먼브라더스가 마지막 숨을 몰아쉴 때, 처분이 불가능한 모기지만 800억 달러였다. 당시 내부 보고에 의하면 자기자본 대 총자산 비율은 1대 44였다. 170억의 자본금으로 7,500억 달러의 금융상품과 부동산에 투자했다는 이야기다.[11] 2016년 미국 대통령후보 민주당 경선에서 돌풍을 일으켰던 버니 샌더스Bernie Sanders의 말은 리먼브라더스에 딱 들어맞는다. "망하기에 너무 크다면 존재하기에도 너무 크다." 이명박 정부가 산업은행을 내세워 리먼브라더스 인수를 시도했던 것은 역사 속의 작은 해프닝이다. 한국 정부의 2008년도 예산은 250조 원(당시 환율로 약 1,670억 달러)이었다.

리먼브라더스의 부실채권·전환주식 거래담당 부사장이었던 로런스 G. 맥도널드Lawrence G. McDonald는 리먼브라더스의 파산을 '상식의 실패Colossal Failure of Common Sense'라고 규정했다. 『상식의 실패』는 그가 쓴 회고록의 제목이기도 하다. 이 책에서 맥도널드는 리먼브라더스가 누렸던 영광의 시대를 돌아보는 한편, 파산 당시 최고경영자였던 딕 풀드Dick Fuld의 오만과 독선을 거칠게 비난했다.

반면에 딕 풀드는 금융위기의 원인을 정부 탓으로 돌렸다. 그는 한

강연에서 "정부가 무분별한 주택 소유를 방임했고, 저금리로 대출이 너무 쉽게 이뤄진 것이 위기를 초래한 복합적 원인 중 하나"라고 강변했다. 그가 강연을 마치며 던진 말은 많은 사람을 허탈하게 만들었다. "나도, 여러분도, 우리 모두 괜찮다. 인생을 즐겨라."¹²

금융위기의 원인으로 '도덕적 해이moral hazard'를 꼽는 학자도 있다. 정말 그런가? 그렇다면 도덕 재무장이 금융위기를 예방하는 지름길인가? 이런 식의 진단은 세계 경제를 뿌리째 흔든 대파국의 원인을 특정한 몇 사람의 오판 또는 과욕으로 제한하는 오류를 범할 수 있다. 인간의 탐욕, 오만, 독선은 인류가 등장한 이래 언제나 있어 왔다. 그런데 금세기 들어 빈발하는 금융위기의 원인을 네로 황제나 진시황 때도 있었던 상식의 실패 혹은 도덕적 해이에 돌리는 것은 너무 안이한 분석 아닐까?

어쩌면 2008년 글로벌 금융위기는 '구조의 실패'인지도 모른다. 만약 구조의 실패라면 경제학은 그 실패 경험을 분석하고 문제를 해결하기 위해 어떤 노력을 했나? 금융자본이 주도하는 현대 자본주의 체제가 재앙으로 여길 정도의 실패를 되풀이한다면, 이런 구조의 문제를 근본적으로 돌아봐야 하지 않을까? 나아가서 그 대안까지 모색하지 않으면 경제학의 직무유기라고 볼 수밖에 없다.

나는 그레고리 맨큐가 쓴 『맨큐의 경제학』이라는 책을 훑어보다가 흥미로운 사실을 발견했다(이 책의 원제는 '경제의 기본 원리Principles of Economics'다). 총 996쪽에 달하는 이 책의 한국어판에는 '금융경제와 실물경제의 차이'를 설명하는 내용이 전혀 없다. '금융경제', '금융자본주의' 같은 용어도 나오지 않는다. 금융제도financial system, 금융시장

financial market, 금융중개기관financial intermediary, 통화제도 등의 용어가 등장하지만 깊게 다루지는 않는다. 자금시장과 외환시장은 수요와 공급 측면에 국한되어 있고, 주식시장과 채권시장은 간략히 소개하고 넘어간다. 파생상품에 대해서는 전혀 언급이 없다. 경제학에서 파생상품은 사소한 문제인가? 바로 얼마 전에 미국 경제를 사경에 몰아넣은 것이 파생상품 아니던가?

왜 하버드대학교 석좌교수가 저술한 경제학 교과서에서 파생상품을 다루지 않았을까? 파생상품 거래는 도박 그 자체다. 경제학을 자연과학 수준으로 격상시키고 싶은 경제학자 입장에서 경제학이 도박의 전술로 전락하는 것을 용납하기는 어려웠을 것이다. 맨큐는 2008년의 금융위기를 직접 겪고도 그 원인을 제대로 설명하지 않았다.

무엇보다 나는 금융시장에 대한 맨큐의 정의에 동의할 수 없다. "금융시장은 저축을 하고 싶어 하는 사람들이 돈을 빌리려는 사람들에게 자금을 직접 공급하는 시장이다. 금융시장에서 가장 중요한 것은 채권시장과 주식시장이다."[13]

너무 순진한 생각 아닌가? 나라면 이렇게 정의하겠다. "금융시장은 노동 없이 돈을 벌고 싶어 하는 사람끼리 경쟁하면서 실물산업이 생산한 부를 재분배하는 시장이다. 금융시장에서 가장 중요한 것은 파생상품과 시세차익이다."

금융경제와
실물경제의 차이

만약 이 세상의 모든 증권이 하루아침에 사라지면 무슨 일이 일어날까? 일단 겉으로는 아무런 변화도 보이지 않는다. 세상의 부富, 즉 재화와 서비스는 그대로 있다. 다만 종이 쪼가리들이 사라졌을 뿐이다. 노동의 성과를 화폐 또는 통장에 저축해 둔 사람은 많은 것을 잃는다. 그러나 그 노동이 만들어낸 생산물은 어디엔가 남아있다. 지구의 부는 사라지지 않는다. 다만 불편할 뿐이다. 불편을 덜기 위해 물물교환시장이 도처에 형성될 것이다.

거꾸로 세상의 모든 재화가 사라지면 어떻게 될까? 우리 모두 벌거벗은 채 허허벌판에 서 있게 된다. 그리고 지구의 부는 즉각 제로(0)가 된다. 실물 기반이 없으면 금융경제는 아무것도 아니다.

이것을 이해하려면 실물경제와 금융경제의 태생적 차이를 알아야 한다. 실물경제를 산업경제라고도 한다. 재화와 서비스가 실물경제를 이루는 기본 자원이다.

실물경제에서는 돈이 (가)에서 (나)로 이동할 때 그에 상응하는 재화 또는 서비스가 동시에 이동한다. 돈과 재화, 혹은 돈과 서비스의 이동 방향은 서로 반대다. 그런데 금융경제에서는 재화 또는 서비스의 이동 없이 오로지 돈만 왔다 갔다 한다. 그러면서 거품을 키운다. 환율, 주가, 금리 등의 시장지표는 모두 금융시장의 동태를 나타내는 지표다. 실물경제를 반영하는 지표로는 임금, 물가, 수출입, 실업률,

소비, 설비투자 등이 있다.

실물경제에서는 상식으로 통하는 이론이 금융경제 쪽으로 가면 전혀 통하지 않는 경우가 있다. 예를 들어 수요와 가격의 관계를 살펴보자. 가격이 오르면 수요는 감소하는 것이 상식이다. 그러나 주식시장에서 애플의 주가가 겁나게 치솟고 있다고 가정해 보자. 자본이 그쪽으로 확 몰릴 가능성이 아주 높다.

원래 돈의 기능이 무엇인가? 교환의 매개, 즉 상품과 상품의 교환을 편리하게 해주는 도구에 지나지 않았다. 산업은 목적이고 금융은 수단이었다. 그러나 금융시장이 팽창하면서 금융 자체가 목적이 되었다. 대략 19세기 말부터 그런 조짐이 조금씩 드러나다가 1980년대에 자본가가 주도하는 금융경제는 실물경제를 완벽하게 제압하고 자신의 제국을 건설했다. 실물경제는 금융의 식민지로 전락했다.

대표적인 예가 미국식 '주주자본주의'다. 주주shareholders의 이익은 중시하고 기업의 사회적 책임은 경시하다 보니, 장기적 비전보다는 단기 실적에 경영의 초점을 맞춘다. 기업사냥꾼에게 기업은 싸게 사서 비싸게 되파는 금융상품일 뿐이다. 그들은 값을 올려 받기 위해 구조조정이란 이름으로 노동자를 해고함으로써 회계장부의 당기순이익을 끌어올리는 수법을 즐겨 쓴다. 연구개발과 창의적인 마케팅은 뒷전으로 밀린다.

오늘날 많은 사람이 몰두하는 재테크는 노동이나 재화의 투입 없이 돈으로 돈을 버는 머니게임money game에 지나지 않는다. 머니게임은 정보력이 승패를 좌우한다. 쓰레기 정보를 대량으로 유포하고 고급 정보를 독점하는 소수 자본가에게 놀아날 수밖에 없는 구조다. 돈이 돈만 벌면(이자소득이 그런 경우다) 그나마 봐줄 만한데, 돈이 일으킨 거품이 실물경제를 아주 망쳐 놓기도 한다. 2008년 글로벌 금융위기가 바로 그런 경우였다.

미국의 금융 시스템을 무너뜨린 신용부도스와프의 계약규모는 2007년 말에 약 60조 달러였다. 2007년 세계총생산은 약 55조 달러다.[14] 이 상황을 짧은 풍자극으로 재연해 보자.

재무대신 빚을 못 갚는 백성이 점점 늘고 있어 국가 경제가 매우 위태롭습니다.

왕 그럼 어찌해야 하나?

재무대신 위험을 헤지hedge해야죠.

왕 헤지? 그게 무슨 말인가?

재무대신 그러니까 위험에 대비해서 보험을 든단 뜻입니다. 위험이 닥쳐도 안심할 수 있죠.

왕 좋은 생각이야. 구체적인 방법을 말해 보게.

재무대신 신용부도스와프라는 금융상품을 발행하는 겁니다. 불안에 떠는 백성들이 너도나도 이 상품을 구입할 겁니다. 경제는 안정을 되찾고 국고는 튼실해집니다.

왕 아주 좋아. 당장 실행하게. 참, 신용부도… 그게 위험을 줄인다고 했나? 위험을 줄이는 데 드는 비용은 얼마나 되지?

재무대신 온 백성의 불안을 해소하려면 60조 원 정도가 소요됩니다.

왕 우리나라 백성이 1년 동안 생산하는 상품의 가치를 다 합치면 얼마인가?

재무대신   약 55조 원입니다.

왕   그러니까 55조를 지키기 위해서 60조를 쓴단 말인가?

재무대신   네, 그렇습니다.

2014년 파생상품 규모는 650조 달러를 초과해 세계총생산의 9배가 넘는다.[15] 이런 상황을 이해할 수 있는가? 만약 그 650조 달러의 통화가 사람들의 '필요needs와 욕구wants'를 충족하기 위한 것이라면, 우리가 사는 세상은 정녕 어떤 세상이란 말인가?

모기지론에서 파생한 금융상품의 본질을 잘 들여다보자. 향후 수십 년간 주택 구입자가 내는 이자는 주택담보대출은행이 아니라 파생상품 구입자들이 나누어 갖는다. 이처럼 '미래에 발생할 수익'이 증권으로 만들어져 채권시장에서 거래된다는 사실을 기억해 둘 필요가 있다. 이것은 거품을 만들어내는 금융자본주의 체제의 일부다. 금융경제가 빚어내는 시장규모가 현재의 세계총생산보다 월등히 큰 이유는, 현물상품이 수천 종의 파생상품으로 부풀려질 뿐만 아니라 미래의 노동이 생산할 재화와 서비스까지 현재의 시장에서 거래되기 때문이다.

주식을 산다는 것은 쌀독이 비어서 쌀을 사는 것과 본질적으로 다르다. 컴퓨터 앞에서 미국산 밀 선물과 호주산 밀 선물 중에서 무엇을 찍을지 고민하는 것은 스포츠카 애호가가 페라리를 살지 람보르기니를 살지 따져보는 것과 다르다. 커피 선물을 하룻밤에 수백 번씩 사고팔기를 반복하는 사람은 있어도 하루에 커피를 수백 잔씩 마시는 사람은 없다. '필요와 욕구'는 쌀과 커피와 페라리를 선택하는 이유를 설명할 수 있지만 천문학적 규모의 파생상품 거래를 설명하지는 못한다. 이러한 차이는 금융시장의 수요와 현물시장의 수요가 본질적으로 다르다는 것을 보여준다. 금융상품을 이해하려면 '투기와 탐욕'이라는 거울에 비추어 보아야 한다.

08

도박판으로
변한 세상

◆

◆

현대 금융시장은 도박장의 모든 요소를 갖추었다.
예컨대 도박꾼, 도박 도구, 도박 자금, 칩과 규칙이 있고,
투기와 리스크가 충만하다.
_존 미클스웨이트(『이코노미스트』 편집장)

●

○

――――――――

――――――――

금융업은
도박업이다

"지난 30년 동안 경제의 극단적 금융화를 눈으로 직접 보았다. 이는 제조업, 건설업, 농업이나 다른 형태의 산업에 기대기보다 금융 거래를 통해 부를 창출하려는 경향과 관련이 있다. 전통적으로 금융은 거래, 생산, 소비를 촉진시킨다. 금융은 다른 활동을 지원하지만 그 자체가 목적은 아니다. 금융은 기어에 윤활유를 바르는 것과 비슷하다. 필수적인 요소지만 엔진 자체는 아니다. 하지만 지난 30년 동안 금융은 암처럼 전이되어 생산활동에 기생했다."[1] 통화제도 분석가이자 금융투자 일선에서 활동해온 제임스 리카즈의 말이다. 신자본주의의 본질을 꿰뚫은 날카로운 통찰이 아닐 수 없다.

1971년 달러가 금에게서 독립했을 때, 월가의 금융가들 머릿속에는 아마도 이런 생각이 스쳤을 것이다. "그래? 이제 달러를 막 찍어도 된단 말이지?" 그 말은 이렇게 해석할 수 있다. "이제 판돈을 마구 키울 수 있겠군."

다른 나라에서 자국 화폐를 남발하는 것과 미국이 달러를 대량으로 발행하는 것은 차원이 다른 이야기다. 달러는 세계의 기축통화다. 한 국가가 통화량을 과다하게 늘리면 필연적으로 인플레이션이 발생하여 온 국민이 고통을 겪는다. 그러나 달러는 전 세계로 흡수되어 소비되므로 미국에서 인플레이션을 일으킬 가능성이 낮다. 더구나 미국은 자본 수출에 탁월한 능력과 노하우를 지닌 나라 아닌가?

장당 9.1센트의 인쇄비로 100달러짜리 연방준비은행권Federal Reserve Note을 무한정 찍어내는 것은 오직 미국만이 누리는 특권이다. 사실은 인쇄기를 돌릴 필요도 없다. 키보드만 몇 번 두드리면 시중은행의 지급준비금 계좌로 수조 달러의 본원통화가 공급된다. 실제로 미국 연준은 2008년 금융위기 이후에 그렇게 했다. 하지만 미국에서 인플레이션이 발생하지는 않았다.

금융시장과 증권시장은 동의어다. 금융시장이란 두루뭉술한 용어보다 증권시장이란 구체적 용어가 시장의 성격을 분명하게 드러낸다. 금융자본주의 또한 증권자본주의라고 해야 의미가 선명해진다. 증권시장에서 거래되는 금융상품은 100퍼센트 종이로 된 문서, 즉 증권이다. 주식, 채권, 선물, 화폐 등의 증권 거래는 실물의 개입 없이 종이만 왔다 갔다 한다. 현물시장과 마찬가지로 증권시장에서도 교환의 매개는 역시 화폐다. 화폐라는 종이 쪼가리가 팽창하는데 다른 종이쪽이라고 가만있겠는가. 화폐와 함께 주식과 채권도 부풀어 오른다. 특히 파생금융상품이 증권의 팽창을 주도한다.

화폐의 남발 다음에 오는 것은 증권시장의 팽창이다. 2018년 1월 26일의 다우지수(26,616포인트)는 바닥을 찍었던 2008년 3월(6,547포

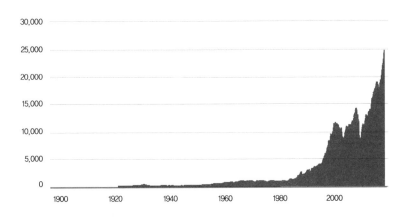

[도표 16] 미국 다우존스 산업평균지수(1900~2018)

인트)에 비해 무려 400퍼센트 넘게 상승했다. 금융위기가 터지기 전, 거품이 부글부글 끓었던 2007년의 꼭짓점에 비해서도 거의 2배 가까이 부풀었다. 정상적인 경제생태계에서 주가가 저 정도로 오르려면 매년 큰 폭의 경제성장률을 달성해야만 한다.

　주가는 기업의 가치를 반영한다. 따라서 기업의 실적이 좋으면 주가가 오르는 것이 당연하다. 다우존스 산업평균지수Dow Jones Industrial Average는 미국 증권시장에 상장된 30대 우량기업의 평균 가치가 반영된 지표다. 다시 말해 미국 경제의 축소판이다. 그렇다면 2018년의 미국 경제는 2007년보다 2배 가까이 좋아졌는가? '70의 법칙'을 적용하면 2007년부터 10년 동안 매년 7퍼센트씩 성장해야 경제규모가 2배로 커진다. 그러나 미국의 경제성장률은 2006년 이후 한 번도 3퍼센트를 넘은 적이 없다. 그렇다면 2007년부터 2017년까지 연평균 7퍼센트씩 팽창한 다우지수는 미국의 실물경제와 동떨어진 지표라고 볼 수밖에 없다.

[도표 16]이 보여주는 것은 명백한 거품이다. 그 거품은 머니게임에 통달한 자본가들이 만들어낸 것이다. 미국의 기업 경영자들은 금융위기 이후 자사주 매입을 통한 주가 띄우기에 열중했다. 예를 들어 2013년 4월, 애플사는 이익잉여금retained earnings에 170억 달러의 차입금을 얹어 총 600억 달러가 소요되는 자사주 매입 계획을 발표했다.[2] 기업을 증권시장에 상장하는 이유는 주식을 팔아서 자금을 조달하기 위해서다. 우리 모두 경제학 교과서에서 그렇게 배웠다. 그런데 거꾸로 빚까지 내가면서 자기 회사의 주식을 사들이는 행위를 이렇게 설명할 수 있나?

미국의 기업 경영자들은 대부분 창업주가 아니라 전문경영인이다. 그들은 채용될 때 고액 연봉과 함께 스톡옵션stock option을 받는다. 스톡옵션이란 기업의 임직원이 일정 기간 내에 미리 정해진 가격으로 자사 주식을 살 수 있는 권리를 말한다. 스톡옵션은 주식을 받는 것이 아니라 '주식을 살 권리'를 받는 것이므로, 약정된 가격보다 주가가 낮으면 아무 의미가 없다. 스톡옵션에는 기업을 잘 경영해서 주가를 올리고 그에 따른 보상도 받으라는 주주들의 염원이 담겨 있다.

기업을 키우고 주가를 올리기 위해서는 기업경쟁력을 강화하고 연구개발에 투자하고 생산성을 향상시켜야 한다. 인재를 뽑고 생산설비를 개선하는 노력도 필요하다. 이런 일련의 노력을 '생산적 투자productive investment'라고 한다.

그런데 더 손쉬운 방법이 있다. 바로 자사주 매입이다. 거액의 차입금으로 자사주를 매입하면 증권시장에서 유통되는 주식의 수량이 감소하므로 주가가 올라간다. 그리고 기업의 최고경영자가 "우리 회사 주식이 저평가되었다"고 언론 플레이를 하면, 귀가 솔깃해진 개미투자자들이 주식 매수 대열에 합류한다. 주가가 오르면 주식을 가진 주주들이 가장 좋아한다. 보유한 금융자산이 무럭무럭 불어나기 때문이다. 그리고 주가가 올라간 만큼 스톡옵션을 가진 경영자의 이익도 커진다. 이런 경우를 두고 '돈 놓고 돈 먹기'라고 한다.

기업이 속으로 곪아도 주가는 상종가를 칠 수 있다. 주가지수가 실물경제를 반영한다는 소박한 믿음은 옛날이야기가 되었다. [도표 16]은 대략 1980년대부터 금융경제의 본격적인 팽창이 시작되었음을 가감 없이 보여준다. 그 말은 월가의 자본가들이 세계를 커다란 도박장으로 만드는 데 성공했다는 뜻이다. 그때부터 금융경제는 메이저리그가 되었고, 실물경제는 동네축구로 전락했다.

[도표 16]의 1980년대 구간을 보면서 '신자유주의'라는 말을 떠올렸다면 역사의 행간을 읽을 줄 아는 사람이다. 미국의 로널드 레이건Ronald Reagan 대통령과 영국의 마거릿 대처Margaret Thatcher 수상은 금융자본가들의 장기적 구상을 실행한 꼭두각시였다. 아마 두 사람은 죽을 때까지도 자신들이 무슨 짓을 했는지 몰랐을 것이다. 정치적으로는 신자유주의, 경제적으로는 신자본주의가 수레의 두 바퀴처럼 세계를 새로운 시대로 끌고 갔다. 1980년대 이전의 긴 횡보는 주가지수가 실물경제를 반영했던 시절의 아련한 추억이다.

남이 망하기를 갈망하는
금융상품

과거의 금융업은 대출업과 동의어였다. 돈을 빌려주고 이자를 받는 것이 금융업의 근간이었다. 금융자유화 바람을 타고 월가의 은행들이 직접투자를 확대하면서 금융 팽창이 가속화되었다. 예컨대 과거에 인수합병Mergers and Acquisitions, M&A은 기업과 기업 간에 벌어지는 게임이었고, 투자은행은 심부름꾼에 지나지 않았다.

지금은 국제투기자본hot money이 직접 사냥감을 고르고, 직접 요리를 해서, 가장 높은 값을 부르는 장사꾼에게 팔아넘긴다. 구조조정은 그들이 애용하는 요리법이다. 외환은행이 그렇게 넘어갔다. 외환위기 직후에 한국에 진출한 미국계 사모펀드 론스타Lone Star는 2003년 10월 외환은행을 1조 3,800억 원에 인수해 2012년 하나은행에 팔아넘겼다. 론스타는 배당금과 지분 매각대금을 합하여 총 4조 6,600억 원의 투자수익을 거두었다.[3]

20세기의 마지막 10년이 시작될 무렵, 미국의 정치권력과 국제투기자본이 의기투합했다. 이른바 '워싱턴 합의Washington Consensus'인데, 미국식 시장경제체제를 개발도상국의 발전 모델로 삼으려는 구상이다.[4] 그 핵심 내용은 작은 정부, 자본시장 자유화, 외환시장 개방, 관세 인하, 공기업 민영화, 자국 기업에 대한 외국 자본의 인수합병 허용, 정부 규제 축소, 지적재산권 보호 강화 등이다.[5] 1997년에 국제통화기금IMF이 한국에 달러를 빌려주는 조건으로 증권시장의 완전개방을 요구한 것도 같은 맥락에서다.

미국식 시장경제를 이해하기 위해 19세기 미국으로 가 보자. 당시 미국의 보험회사들은 '장묘보험graveyard insurance'이라는 생명보험 상품을 팔았다. 생명보험은 가족이나 가까운 친척을 피보험자로 설정하는 것이 보통이다. 그러나 19세기 미국에서는 아무런 이해관계도 없는 타인을 피보험자로 지정하고 그가 죽었을 때 자신이 보험금을 받는 조건으로 계약하는 것이 가능했다.[6]

무법천지의 서부 개척 시대, 허리에서 권총을 뽑는 속도가 생사를 가르는 서부극을 떠올리면 장묘보험의 의미를 짐작할 수 있다. 장묘보험 가입자는 보험료가 비쌀수록, 그리고 보험금이 많을수록 피보험자가 어서 죽기를 바라게 된다. 피보험자가 날마다 환하게 웃으며 건강을 과시한다면, 보험금이 지급되는 시기를 직접 결정하고픈 마음이 들지도 모른다.

원래 신용부도스와프CDS는 채무자가 빚을 갚지 못할 경우 채권자를 보호하려는 취지에서 만들어진 보험 상품이다. 그래서 처음에는 주로 돈을 빌려준 채권자가 신용부도스와프를 구매했다. 신용부도스와프 구입자는 1년에 계약총액의 0.5~1퍼센트를 수수료(보험료)로 판매자인 투자은행에 납부한다.

예를 들어 만기 5년짜리 회사채의 신용부도스와프를 판매했다 치자. 5년 후 채무자, 즉 회사채를 발행한 기업이 빚을 갚으면 투자은행은 5년 동안 받은 수수료만큼 수익을 거둔다. 물론 5년 후 채무자가 빚을 못 갚는 사태가 발생하면 신용부도스와프 판매자, 즉 투자은행은 계약대로 목돈을 지급해야 한다. 그래서 위험도가 높은 채권에 대해서는 신용부도스와프를 판매하지 않는다. 부도가 나도 채권자는 최소한 95퍼센트의 원금을 건질 수 있다. 만약 보험금을 채권의 10배로 계약했다면 신용부도스와프 구입자는 막대한 투자수익을 거둘 수 있다. 그러나 수수료도 10배로 커지기 때문에 예상한 대로 부도가 나지 않으면 피가 철철 흐른다. 도박도 이런 도박이 없다.

미국식 금융경제체제에서는 채권의 이해 당사자가 아니더라도 베팅에 참여할 수 있다. 이것이 〈빅쇼트〉라는 영화의 탄생 배경이다. 캘리포니아의 펀드 매니저 마이클 버리가 비행기를 타고 뉴욕까지 날아가서 골드만삭스와 체결한 계약이 바로, 1억 달러 규모의 신용부도스와프 매수다. 미국의 집값이 오르든 내리든 마이클 버리의 삶에 직접적인 영향을 미치지는 않는다. 그러나 골드만삭스와 마이클 버리가 신용부도스와프 매수 계약서에 서명하는 순간, 얼굴도 이름도 모르는 주택 구입자의 빚 문서는 거대한 도박(머니게임)의 일부가 된다. 정작 주택 구입자는 자신의 모기지론이 도박꾼들의 베팅 대상이 되었다는 사실조차 알지 못한다.

신용부도스와프는 현대판 장묘보험이고, 남이 망하기를 갈망하는 금융상품이다. 이것은 단순한 문학적 표현이 아니다. 만약 누가 특정 기업이 파산한다는 기대를 전제로 신용부도스와프 증권을 구입했다면, 그는 계약서에 서명한 순간부터 그 기업이 망하기를 바라고 또 바랄 것이다. 혹시라도 그 기업을 살리기 위해 정부가 공적자금을 지원한다는 계획이 발표되면 사회주의 노선이라고 맹렬하게 비난할지도 모른다. 공매도와 신용부도스와프는 베팅 대상이 망할 때 이익을 취한다는 점에서 본질적으로 같은 개념이다.

여담이지만 미국의 총기규제 시도가 번번이 실패하는 이유는 돈 때문이다. 미국의 정치인치고 미국총기협회National Rifle Association, NRA의 로비에서 자유로운 사람은 거의 없다. 회원만 해도 500만 명에 달하고, 매년 수백만 달러가 정치권에 뿌려진다. 잊을 만하면 터지는 총기사고로 수많은 인명이 희생되고, 심지어 4명의 대통령을 총격으로 잃었음에도, 미국의 총기 시장은 날로 번창하고 있다.

1999년 4월 20일, 콜로라도주 컬럼바인고등학교에서 두 청소년이 기관단총으로 900여 발의 실탄을 난사하여 13명을 살해하고 24명을 다치게 했다. 왕년의 명배우이자 당시 미국총기협회 회장 찰턴 헤스턴Charlton Heston은 총기 소지를 반대하는 사람들에게 이렇게 말했다. "피해자들이 당한 고통은 이루 말로 표현할 수 없습니다. 그러나 우리는 자유롭고 용기 있는 자들의 고향인 미국을 지켜야 합니다. 이를 위해 전 제 역할을 하겠습니다."[7] 미국총기협회는 생물학과 페미니즘도 이용한다. "남성은 여성보다 많은 골밀도와 근육을 가지고 있다. (여성이) 남성의 폭력에서 자신을 지키려면 총기를 소지하고 사용법을 익혀야 한다."

자유주의적 명분이야 그렇다 치고, 미국에서 팔린 총기가 이미 3억 5,000만 정에 달해서 총기 회수가 불가능하다는 주장은 한마디로 어불성설이다. 미국은 민간인의 금 소유도 금지했던 나라 아닌가? 만약 당신에게 금과 총 가운데 하나를 내놓지 않을 경우 징역 10년에 벌금 1억 원을 부과하겠다고 하면 금을 버리겠는가, 총을 버리겠는가?

일하지 않은 자,
일한 자의 몫을 능력껏 취하라

증권시장은 불로소득不勞所得, unearned income의 잔치판이다. 일하지 않은 자, 먹지 말라. 이것은 인류사회가 오래전에 합의한 도덕률이다. 그러나 그 도덕률은 노동시장에 한정된다. 노동시장을 벗어나는 순간 인류 보편의 도덕률은 원점에서 뒤집힌다. 일하지 않은 자, 일한 자의 몫을 능력껏 취하라.

거지는 노동자인가? '그렇다'라고 대답하려면 구걸 행위를 노동으로 인정해야 한다. 구걸도 일종의 노동이라면 거지를 '놀고먹는 인간'이라고 폄하하는 일은 재고할 필요가 있다. 구걸은 만만치 않은 일이다. 일단 아침 일찍 출근해야 한다. 일찍 일어나는 새가 벌레를 잡는다는 말은 훌륭한 거지가 되기 위해 새겨들어야 할 격언이다. 차가운 시멘트 바닥에 골판지 한 장을 깔고 앉아 몇 시간 동안 꿈쩍도 않고 영업장을 지키기란 여간 힘든 일이 아니다. 유동인구가 많아지는 주말에는 몸이 아파도 출근해야 한다. 초췌한 몰골을 유지하기 위해 다이어트도 해야 하고, 국세청에 세금을 안 내는 대신에 그 일대를 장악한 양아치에게 자릿세를 뜯길지도 모른다.

사회적으로는 그의 노동이 무의미하다는 평가를 받을 수 있다. 보통 사람이 감내하기 어려운 일을 꾸준히 수행함에도, 그 일을 통해 새로운 가치를 창출하지 않기 때문이다. 다시 말해 거지는 깡통에 떨어지는 돈의 대가로 어떤 재화나 서비스를 제공하지 않는다.

"그렇지 않습니다. 이것도 일종의 서비스업입니다. 자선하는 분에게 순도 높은 만족감을 제공하지요."

"그게 무슨 뜻이죠?"

"나는 내 앞에 선 사람에게 자신이 좋은 사람이라는 것을 입증할 기회를 줍니다."

내가 젊은 시절 프랑스 파리에서 만난 노숙자에게 직접 들은 말이다. 그는 나보다 훨씬 유창한 영어를 구사했다.

걸인 중에는 사지가 멀쩡해 보이는 사람도 있다. 그런 사람을 보면 왜 막노동이라도 하지 않는지 묻고 싶을 것이다. 인력시장에서 일을 구하려면 아침 5시에는 일어나야 한다. 새벽안개가 자욱한 인력소개소 골목에는 그날의 일거리를 기다리는 사람들이 삼삼오오 모여 있다. 나이도 살아온 이력도 제각각이지만 몸(노동력)을 팔아서 먹고산다는 점에는 차이가 없다. 어떤 일이 걸릴지는 아무도 모른다. 철근 일, 콘크리트 일, 미장 일, 조적組積(벽돌 쌓기) 일, 이삿짐 나르는 일 등 닥치는 대로 할 준비가 되어 있기에 이들을 '잡부雜夫'라고 부른다. 남자 일꾼일 경우 보통 오후 5시까지 일하고 품삯으로 11만 원을 받는다. 그중에 1만 원은 인력소개소 몫이다.

인력소개소는 노동력을 착취하는 곳인가? 그렇지는 않다. 일당에서 2만 원이나 3만 원쯤 떼면 그런 비난을 받을 수도 있겠지만 9퍼센트의 소개비는 업계에서 수긍할 만한 수준이다. 노임은 그날그날 현금으로 받기 때문에 떼먹힐 염려도 없다. 문제는 공치는 날이 많아서 소득이 일정치 않다는 점이다. 한 달에 20일 일하면 운이 좋은 경우이고, 그나마 동절기와 장마철에는 일감이 뚝 떨어진다. 게다가 막노동판은 4대 보험의 사각지대여서 다치면 대책이 없다.

나보다 건강하고 사지 멀쩡한 거지가 있다 치자. 그가 이런 사정을 모르겠는가? 그는 처음부터 거지였을까? 거지라는 직업을 선택한 이유는, 구걸로 버는 소득이 막노동으로 버는 소득보다 많기 때문일 수도 있다. 솔직하게 말하자. 대부분의 인간은 일하기 위해 사는 게 아니고 살기 위해 일한다. 먹고살 수만 있다면 최소한의 노력으로 최대한의 소득을 올리고 싶은 것이 인지상정이다.

흔히 '노동은 신성하다'고 말하는데, 막노동판에서 먹고사는 사람은 노동의 의미 따위를 신경 쓰지 않는다. 그럼에도 그들이 수행하는 노동은 개인적으로나 사회적으로나 의미 있는 작업임에 틀림없다. 그 근거는 두 가지다. 첫째, 개인적으로 생계를 유지할 수 있고 둘째, 사회적으로 부의 총량을 늘리는 데 조금이라도 기여한다. 다시 말해 소득의 많고 적음을 떠나서 노동의 결과가 일정한 생산물로 남는다. 그리고 그 대가로 얻은 소득은 다시 소비로 이어져서 지역 경제에 보탬이 된다. 이 일련의 흐름을 정리하면 '노동-생산-소득-소비'로 요약할 수 있다. 규모는 작아도 이 흐름에는 허투루 유실되는 돈이 없다. 저축할 여력이 없으니 가내유보금家內留保金이 없고, 외국으로 여행을 떠나지 않는 한 자본의 해외 유출도 없다.

구걸을 권장할 만한 경제활동이라고 말할 수는 없지만, 내수 경기의 측면에서 보면 아주 무의미한 낭비라고 단언하기도 어렵다. 거지의 소득은 곧바로 소비로 이어질 가능성이 높다. 자영업자의 눈으로 볼 때 거지 깡통에 떨어진 돈이 대기업 금고에 쌓인 수백조 원의 이익잉여금보다 나을지도 모른다. 소득재분배 측면에서도 상위소득자의 소득 일부가 하위소득자에게 이전되는 셈이니, 이거야말로 진정한 의미의 낙수효과라고 말할 수 있지 않을까.

주식으로 번 돈은 불로소득인가?

어느 사회든 불로소득에 대한 인식은 대체로 부정적이다. '무노동 무임금'의 원칙은 노동의 소중함을 강조하기보다는 노동자의 권리를 제약하고 단체행동을 위축시키는 이념으로 악용된다. '일하지 않은 자, 먹지 말라'는 경구는 유사 이래 수천 년간 보편성을 축적해왔기에 반박하기가 쉽지 않다. 그렇다면 증권투자는 어떤가? 주식에 투자하여 부자가 된 사람은 비난 받아 마땅한가? 그것을 확인하려면 먼저 주식투자로 번 돈이 불로소득인지 따져보아야 한다.

한 해 동안 주식투자로 1억 원을 번 사람이 있다 치자. 그가 올린 1억 원의 소득은 어디에서 온 걸까? 주식투자에 따른 소득 중에는 기업이 영업이익의 일부를 주주에게 돌려주는 배당금dividend도 있지만 대부분의 주식투자자는 시세차익arbitrage을 노리고 주식을 사고판다. 즉 싸게 사서 비싸게 팔면 돈을 버는 구조다. 반대로 고가에 사서 저가에 팔면 그 차이만큼 손실이 발생한다.

특정 기업의 주식이 주식시장에서 거래되었을 때, 주식을 판 사람(매도자)이 있으면 그 주식을 산 사람(매수자)이 반드시 있기 마련이다.

그 말은 누구든 주식을 팔아서 이익을 본 사람이 있으면 사서 손해 본 사람도 있다는 뜻이다. 예외는 없다. 소위 '슈퍼 개미'라 불리는 투자자가 번 1억 원은 다른 누군가(혹은 여러 사람)의 주머니에서 빠져나온 돈이다. 이렇게 보면 주식투자는 전형적인 제로섬 게임zero-sum game이다.

주식투자는 제로섬 게임이 아니라는 주장도 있다. 이런 주장을 하는 사람들은 '상승 국면에서는 가치가 창출되고 하강 국면에서는 가치가 감소한다'는 점을 근거로 든다. 가치가 창출되면 시가총액이 늘어난 만큼 시장참여자 모두가 이익을 볼 수 있고, 반대로 가치가 하락하면 모두 손해를 볼 수 있다. 참여자 모두가 돈을 잃거나 모두 따는 노름판은 없지 않은가?

그러나 주식투자가 제로섬 게임이 아니라는 주장에는 함정이 있다. 주식투자자 모두가 이익을 보려면 그들이 가진 주식의 가격이 계속 올라야 한다. 그리고 주가가 오르는 동안 주식을 보유한 사람 전원이 주식을 팔지 않고 갖고 있어야 한다. 아무도 주식을 팔지 않는데 가격이 오를 수 있을까? 주식의 가격이 오른 것은 누가 그 주식을 기존의 가격보다 높은 값으로 샀기 때문이다. 파는 사람이 있어야 사는 사람도 생긴다. 여기서 '모두가 주식을 팔지 않고 갖고 있어야 한다'는 전제가 가볍게 무너진다.

주가가 상승했을 때 팔지 않으면 이익도 발생하지 않는다. 낮은 가격에 산 주식을 가격이 올랐을 때 파는 행위를 증권가에서는 '시세차익을 실현한다'고 말한다. 주식거래 계좌에 찍힌 1억 원은 적절한 매도 시점을 선택함으로써 시세차익을 거둔 결과다.

제로섬 게임에서는 새로운 부富가 창출되지 않는다. 어느 한쪽의 부가 다른 쪽으로 이동할 뿐이다. 바둑에서 백 집이 늘면 흑 집이 줄어드는 것과 같은 이치다. 도박꾼 여럿이 각자 가진 밑천을 모두 걸고 도박을 할 때, 판돈의 크기는 처음이나 마지막이나 똑같다. 딴 사람과 잃은 사람이 갈릴 뿐이다. 그들이 밤새워 수행한 노동은 사회적으로 아무 의미가 없다. 노동을 통한 부의 증가가 없다는 점에서, 증권투자는 본질적으로 도박과 다르지 않다.

돈이 되는 정보는
사람을 가린다

주가는 기본적으로 기업의 (미래)가치를 반영한다. 특정 기업의 주가가 오르는 이유는 그 기업의 가치가 상승할 것이라고 많은 사람이 기대하기 때문이다. 어떤 기업이 획기적인 신기술을 개발하여 큰 이익을 낼 것이라는 전망이 우세해지면 그 기업의 주가는 가파르게 상승한다.

의약품 제조업체인 한미약품은 2015년 2월 초까지만 해도 별다른 주목을 받지 못하던 평범한 기업이었다. 수년 동안 긴 횡보를 유지했던 한미약품의 주가는 2015년 2월 13일 10만 원 선을 돌파하더니 9개월 만인 11월 27일에 최고점인 810,867원을 찍었다. 주가 폭등에 불을 지른 것은 신약(항암제) 개발에 성공했다는 소식이다. 이후 등락을 거듭하며 2016년 9월 50만 원 대까지 떨어지긴 했으나, 2015년 이

전에 한미약품 주식을 산 사람들에게는 그야말로 대박이었다. 만약에 2015년 2월 6일 한미약품 주식 1,000주를 사서 그해 11월 27일에 팔았다면 1억 원이 채 안 되는 종잣돈으로 7억 원이 넘는 시세차익을 실현했을 것이다.

2016년 9월 30일은 수많은 개미투자자가 악몽의 날로 기억할 것이다. 9월 29일 장이 마감되었을 때 한미약품의 종가는 62만 원이었다. 다음 날 오전 9시, 장이 열리자마자 한미약품의 주가는 가파르게 상승하여 30분 만에 65만 원을 넘어섰다. 1,000주를 갖고 있었다면 30분 만에 3,000만 원이나 부풀었으니 투자자들이 얼마나 흥분했을까. 그러나 행복은 잠깐이었다. 개장 후 30분 무렵부터 곤두박질치기 시작한 주가는 그날 오후 3시 30분에 18퍼센트 하락한 50만 8,000원으로 마감되었다.

도대체 무슨 일이 있었던 걸까? 전날 장 마감 이후인 오후 4시 35분, 한미약품은 미국의 바이오테크 기업인 제넨텍Genentech과 1조 원 규모의 항암제 기술 수출 계약을 체결했다고 발표했다.[8] 9월 30일 개장 초에 주가가 반짝 오른 것은 이런 대형 호재 덕분이었다.

그러나 9시 29분, 2015년 한미약품과 베링거인겔하임Boehringer Ingelheim이 맺은 8,500억 원 규모의 기술 수출 계약이 해지되었다는 악재가 공시되었다. 독일 인겔하임에 본사를 둔 베링거인겔하임은 전 세계 145개 지사에 4만 7,500명의 직원이 근무하는 세계적인 제약회사다. 한미약품은 9월 29일 저녁에 이미 계약 취소 통보를 받았음에도, 다음 날 장이 열리고 30분이 지나서야 그 정보를 공표했다. 누가 계약이 깨졌다는 정보를 미리 입수했다면 개장 초 개미투자자들

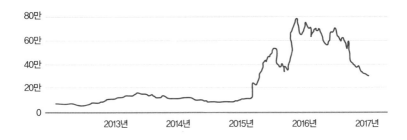

[도표 17] 한미약품 주가 추이(2013~2017)

이 매수 주문을 쏟아낼 때 가진 주식을 죄다 팔아치웠을 것이다. 실제로 9월 30일에 이루어진 한미약품 주식의 공매도 물량은 전일(7,658주) 대비 13배에 달하는 10만 4,327주였다. 그 가운데 절반이 악재가 공시되기 직전에 이루어졌다.[9]

공매도空賣渡, short selling는 말 그대로 없는空 주식을 빌려서 파는 투자 기법이다. 예를 들어 한미약품 주식을 1,000주 빌렸다 치자. 장부(파일 서버)에만 있는 이 가상의 주식을 장이 열리자마자 전날 종가인 62만 원에 팔아치운다. 편의상 수수료와 증권거래세가 없다고 가정하면 내 통장에 6억 2,000만 원이 들어온다. 일주일 후인 10월 7일의 종가는 42만 3,000원이다. 주당 42만 원으로 1,000주를 사서 빌린 주식을 갚아 버린다. 매수자금으로 4억 2,000만 원이 들어갔으니 일주일 만에 간단히 2억 원을 벌 수 있다. 돈 벌기가 무척 쉬워 보인다. 다만 이런 식으로 돈을 벌려면 한미약품과 베링거인겔하임 간의 계약이 해지되었다는 사실을 공시 전에 알고 있어야 한다. 누가 알까? 그

고급 정보가 어떤 경로로 유출되었는지는 모르지만, 대다수 투자자가 돈이 되는 정보에서 소외되었다는 것만은 분명하다.

한미약품의 주가는 2016년 9월 30일 이후 추락을 거듭하여 석 달이 지난 2017년 1월 6일에 29만 원 대로 푹 주저앉았다. 하지만 이 정도의 시가도 액면가 2,500원에 비하면 엄청나게 팽창한 가격이다 (2018년 1월 30일 종가가 249만 원인 삼성전자 주식의 액면가는 5,000원이고, 같은 날 종가가 93만 1,000원인 네이버 주식의 액면가는 500원이다). 문제는 한미약품 주가가 정점을 찍었을 때 주식을 산, 시쳇말로 '상투를 잡은' 투자자들이다. 80만 원 대에 매수한 주식이 20만 원 대로 꺼졌으니 거의 망한 꼴이다.

주식투자의
함정

신용으로 빚을 내어 투자하는 경우를 전문용어로 '레버리지를 활용한다'고 말한다. 예를 들어 현금 1,000만 원을 담보로 10배의 레버리지를 활용한다면 자기자본 1,000만 원을 포함하여 총 1억 원을 투자할 수 있다. 미국의 증권거래소에서는 보통 20배의 레버리지가 허용되고, 2008년 금융위기 때 월가에서는 수십 배의 레버리지 투자가 일반적이었다.

레버리지 비율=총 투자금액÷자기자본

투자한 종목의 주가가 1년 만에 5퍼센트 오르면 1,000만 원의 밑천으로 500만 원의 수익을 올렸으니 연 수익률은 50퍼센트다. 입이 쩍 벌어질 만큼 굉장한 수익률이다. 그러나 거꾸로 주가가 5퍼센트 떨어지면 어떻게 될까? 1억 원이 9,500만 원이 되었을 때 더 이상의 손실을 막기 위해 눈물을 머금고 주식을 팔았다 치자. 이런 경우를 손절매損切賣, loss cut라고 한다. 빌린 돈 9,000만 원과 5퍼센트의 이자 450만 원을 갚고 나면 통장의 끝줄에는 잔고 550만 원이 찍힌다.

이게 다가 아니다. 전 한화증권 대표 주진형의 증언에 따르면 매매회전률 600퍼센트 이상 고객이 증권사 지점 영업이익의 80퍼센트를 벌어준다고 한다.[10] 매매회전률 600퍼센트는 종목을 6회 갈아탄다는 뜻이다. 따라서 매수와 매도를 1년에 12회 하게 된다. 주식을 사거나 팔 때 증권사에 내는 수수료는 보통 0.5퍼센트 미만이다. 1회 거래 시 수수료를 0.3퍼센트로 잡아도 12회면 수수료만 3.6퍼센트에 달한다. 1억 원의 3.6퍼센트면 360만 원. 통장에 찍힌 잔고는 190만 원으로 줄어든다. 증권거래세(상장 주식일 경우 총 판매금액의 0.3퍼센트)는 판매대금에 대해서만 부과된다. 6회에 걸쳐 주식을 팔면서 낸 세금 180만 원까지 제하고 나면 통장에는 달랑 10만 원이 남는다. 1,000만 원의 밑천이 10만 원으로 감소했으니 손실률은 99퍼센트다.

한강 둔치에 텐트를 치고 살거나 지하도 입구에 골판지를 깔고 앉은 사람 중에 주식 대박을 꿈꾸던 이가 몇은 있을 것이다. 깡통에 떨어진 돈에는 세금도 없고 수수료도 붙지 않는다. 그러나 세상에 공짜는 없다.

다시 원래의 논점으로 돌아가자. 일하지 않는 자도 먹고살 수 있는가? 이런 말을 들으면 주식투자자는 물론이고 도박을 업으로 삼은 이가 화낼지도 모른다.

"불로소득이라니? 종일 시세 현황판을 들여다보느라 벌겋게 충혈한 눈이 보이지 않소? 주식투자는 고도의 전문지식과 남다른 감식력을 지닌 사람만 성공할 수 있는 매우 특별한 정신노동이오."

"도박은 아무나 하는 줄 아시오? 도박으로 돈 벌기가 쉽다면 왜 모두가 돈을 따려고 덤벼드는 판에서 대부분이 탈탈 털리겠소? 흔히들 운칠기삼運七技三이라 말하지만 틀린 말이오. 판이 거듭될수록 운은 평균에 수렴하고, 결국 미세한 기술의 차이가 승부를 결정짓는 법이오. 앞으로 '타짜'라는 말 대신 '기술자'라고 불러 주시오."

그렇다. '큰 수의 법칙'에 비추어 보면 시운時運은 모든 개인에게 공통적으로 주어지는 조건이다. 그 조건을 어떻게 이용하여 이득을 취하는지는 투자자 개인의 능력에 달렸다. 3.1의 기와 2.9의 기, 그 작은 차이가 종국에는 엄청난 차이를 만들어낸다. 명암을 가르는 미세한 차이, 그것은 정보력이다. 금융자본주의 체제에서는 정보를 획득하고 해석하는 능력이 먹이사슬 내 위치를 결정한다.

앞에서 이야기한 것처럼 주가가 기업의 현재가치 혹은 미래가치를 정확히 반영한다면 주식투자는 기업의 재무제표 따위를 꼼꼼하게 살피는 성실한 조사자에게 유리할 것이다. 어쩌면 신규 채용 규모와 신입사원들의 스펙을 검토하는 것만으로 그 기업의 성장가능성을 측정할 수 있을지도 모른다. 그러나 주가의 가파른 등락은 기업의 잠재력과 무관한 경우가 적지 않다. 채권이나 부동산 투자에 매력을 잃은 자금이 주식시장으로 유입되면서 주가를 끌어올리기도 한다. 이런 경우에는 시장 간에 제로섬 게임이 작동한다.

시가총액의 증가 속도가 경제성장률을 웃도는 경우는 어딘가 문제가 있어 보인다. 주식시장에 비정상적으로 돈이 몰렸을 때 사람들은 '거품이 끼었다'고 말한다. 거품이 꺼지면서 하루아침에 수조 원이 날아가는 사태는 현대 자본주의 세계에서 흔한 일이다.

주진형은 2015년 10월 『중앙일보』와의 인터뷰에서 '주진형의 다섯 가지 고백'이란 제목으로 한국 주식시장의 치부를 폭로했다.[11] 그가 지적한 증권사의 다섯 가지 폐단은 다음과 같다.

① 증권사는 모든 주식이 좋다고만 말한다.
② 증권사 전담직원이 특별 관리해주는 고객의 수익률이 더 나쁘다.
③ 투자보고서는 고객이 못 알아보게 쓴다.
④ 재벌 오너가 일감 몰아주기 식으로 영업을 한다.
⑤ 증권사가 큰손 고객을 역차별한다.

설마 이러랴 싶을 정도로 폐단이 심각하다. 그의 말을 곧이 믿는다면 한국의 주식시장은 도박판 못지않게 사술이 판치는 곳이다.

자, 이제 구걸과 도박과 주식투자의 공통점을 찾아보자. 세 경우 모두 한 사람의 소득이 다른 사람의 소득으로 이전된다는 점에서 같다. 즉 돈이 (가) 지점에서 (나) 지점으로 이동한다. 그리고 그 과정에서 어떤 가치도 생산되지 않는다. 이미 생산된 가치의 소유자가 바뀔 뿐이다. 밤새 도박판이 벌어져도 아침에 정산하고 나면 판돈의 총량은 똑같다. 개평을 떼고 나면 외려 판돈의 총량이 줄어드는 수도 있다.

판돈이 커지는 경우는 누가 중간에 새로 참여할 때뿐이다. 주식시장의 개평꾼이 누구인지는 굳이 말할 필요도 없다.

한국예탁결제원에 따르면 상장법인 1,975개 사의 주식투자자는 1,764만 명이다(2015년 12월 결산 기준). 이 가운데 중복 주주를 제외한 실질 주주는 475만 명이다. 이는 전년보다 33만 명(7.6퍼센트) 늘어난 수치다.[12] 다시 말해 33만 명의 신규 투자자가 판돈을 키우는 데 동참한 것이다.

이들의 수익률은 어느 정도일까? 한국거래소의 자회사인 코스콤 Koscom(구 한국증권전산)은 2016년 순매수 상위 10종목의 평균 수익률을 뽑아서 발표했다. 이 자료에 의하면 기관투자자의 수익률은 28.7퍼센트, 외국인투자자의 수익률은 14.2퍼센트, 개인투자자의 수익률은 −26.6퍼센트를 기록했다. 개미투자자들이 기관과 외국인을 먹여 살렸다는 이야기다. 한미약품 한 종목만 놓고 보면 1년 수익률은 무려 −57.75퍼센트까지 떨어진다. 가장 높은 수익률을 기록한 종목은 31.9퍼센트의 KB금융이었다.[13]

나는 도박꾼이든 주식투자자든, 하다못해 거지라 할지라도 놀고먹는다고 비난할 생각이 없다. 앞에서도 이야기했지만 놀고먹기란 몹시 어려운 일이다. 무엇을 하든지 어떤 식으로든 몸을 움직이고 정신을 소모하게 되어 있다. 다만 육체노동이든 정신노동이든 그 노동이 어떤 재화와 서비스를 생산했는지, 한 번쯤 짚어볼 필요가 있다고 생각한다. 가치를 생산하지 않는 일에 이토록 많은 인력과 자금이 몰리는 사회가 과연 건강한 사회일까?

거의 모든 것의
증권화

CME그룹의 전자플랫폼을 통해 하루에 거래되는 외환선물Foreign Exchange Futures의 규모만 해도 1,000억 달러가 넘는다. 에너지선물은 하루 평균 180만 건의 계약이 이루어진다.[14]

전자플랫폼 상에서 만들어진 이 유동성의 의미는 무엇인가? 세상의 거의 모든 실물상품이 무형의 파생상품으로 전환되었음을 상기할 필요가 있다. 시카고상업거래소CME가 취급하는 옥수수, 대두, 소맥(밀), 대두(콩), 대두유(콩기름), 생우, 비육우, 돈육은 모두 전자화한 상품, 즉 0과 1의 조합이다. 원유와 천연가스도 0과 1의 조합이고, 금, 은, 구리, 니켈, 아연 또한 0과 1의 조합이다. 그뿐인가? 유로화와 엔화는 물론이고 호주 달러와 브라질 헤알도 0과 1의 조합이다. 10년 만기 미국 국채와 S&P500지수 주간옵션도 0과 1의 조합이다.

게다가 이 모든 상품은 '지금은 존재하지 않는 상품'이다. 그래서 선물先物, futures 아닌가? 선물거래소의 고객들은 미래를 사고판다. 농산물 가격이 오를 가능성, 석유 가격이 떨어질 가능성, 심지어는 미래의 날씨와 주가지수까지 거래된다. 대체 누가 미래의 가격을 알겠는가? 그래서 선물시장은 투기에 가깝고, 사실상 도박이라고 말하는 사람이 많다.

지금은 현물로 존재하지 않지만 미래의 어느 시점에 약속한 가격으로 약속한 물량을 주고받는다는 생각은 오래전부터 있었다. 가을에 거둔 농작물을 봄에 미리 사는 입도선매立稻先賣가 대표적인 사례다. 이런 계약을 가능케 하는 것은 신용이다. 그 약속이 지켜질 거라는 믿음이 없으면 누가 이런 거래에 큰돈을 걸겠는가? 물론 약속이 합리적이지 않은 경우도 있고 시쳇말로 바가지를 쓸 수도 있다. 그러나 약속을 깬 자는 쪽박을 차거나 금융시장에서 퇴출된다. 만약에 대형 금융기관이 약속을 어기면 어떻게 될까? 대참사가 벌어진다. 2008년 글로벌 금융위기를 떠올리면 바로 이해할 것이다.

미래의 가격을 누가 아나? 아무도 모른다. 이쯤 되면 증권이 빚어낸 금융자본주의의 정체가 분명해진다. 돈 놓고 돈 먹기. 증권시상은 글로벌 도박장이다. 왜 '카지노 자본주의'가 금융자본주의의 다른 이름이 되었는지 모를 사람은 없을 것이다.

석유값이 오르는 것은 차를 타고 다니는 사람이 너무 많아서인가? 아니면 그동안 한국 사람들이 겨울에 보일러를 너무 많이 때거나 여름에 에어컨을 너무 많이 틀었기 때문인가? 날마다 공장을 돌리는 사람들과 그들에게 석유를 공급하는 사람들이 시장에서 만나 석유값을 결정하는가?

과거에는 어느 정도 그랬다. 이른바 '실수요實需要'와 '실물 공급'이 가격을 결정했다. 그러나 지금의 세상은 30년 전과 완전히 다른 세상이다. 상상도 할 수 없는 규모의 '가수요假需要'가 세상을 움직이고 있다. 꺼질 줄 모르는 인간의 욕망이 석유에서 달러 자산으로, 주식에서 채권으로, 곡물에서 금으로 이동하며 가상의 수요를 창출하고 필요 이상의 공급을 부추기는가 하면 어느 날 갑자기 '거래 절벽'을 연출한다.

평생 흙이라곤 만져본 적도 없는 사람이 러시아의 밀밭을 기웃거리고 브라질 옥수수에 투자한다. 신재생에너지에 관심도 없던 사람이 중국의 태양광 패널 회사에 투자하고, 반도체에 대해 아무것도 모르는 사람이 반도체 기업의 주식을 열심히 사 모은다. 정육점 주인도 아니면서 미국산 쇠고기를 왕창 사고, 주유소 사장도 아닌데 밤새도록 컴퓨터 앞에서 휘발유와 가스를 사고판다. 과거의 산업사회와 본질적으로 다른 새로운 세상이다. 애덤 스미스도 카를 마르크스도 미처 생각하지 못했던 글로벌 도박판을 만들어낸 것은 종이쪽, 바로 달러를 비롯한 온갖 증권 나부랭이다.

세상은 거대한 도박판이다. 도박에 참여하려면 일단 재산을 달러나 다른 증권으로 바꾸어야 한다. 증권은 세상을 돌고 돌면서 판돈을 키운다. 증권이 창출하는 가수요는 호황의 봉우리를 더 높이고 불황의 골짜기를 더 깊게 만든다. 월가의 금융가들은 판돈을 키우는 수법에 달통한 사람들이다. 원리는 간단하다. 달러와 파생상품을 찍어서 돌리는 것이다. 그들은 양손에 회전율과 레버리지라는 거품 제조기를 들고 있다. 그 결과 파생상품 거래량이 세계총생산의 10배 가까이 팽창했다. 미국 GDP에서 실물경제가 차지하는 비중이 30퍼센트에 못 미친다는 주장도 있다.[15] 세상을 이렇게 바꾼 동인은 세 가지다. 첫째로 달러와 금의 분리, 둘째가 자본의 손쉬운 이동, 셋째가 거의 모든 것의 증권화다.

첫 번째 사건은 1971년에 있었던 닉슨쇼크, 즉 달러의 금태환을 중지했을 때 일어났다. 그때부터 달러는 금에서 독립하여 훨훨 날아오르게 되었다. 노동이 아니라 인쇄기나 컴퓨터 자판이 부를 창조하는 시대가 된 것이다.

두 번째는 금융제도의 변화와 인터넷 발달에 따른 결과다. 자본의 이동을 가로막거나 방해하는 대부분의 제도는 월가의 요구에 맞추어 변경되거나 해체되었고, 인터넷 상거래는 거의 모든 원자재를 전자상품으로 바꾸어 놓았다.

세 번째가 결정적인 요인이다. 다시 영화 〈빅쇼트〉로 돌아가 보자. 미국 라스베이거스에서 '미국증권화포럼American Securitization Forum'이라는 모임이 열린다. 금융계의 온갖 어중이떠중이가 모여 정보를 교환하고 돈 자랑을 하는 모임이다. '증권화securitization'는 현대 금융자본주의를 규정하는 키워드다. 다른 말로 '유동화'라고도 한다. 움직이기 어려운 것을 쉽게 움직일 수 있도록 증권이란 종이쪽으로 치환한다는 뜻이다. 부동산은 유동성이 극히 낮은 자산이다. 그러나 주택저당증권으로 바뀌는 순간 날개를 달고 훨훨 날아다닌다. 증권화는 모든 자산의 유동성을 극대화해서 누구나 쉽고 빠르게 베팅할 수 있도록 만들었다.

만약 다우지수 등락에 일희일비하고 밤새 뉴욕상품거래소COMEX 시세판을 들여다보고 있다면, 당신은 아마도 그 도박판에 초대받은 사람일 것이다. 원자재 펀드나 파생결합증권DLS에 큰돈을 꽂아 넣고 제롬 파월Jerome Powell(현 연준 의장)의 눈치를 보고 있다면 제법 패를 읽을 줄 아는 사람이다. 돈을 따건 잃건 모니터 뒤의 딜러가 수수료를 꼬박꼬박 챙기는 것을 보면서 화가 날지도 모른다. 그럼에도 그 판에서 빠져나오기는 쉽지 않다. 도박이란 게 원래 그렇다. 탈탈 털려야 정신 차리게 된다.

"우리가
이겼다"

희대의 도박꾼이자 공매도 수법에 달통한 조지 소로스의 솜씨를 감상해 보자. 낼모레 아흔을 바라보는 조지 소로스가 중국과 한판 붙기로 작심했다. 그는 2016년 1월 21일 블룸버그TV에 얼굴을 내밀고 '중국 경제의 경착륙hard landing' 가능성을 강력히 주장했다. "중국의 경착륙은 사실상 불가피하다. 예상이 아니다. 내 눈으로 보고 있다A hard landing is practically unavoidable, I'm not expecting it, I'm observing it." 중국의 경착륙을 기정사실로 간주하는 도발적 발언이었다. 그때 소로스는 보통 '다보스포럼Davos Forum'으로 불리는 세계경제포럼World Economic Forum, WEF 연차총회에 참석하고 있었다. 다보스포럼은 자본주의 세계에서 가장 잘나가는 자본가들이 주관하는 모임이다. 선전포고를 하기에 그보다 좋은 장소를 구하기도 어려울 것이다.

중국은 강력히 경고하고 나섰다. 중국 공산당 기관지인 『인민일보人民日報』가 먼저 포문을 열었다. "인민폐와 홍콩 달러에 대한 소로스의 도전은 실패로 끝날 것이다. 그것은 의심할 여지가 없다."

『신화통신新華通訊』, 『환구시보環球時報』 등의 중국 언론은 연일 소로스를 맹렬히 비난하며 투기세력에 대한 응징을 다짐했다. 그러나 늙은 사냥꾼은 자신감이 넘쳐 보였다. 그는 아시아 통화, 즉 위안화와 홍콩 달러의 공매도를 진행 중이라고 노골적으로 밝혔다. 남의 집을 털러 가면서 집주인에게 미리 알려주는 강도를 보았나? 언뜻 이해가 안 될 수도 있지만 여기에는 두 가지 뜻이 숨어있다. '막을 테면 막아 봐. 나는 네 약점을 알고 있어.' '세계의 투기꾼들아, 중국을 공격하라.'

첫 번째는 중국의 자산가들을 겁주어 금융시장을 공포와 혼란에 빠뜨리려는 의도다. '나는 이미 네 약점을 속속들이 간파하고 있다. 너희 정부가 통계 조작한 거 다 안다. 경제성장률 6.9퍼센트? 웃기고 있네. 실제로는 5퍼센트도 안 될 걸? 위안화는 지나치게 고평가되어 있어. 지금보다 한참 더 떨어져야 돼. 내가 제자리를 찾아주지. 물론 세상에 공짜가 없다는 거 알지?' 첫 번째 메시지는 대략 이런 뜻이다.

두 번째는 다른 헤지펀드들의 동참을 유도하여 공격력을 최대한 끌어올리려는 속셈이다. 환투기꾼은 하이에나와 같다. 병든 짐승의 희미한 피 냄새를 감지하는 동물적 후각을 가졌다. 조지 소로스와 빌 애크먼Bill Ackman 같은 투기꾼은 코뿔소의 몸집을 가진 하이에나다. 그들이 침을 흘리며 다가선다는 것은, 사냥감의 살이 어딘가 썩고 있다는 뜻이다. 한 마리가 사냥감을 포착하면 떼로 덤빈다.

아무리 돈이 많다 해도 한 개인이 국가를 상대로 통화전쟁을 벌일 수 있을까? 그것도 3조 3,000억 달러가 넘는 외환보유고를 자랑하는 중국이라는 거대한 나라를 상대로 말이다. 『환구시보』의 말마따나 소로스가 노망이 든 걸까? 아니면 평생 하고 싶은 바를 다 이룬 그가 다음 시대의 대제국으로 떠오르는 중국을 공격함으로써 불멸의 명성을 쌓으려는 걸까?

소로스는 무모한 모험가인가? 그는 1992년에 영국을 공격하여 파운드화를 완전히 굴복시킨 적이 있다. 영란은행이 사력을 다해 방어

했지만 파운드화는 똥값이 되었고, 소로스의 퀀텀 펀드Quantum Fund는 한 달 만에 20억 달러의 이익을 챙겨서 투자자들에게 엄청난 배당금을 안겨주었다.

중국은 2015년 12월 초, 달러에 연동했던 환율 페그제peg system를 포기하고 본격적으로 양적완화에 뛰어들겠다는 의지를 표명했다. 페그제는 고정환율제의 일종으로, 한 나라의 통화가치를 특정 국가의 통화에 고정해두고 정해진 환율로 교환을 약속한 것이다. 아마도 중국은 일본과 유럽이 인쇄기에 불이 나도록 돈을 찍어내는 걸 구경만 하다가는 수출경쟁에서 뒤진다고 인식했을 것이다. 이쯤 되면 필연적으로 위안화가 절하될 것임을 모를 사람이 어디 있을까. 돈 냄새에 민감한 소로스는 위안화 절하에 베팅했을 것이다. 그냥 베팅이 아니라 어마어마한 돈을 실어서 건곤일척의 승부수를 던졌다. 콜? 어디 한번 패를 까보시지.

공격, 베팅, 방어 같은 도박 용어를 들으면서 환투기꾼이 한 나라의 통화를 어떻게 공격하고 어떻게 이득을 취하는지 궁금한 사람이 많을 것이다. 앞에서 이야기한 공매도는 환투기꾼이 애용하는 전형적인 투기수단이다. 영국의 파운드화가 그랬던 것처럼, 태국의 바트화도 소로스의 공매도 수법에 걸려들어 국가 경제가 완전히 거덜 난 적이 있다. 공매도는 문자 그대로 '없는 돈 팔기'다. 돈이 없으니까 빌려야 한다. 먼저 공격 대상으로 점찍은 국가의 돈을 빌린 다음 그 돈을 되판다. 물론 판매대금은 달러로 받는다. 공매도한 통화의 가치가 확실히 떨어진다면 이익도 확실하게 보장된다. 왜냐? 돈값이 확 떨어진 다음에 헐값으로 그 돈을 사서 원금을 갚아버리면 되니까.

아주 간단한 방법이다. 물론 당신도 시도할 수 있다. 단, 수억 달러를 일시에 동원할 수 있고, 공격 대상의 약점을 정확히 꿰뚫어보는 안목이 있어야 한다. 잘못 건드렸다가 수억 달러를 손해 볼 수도 있기 때문에 두둑한 배짱은 필수다.

1997년 5월, 조지 소로스는 세 번째로 태국을 공격했다. 앞서 두 차례 공격은 실패로 끝났고, 소로스도 적지 않은 상처를 입었다. 몸을 추스른 소로스는 바트화를 무자비하게 공격했다. 방법은 앞에서 이야기한 대로다. 1억 달러를 태국 은행에 담보로 맡기고 35억 바트를 빌린다. 35억 비트를 시중에 풀고 달러를 사들인다. 그 달러를 담보로 맡기고 다시 35억 바트를 빌린다. 그 돈으로 다시 달러를 매수한다. 달러를 담보로 바트화를 빌리고, 다시 달러를 산다. 이 행위를 수십 번 반복하면 태국 시장에 바트화는 넘치고 달러화는 품귀 현상이 일어난다. 달러값은 치솟고, 바트화는 똥값이 된다. 바트화 가격이 바닥에 떨어졌을 때, 달러의 일부를 바트화로 바꾸어서 빚을 갚아 버리면 엄청난 환차익이 투기꾼의 계좌에 찍힌다.[16]

환투기꾼은 이런 과정을 거쳐 막대한 환차익을 빨아들인다. 그런데 조지 소로스 같은 거물은 환차익 가능성만 고려하지 않는다. 달러 대비 환율이 지나치게 낮은 국가, 다시 말해 통화가치가 실제보다 높게 평가되어 있는 국가를 골라서 융단폭격을 퍼붓는다. 기둥에 금이 간 집을 골라 망치로 때려서 주저앉히는 격이다. 집이 무너지면 전리품을 챙겨서 휘파람을 불며 초원 저편으로 사라진다.

굶주린 하이에나를 막을 방법은 없는가? 물론 있다. 방법은 두 가지다. 외국인의 대출을 금지하거나 금리를 올리는 것이다.

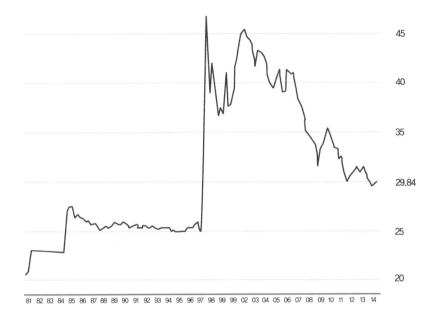

45

40

35

29.84

25

20

81 82 83 84 85 86 87 88 89 90 91 92 93 94 95 96 97 98 99 02 03 04 05 06 07 08 09 10 11 12 13 14

[도표 18] 1997년 태국 바트화 위기

소로스가 동남아시아를 공격했을 때, 말레이시아는 첫 번째 방법을 썼다. 외국인에게는 링깃화를 빌려주지 않았다, 단순하지만 효과적인 방법이다. 게다가 말레이시아는 만기가 된 국채도 못 갚겠다고 나자빠졌다. 배 째라, 하고 버텼는데 당연히 국제사회의 응징이 따랐다. 그래도 말레이시아 국민은 얼어 죽거나 굶어 죽을 염려가 없었다. 사철 티셔츠와 반바지만 입어도 되는 따뜻한 기후, 숲에 가면 과일이 주렁주렁 달려있는 나라에 살면 그래도 된다.

대한민국에 외환위기가 터진 때는 한겨울인 1997년 12월이었다. 달러가 없으면, 다시 말해 석유와 가스를 수입하지 못하면 굶어 죽기 전에 얼어 죽을 판이었다. 당시 대통령선거에 후보로 나섰던 이회창, 김대중, 이인제가 모두 국제통화기금IMF이 내민 각서에 서명할 수밖에 없었던 배경이다. '대통령에 당선되면 국제통화기금이 제시한 조건을 성실히 이행하겠다'는 각서였다.

헤지펀드의 공격을 막는 두 번째 방법은 금리 인상이다. 소로스가 바트화를 공격했을 때 달러를 담보로 맡기고 바트화를 빌렸음을 상기하라. 바트화를 빌려주는 은행이 이자를 많이 받으면 빌리는 사람의 부담이 커진다. 방어하는 쪽은 금리를 계속 올리고, 공격자는 고금리를 무릅쓰고 그 나라 통화를 빌려서 달러를 계속 사들인다. 전쟁이 따로 없다. 빌리는 쪽도 괴롭지만 금리를 올리는 쪽에서도 피가 철철 흐른다. 금리가 30퍼센트, 40퍼센트, 50퍼센트로 계속 오를 때 국내기업들은 온전하겠나? 1997년 외환위기 때 대우그룹이 망하는 걸 본 사람은 이해가 빠를 것이다. 당시 한국의 시중금리는 29퍼센트까지 치솟았다.

달러가 무지하게 많으면 환투기꾼의 공격이 먹히지 않는다. 환투기꾼이 달러를 사들일 때마다 그만큼 달러를 풀어서 환율을 방어할 수 있기 때문이다. 미국이라면 절대로 이런 공격을 받지 않을 것이다. 인쇄기로 찍어서 달라는 대로 무한정 내주면 되니까. 달러를 찍어낼 수 없는 태국은 금리를 올리고 달러를 풀면서 최대한 버텼지만 결국 외환보유고가 바닥나고 말았다. 소로스를 위시한 환투기꾼들은 막대한 이익을 챙기고 유유히 전장을 빠져나갔다.

1997년 10월 23일, 태국에서 단맛을 본 환투기꾼들은 창끝을 돌려서 홍콩을 공격했다. 홍콩의 금융당국은 헤지펀드의 공격을 받자마자 엄청난 달러를 푸는 동시에, 금리를 49퍼센트로 왕창 올렸다. 그날 자정 무렵에는 금리가 무려 100퍼센트까지 치솟았다. 홍콩의 외환시장이 깊이 잠든 사이에, 뉴욕 외환시장에서 홍콩 달러와 헤지펀드 간에 피 튀기는 싸움이 벌어졌다. 다음 날 아침, 홍콩의 재정책임자인 도널드 창Donald Tsang은 기자회견을 열고 부르튼 입술로 선언했다. "우리가 이겼다."

2016년 소로스의 중국 공격은 실패로 끝났다. 소로스가 실패한 것은 적을 경시했기 때문이다. 급하면 증권 거래를 원천적으로 봉쇄해버리는 중국 공산당의 강력한 독재 체제를 과소평가하지 않았나 싶다. 아무래도 소로스는 자본주의 세계에서 너무 오래 산 것 같다.

도박의 논리는
시장의 논리를 거스른다

월가의 금융가들은 증권투자가 제로섬 게임이라는 사실을 누구보다도 잘 아는 사람들이다. 누가 돈을 따려면 반드시 그만큼 돈을 잃는 사람이 있어야 한다. 도박에 참가한 사람 전원이 두둑한 현금을 챙기고 웃으면서 일어서는 도박판은 있을 수 없다.

시장에는 사회의 희소한 자원이 가장 필요한 사람에게 배분되도록 만드는 자연적 질서가 있다. 어떤 자원을 가장 간절하게 원하는 사람이 그 자원에 가장 높은 값을 지불하기 때문에 국가가 배분을 지휘하지 않아도 최적의 배분이 이루어진다. 예를 들어 가난한 바이올리니스트는 스트라디바리우스의 바이올린을 사기 위해 평생 모은 재산을 기꺼이 투척할 준비가 되어 있다. 그러나 보통 사람들은 악기상이 최고의 명품을 반값에 판다 해도 관심을 갖지 않는다. 결국 스트라디바리우스는 수많은 부호를 제치고 무명의 음악가가 차지하게 된다.

도박판에서는 어떤가? 경쟁자들보다 좋은 패(정보)를 가진 자가 판돈으로 나온 자원을 독식한다. 필요와 욕구는 철저히 무시된다. 도박의 참여자들이 원하는 것은 오직 시세차익뿐이다. 한 사회의 부를 구성하는 실물자원이 증권으로 바뀌어 증권시장에서 거래될 때, 시장의 논리가 아닌 도박의 논리가 자원의 소유주를 결정한다. 스트라디바리우스를 수집한 경매회사의 주가가 며칠 후에 2배로 뛴다는 정보가 시장에 유출되는 순간, 높은음자리와 낮은음자리도 구별할 줄 모르는 투기꾼들이 벌떼처럼 달려들어 품평하기도 어려운 현악기의 소유권을 사재기한다. 남보다 좋은 패를 가졌다는 이유만으로 희소한 자원을 갖게 된 투기꾼은 그 자원에 눈곱만큼의 애착도 없다. 값이 떨어질 기미가 보이면 즉각 팔아치운다.

전통적인 시장에서는 시장참여자가 많을수록, 다시 말해 시장의 규모가 클수록 상품 가격이 적정선에 수렴하는 경향이 있다. 이기적인 소비자는 상품 가격이 너무 비싸다고 불평한다. 이기적인 공급자는 너무 싸다고 불평한다. 이기적인 소비자와 이기적인 공급자는 밀고 당기기를 거듭하다가 적정선에서 타협한다. 이렇게 타협이 이루어지는 지점을 경제학에서는 '균형equilibrium'이라고 말한다. 소비자와 공급자가 많은 시장은 균형이 쉽게 이루어진다. 예를 들어 노량진수산시장을 방문한 사람은 어느 가게에서 어떤 상품을 고르든 가격과 품질에서 큰 차이를 느끼지 못한다. 열심히 발품을 팔아도 매우 신선한 생선을 무척 저렴한 가격으로 만나는 기적은 일어나지 않는다.

반면에 도박장에서는 도박 참가자가 많아질수록 판돈이 커지고 승부의 진폭이 커진다. 증권시장에서는 적게는 5배, 많게는 수십 배까지 판돈을 키울 수 있는 레버리지 투자가 일반화되어 있다. 따면 크게 따고 잃으면 쪽박 찬다. 가격은 한미약품의 사례에서 보았듯이 천당과 지옥 사이에서 요동친다. 이때가 바로 타짜들이 판돈을 쓸어 모을 기회다. 전통적 시장에서는 '가격 대비 효용'을 중시하지만 증권시장에서는 '매수가 대비 매도가'가 판단의 유일한 척도다.

수산시장에서 장사하는 사람이 생선을 싱싱하게 보이려고 색소를 바른다든지 순진한 고객에게 바가지를 씌웠다가는 조만간 시장에서 퇴출당할 가능성이 높다. 해물요리를 파는 음식점은 고객의 믿음을 얻기 위해 투명한 유리로 칸막이를 하여 주방을 공개한다. 손님이 도다리회를 주문하면 주방장은 두 팔을 걷어붙이고 수족관에서 펄떡거리는 생선을 뜰채로 건져서 곧바로 회를 뜬다. 그가 감추고 싶은 것은 위생모로 감싼 몇 올의 머리카락뿐이다.

도박판에서는 많이 감출수록 이롭다. 속임수는 전문가가 터득해야 할 기본적 기술이다. 감추고 속이는 것을 전문용어로 '정보의 편향성'이라고 한다. 나만 알고 상대는 몰라야 내가 돈을 딸 수 있기 때문에, 가능한 많은 것을 감추려고 한다. 실물시장에서 모두가 알아야 할 정보는 신뢰의 원천이지만 증권시장에서는 쓰레기에 불과하다. 증권시장의 도박꾼에게 필요한 것은 오직 '나만 아는 정보'다.

인간의 실존을 구성하는 많은 요소, 이를테면 먹거리, 의복, 주택,

직장, 건강, 자동차, 크루저보드, 자전거, 노트북, 카메라, 모바일, 안경, 책, 예술, 종교, 오락, 모험, 여행, 취향, 개성, 낭만, 사랑, 연애, 결혼, 연민, 관용, 사교, 유대, 협동, 동질감, 휴식, 존엄성, 인권, 가족, 이웃 등의 개념을 싹 지우고 '시세차익' 하나만 남겨놓은 곳. 그곳이 바로 증권시장이다. 실존의 시장에는 정치적·경제적·윤리적·종교적·문화적 입장에 따라 수많은 가치기준이 존재하지만, 숫자의 언어로 철저하게 추상화된 증권시장에는 시세차익이라는 하나의 가치기준만 존재한다.

주류 경제학의 논리에 따르면, 증권시장에서는 합리적이고 이기적인 인간들이 무한한 욕망을 충족하기 위해 가장 시세차익이 큰 시점을 선택하여 종이 쪼가리를 사고판다. 그 결과 시장에서 거래된 모든 종이 쪼가리에는 적절한 값이 매겨지고, 종이 쪼가리를 팔거나 산 사람 모두가 이익을 보며, 종이 쪼가리를 파는 사람의 선의에 기대지 않고도 세상은 점점 윤택해진다. 국가는 종이 쪼가리를 다루는 도박꾼들이 패를 바꾸는 일이 없도록 감시만 잘하면 된다. 금융자유화, 즉 증권시장의 규제 철폐를 요구하는 사람들의 주장은 대략 이런 맥락에서 벗어나지 않는다. 시장의 논리와 도박의 논리가 결합하면 제 꼬리를 먹는 뱀이 만들어진다. 그러나 논리적 모순은 사소한 문제다. 이익이 중요할 뿐이다.

"봉이 없는지 늘 포커 판을 자세히 둘러보라. 만약 눈에 띄지 않는다면, 당신이 봉일 확률이 높다." 리먼브라더스의 베테랑 트레이더였던 래리 매카시Larry McCarthy가 한 말이다.[17] 그의 말에서 확인할 수 있듯 월가의 선수들은 일찌감치 고객을 봉으로 생각해왔고, 도박과 투자를 구분하지 않은 지 오래되었다. 그중에 한 사람이 <u>스스로</u> 도박꾼이었음을 고백했으니, 미국 최고의 엘리트들에게 고액 연봉과 스톡옵션을 지급하는 최첨단 금융산업이 한낱 도박업에 불과하다는 사실을 증명하려고 애쓸 필요는 없다.

미국은 '도박공화국'이고, 아메리칸드림은 '한탕주의'의 다른 표현이다. 미국식 시장경제가 아시아, 아프리카, 라틴아메리카에 이식되면서 우리가 사는 세상은 24시간 365일 운영되는 거대한 도박장이 되었다. 시골 농부가 본 증권시장은 100퍼센트 도박판이다.

시장은 효율적이라는 거짓말

인간은 이기적이지 않고, 시장은 효율적이지 않다.
_정태인(칼 폴라니 사회경제연구소 소장)

●

○

시장에는
숫자만 있다

유목민에게 구조된 해리와 낙타는 제3의 거점에서 푹 쉬며 기운을 회복했다. 해리는 전직 펀드 매니저답게 주도면밀했다. 여행에 필요한 물품은 베이징에서 출발하기 전에 이미 거점별로, 정해진 날짜에, 지정된 장소로, 계약한 수량이 배송되도록 계획되어 있었다. 위험을 분산하는 것은 투자자들이 흔히 쓰는 수법이다. 해리는 허름한 잡화점에서 값싼 디지털 카메라를 구입했다. 판매원의 강권에 못 이겨 가짜임이 분명한 발렌타인 17년산도 한 병 샀다.

해리는 충분한 물과 식량을 낙타 등에 싣고 다시 비단길 여행에 나섰다. 처음 이틀은 만사가 순조로웠다. 해리는 날이 따뜻해지자 반바지로 갈아입었고, 부드러운 풀로 배를 채운 낙타는 종일 걸어도 불평하지 않았다. 그러나 세상일이 다 계획대로 되는 것은 아니다. 출발한 지 사흘째 되는 날 오후, 낙타는 거친 숨을 내뿜으며 자꾸만 뒷걸음질을 쳤다. 갑자기 해가 붉어진 느낌이 들어 하늘을 올려다보았다. 불길

한 예감이 들었다.

거대한 장막 같은 것이 몰려오고 있었다. 사막의 폭군, 모래폭풍이었다. 야차 같은 모래바람은 곧 그들을 덮쳤다. 수천 개의 발톱이 땅을 긁는 소리가 점점 커지더니 마침내 세상의 모든 소리를 삼켜 버렸다. 사방이 칠흑처럼 깜깜해졌다. 낙타는 주저앉아 머리를 땅에 파묻고, 해리는 낙타 꼬리를 붙잡고 바짝 엎드렸다. 크고 작은 모래알이 해리의 종아리와 허벅지를 사정없이 때렸다. 낙타 등에서 뭐가 툭 끊어지더니 바람에 휩쓸려 멀리 사라졌다. 모래귀신이 울부짖으며 머리 위를 지나는 동안 해리는 바람에 날려 간 것이 사소한 것이기를 간절히 바랐다.

모래바람이 가라앉자 세상은 다시 고요해졌다. 그 몇 분 사이에 해리의 종아리에는 별꽃 같은 피멍이 군데군데 생겼다. 그는 상처를 돌볼 겨를도 없이 낙타 등에서 없어진 물건부터 확인했다. 친구 이상의 존재가 된 낙타에게 그의 비상식량인 건초 더미가 통째로 날아갔다는 사실을 알려주고 싶지는 않았다. 길마에 걸쳐 놓았던 물주머니가 보이지 않자 해리는 가슴이 철렁 내려앉았다. 그는 모래바람이 훑고 간 방향을 따라가며 땅바닥을 주의 깊게 살폈다. 다행히도 물주머니는 멀리 안 가고 모래 속에 반쯤 파묻혀 있었다. 그러나 마개가 열린 물주머니에서 반 이상의 물이 흘러나와 모래 속으로 스며든 뒤였다. 낙관적인 해리는 스스로를 안심시켰다. '괜찮아, 조금만 더 가면 오아시스가 있어.'

짐이 가벼워진 낙타와 해리가 오아시스에 도착한 때는 다음 날 해질 무렵이었다. 사실 그곳은 샘물이 솟아 호수를 이룬 오아시스가 아니라 깊은 우물이 하나 있는 작은 마을이었다. 주민은 소와 양을 치며 우물을 지키는 중년 사내와 때가 되면 집을 찾는 유목민 몇 가구뿐이었다.

해리는 물부터 한 모금 청했다. 양치기는 우물에서 두레박으로 길어 올린 물을 해리와 낙타에게 나누어주었다. 물은 달고 차가웠다. 양치기는 유창한 영어로 물었다.

"미국인이오?"

"그렇습니다."

"낙타에겐 공짜지만 당신에겐 물값을 받아야겠소."

"얼마든지 드리지요. 이 물주머니를 가득 채우는 데 얼마입니까?"

"얼마든지? 낙타와 식량을 제외하고, 당신이 가진 전 재산을 내놓으시오."

"아니, 그런 경우가 어디 있습니까? 곤경에 빠진 사람의 처지를 이용하려는 수작 아니오?"

양치기의 시선은 싸늘했다.

"싫으면 관두시오. 당신네 미국인들도 2004년 허리케인 찰리가 미국을 덮쳤을 때 평소 250달러 하던 소형 발전기를 2,000달러에 팔지 않았소? 2달러짜리 얼음주머니를 10달러에 팔았고."

"그건 어떻게 아십니까?"

"그때 미국에 있었소. 플로리다대학교에서 경제학을 공부했지."

해리의 얼굴이 밝아졌다.

"아, 저도 경제학을 전공했습니다. 그렇다면 독점의 폐해가 얼마나 큰지도 아시겠군요."

"이보시오, 당신들은 세계 최악의 독점기업 마이크로소프트에게는 군말 없이 윈도 가격을 지불하면서, 왜 나한테만 그러시오?"

해리는 할 말을 잃었다. 깊이 생각해본 적은 없었지만 그도 마이크로소프트Microsoft의 가격정책에 문제가 있다는 것을 일찌감치 느끼고 있었다. 세상의 거의 모든 PC(개인용 컴퓨터)와 노트북 가격에 30만 원 이상의 윈도 가격이 얹어진다는 것은, 1억 원짜리 집을 구입하면서 현관문을 여는 비용으로 수천만 원을 지불하는 것과 다를 게 없다. 컴퓨터가 집이라면 마이크로소프트는 집으로 들어가는 문을 독점하고 있다.

"왜 그렇게 미국을 미워하십니까?"

"이라크에 돈 벌러 갔던 내 동생의 가족과 친구들이 몰살당했소. 당신네 대통령이 자랑했던 최소파괴무기의 정밀타격에 의해서 말이오."

"미안합니다. 아까 얼마든지 드린다고 한 말은 취소하겠습니다. 여행을 마치고 집에 도착하면 난민구호단체에 100만 달러를 기부하겠습니다."

"그렇다면 물값을 받겠단 말도 취소하겠소. 돈으로 모든 것을 살 수 있다는 생각은 하지 마시오."

해리의 머릿속에 펀드 매니저로 일했던 시절이 문득 떠올랐다. 그는 매년 수천만 달러를 벌었다. 그에게는 친구와 만날 여유도, 딸과 놀아줄 시간도, 병상의 어머니에게 전화할 틈도 없었다. 아침에 눈 뜨고 잠들기 전까지 수백 번씩 확인하는 주식 차트는 오름, 내림, 종목 간 스프레드, 투자심리선, 거래량, 손절매, 공매도 따위를 지시하는 추상적 신호로만 보였다. 그는 번개처럼 손익을 계산하고, 솔개처럼 매수 시점과 매도 시점을 포착하고, 다음 날 개장하기 전에 뉴욕의 주거래은행과 시카고상업거래소의 잔고를 확인하며 자신의 판단을 검증하곤 했다. 그곳에는 숫자만 있을 뿐 사람이 없었다. 그러고 보니, 그가 젊은 시절에 읽었던 경제학 책에도 사람 이야기는 없었다. 경제란 '사람의 일상을 다루는 학문'이라고 정의해 놓고, 정작 경제학 교과서가 다루는 내용은 숫자와 그래프뿐이었다.

양치기는 마른 소똥으로 불을 지피고 갓 잡은 양고기를 노릇노릇 구웠다. 낙타가 낮에 먹은 풀을 되새김질하는 동안 두 사람은 가짜 노동의 결과물인 발렌타인을 마시며 자본주의의 미래에 대한 의견을 나누었다. 이튿날 해리의 물주머니에 물을 가득 채운 양치기는 낙타 등에 건초 네댓 단과 마유주 한 통을 얹어 주었다. 해리는 등 뒤로 멀어지는 마두금馬頭琴 소리에 귀를 기울이며 낙타와 함께 긴 모래언덕을 넘었다. 그는 평생 불확실한 미래와 싸워왔지만, 그가 베팅했던 금융상품 중에 낙타 등에 실린 마유주와 건초만큼 확실한 것은 없었다.

완전경쟁시장은
존재하지 않는다

70억 인구의 대다수는 노예임을 자각하지 못하는 노예처럼, 마이크로소프트의 독점 시스템에 순응하고 있다. 온라인 통계회사인 스타티스타Statista에 따르면 2017년 7월 기준으로 데스크톱, 태블릿, 콘솔을 합한 OS(컴퓨터 운영체제) 시장에서 윈도가 차지하는 비중은 75퍼센트에 달한다.[1] 마이크로소프트는 이런 독점적 지위를 이용하여 MS 오피스, 인터넷 익스플로러, 비주얼 스튜디오 등의 소프트웨어를 끼워 팔고 있다. 전 세계의 PC가 랜섬웨어 같은 악성 소프트웨어의 공격에 취약해진 것도 마이크로소프트의 독점과 관련이 있다. 모든 집의 문이 똑같은 구조일 때, 한 집의 문만 따면 다른 집도 쉽게 침입할 수 있다.

빌 게이츠Bill Gates는 마이크로소프트를 떠난 이후 많은 재산을 기부했지만, 2006년 이후 그의 재산은 오히려 250억 달러 증가했다.[2] 슈퍼리치들의 부는 대부분 독과점과 조세 회피, 정경유착과 관련되어 있다. 어떤 재화를 한 공급자가 도맡아서 공급할 때 이를 '독점獨占, monopoly'이라 하고, 소수의 공급자가 나누어 공급할 때 '과점寡占, oligopoly'이라고 한다. 반면에 고만고만한 다수의 기업이 시장에 참여함으로써 어떤 기업도 시장가격에 영향을 미칠 수 없는 상태를 가리켜 '완전경쟁시장perfectly competitive market'이라고 한다.

세계 시장에는 독과점기업이 수두룩하다. 전 세계 다이아몬드 생산의 80퍼센트를 점유하고 있는 드비어스De Beers는 사실상 독점기업이다. 미술품 경매시장은 소더비Sotheby's와 크리스티Christie's가 꽉 잡고 있다. 검색엔진은 구글이 독보적이다. 미국 아칸소 주의 작은 잡화점으로 시작한 월마트는 유통업계의 절대강자로 군림하고 있다. 그밖에도 도요타, 네슬레, 코카콜라, P&G, 아마존, 소프트뱅크, 애플, 삼성전자, 월트디즈니, 보잉 등 이름만 들으면 알 만한 초국적 기업들이 막강한 자본력과 기술력을 바탕으로 시장을 지배하고 있다.

완전경쟁에 가까운 시장은 우리 주변에서 쉽게 찾아볼 수 있다. 예를 들면 동네 분식집, 통닭집, 음식점 등이다. 그러나 이런 영세 자영업 유형의 시장참여자들은 대형 외식업체나 체인점에 밀려 조만간 시장에서 퇴출될 가능성이 높다. 어떤 시장이 완전경쟁 상태를 유지하는 것은 시장규모가 너무 작기 때문이다. 규모가 큰 시장은 예외 없이 소수의 기업이 장악한다.

시장이 완전경쟁에 가까워질수록, 다시 말해 시장참여자가 많아서 경쟁이 치열해질수록 기업의 순이익은 감소한다. 반대로 다수의 시장참여자가 경쟁에서 탈락하고 소수에 의한 독과점이 진행될수록 기업의 순이익은 커진다. 자유시장주의자의 한결같은 논리에 따르면, 자유경쟁시장은 가만 내버려두더라도 완전경쟁 상태를 향해 끊임없이 나아가게 되고, 시장의 효율성은 극대화하며, 결국 소비자를 포함한 시장참여자 모두가 행복해지는 상태에 도달한다. 실제로 그런가?

2016년 기업 경영 성과 분석 사이트 CEO스코어가 지난 2005년부터 2015년까지 10년간 30대 그룹의 실적을 분석한 결과를 보자. 2015년 30대 그룹 전체 매출액 가운데 삼성, 현대자동차, SK, LG, 롯데 등 상위 5개 그룹이 차지하는 비중은 10년 전인 2005년에 비해 2.4퍼센트포인트 증가했다. 반면 같은 기간 30대 그룹 순이익 중 5대 그룹의 비중은 59퍼센트에서 95퍼센트로 36퍼센트포인트 증가했다.[3] 5대 그룹의 매출 비중은 거의 그대로인데 순이익은 큰 폭으로 뛰었다. 이게 무슨 의미인가? 몇몇 재벌이 다 해먹고 있다는 뜻이다.

1973년 석유수출국기구OPEC가 '자원 무기화'를 선언하면서 제1차 석유파동이 일어났다. 1978년 석유수출국기구의 유가 인상 움직임과 1979년 이란의 이슬람혁명이 겹치면서 제2차 석유파동이 발생했다. 당시 한국 사람들은 '불황 속 물가 상승'이라는 스태그플레이션stagflation을 경험했다. 그 후 러시아, 영국, 노르웨이, 캐나다, 나이지리아, 베네수엘라 등이 산유국 대열에 합류하면서 석유수출국기구의 과점적 지위가 약해졌다. 결정적으로 미국의 셰일가스업체들이 가세하면서 유가는 하락세에 접어들었다. 이것은 자유시장주의자들이 좋아할 만한 사례다.

그러나 자유방임시장에서 시장권력이 소수에 집중되는 것은 필연적 현상이다. 모든 시장참여자가 제각각 다른 조건에서 출발하기 때문이다. 조금이라도 더 유리한 조건을 가진 기업이 조금이라도 더 많은 이윤을 얻게 된다. 더 많은 이윤은 기업에게 더 많은 기회를 제공하고, 그 과정이 반복될수록 시장권력은 소수에게 집중된다. 시장권력이 집중될수록 밀턴 프리드먼Milton Friedman, 1912~2006이 그토록 강조한 '선택의 자유free to choose'는 점점 줄어든다.

완전경쟁시장이 존재하려면 네 가지 조건이 충족되어야 한다. 첫째, 다수의 공급자와 다수의 수요자가 존재하고, 둘째로 공급되는 재화나 서비스의 품질이 동일하며, 셋째로 모든 정보가 투명하게 공유되어야 한다. 마지막으로 모든 기업이 자유롭게 진입하고 퇴출할 수 있어야 한다.

현실은 정반대다. 소수의 공급자가 다수의 수요자를 독식하고, 공급되는 재화와 서비스의 품질은 천차만별이며, 돈이 되는 고급 정보는 소수만 알고 있고, 신규 기업의 진입장벽은 높은 반면에 시장지배자는 여간해서 퇴출되지 않는다.

하버드대학교 경제학 교수인 그레고리 맨큐는 완전경쟁시장의 예로 밀 시장을 꼽았다. 밀을 재배하는 농부는 수천 명이고 소비자는 수백만 명이기 때문에 개별 농부와 소비자는 시장가격에 영향을 미칠 수 없다는 주장이다.[4] 과연 그런가? 카길, ADM, 콘아그라 등 밀의 생산에서 소비까지 전 과정을 장악한 소수의 메이저 곡물회사를 떠올린다면, 맨큐의 주장은 허구임을 바로 알 수 있다.

'보이지 않는 손'의
실패

애덤 스미스가 살았던 시대의 시장은 대도시라 하더라도 오늘날의 시골 장터보다 규모가 작았고 시장에서 판매되는 물품의 가짓수도 보잘것없었다. 영국의 산업혁명이 절정이던 1800년에 런던의 인구는 100만 명이었다. 오늘날 월마트의 종업원 수는 190만 명이다. 무료한 시간을 보내던 전직 대학교수 애덤 스미스는 거리의 빵가게와 정육점, 10여 명의 노동자가 일하는 핀 공장을 둘러보면서 '완전경쟁시장'이라는 이상적 모델을 그려냈다. 이기심의 긍정적 측면과 경쟁의 효율성을 발견한 그의 업적은 높게 평가할 만하다.

그러나 애덤 스미스의 생각을 21세기에 그대로 가져와서 불변의 공리公理, axiom처럼 모든 문제에 적용하려는 시도는 합리적이지 않다. 압도적인 시장지배력market power과 막강한 구매권력buying power을 가진 초국적 기업들이 즐비한 시대에, 애덤 스미스의 소박한 이상주의를 왜곡해서 우려먹는 경제학자·정치가·기업가들이 사회의 주류인 까닭은 무엇인가? 시장권력을 획득하고 휘두를 '자유'를 옹호하기에 딱 좋은 논거를 애덤 스미스가 제공하기 때문이다.

하지만 자유경쟁의 원리는 애덤 스미스 사상의 일부일 뿐이다. 자유경쟁시장에 대한 예찬은 '화폐(금)의 축적에 주력했던 중상주의에 대한 비판'으로 읽어야 한다. 애덤 스미스는 『국부론』에서 국가(왕)의 의무와 역할에 많은 지면을 할애했다.

"국왕 또는 국가의 세 번째 책무는, 전체 사회에 가장 큰 이익을 줌에도 불구하고 그것으로부터 나오는 이윤이 어떤 개인 또는 소수의 개인들에게 그 비용을 보상해 줄 수 없으며 따라서 어떤 개인 또는 소수의 개인들이 그것을 건설하고 유지할 것으로 기대할 수 없는 성질을 지닌 공공사업과 공공기구를 건설하고 유지하는 의무다."[5]

애덤 스미스를 정신적 지주로 떠받들면서 거의 모든 것의 민영화를 주장하는 신자유주의자들은 애덤 스미스의 이 주장을 어떻게 반박할지 궁금하다. 애덤 스미스는 우리가 '공공재'라고 부르는 재화의 성격을 명확히 이해하고 있었다.

공공재公共財, public goods의 특징은 비경합성과 비배제성이다. 경제학자들은 어려운 용어를 좋아하는데, 알고 보면 쉬운 개념이다. 비경합성이란, 어떤 재화를 소비할 때 다른 사람과 다툴 필요가 없다는 뜻이다. 예를 들어 내가 〈무한도전〉이라는 방송 프로그램을 시청한다고 해서 다른 사람이 시청할 전파가 줄어드는 것은 아니다. 비배제성이란, 누구나 그 재화를 소비할 수 있다는 뜻이다. 라디오 프로그램을 내보내면서 누구는 듣고 누구는 듣지 말라고 강제할 수 없다. 그와 달리 티켓을 사야 극장에 들어갈 수 있는 영화나 공연은 배제성을 갖는다. 그러니까 비경합성과 비배제성은 그 말이 그 말이다.

국방 서비스와 치안 서비스는 대표적인 공공재다. 내가 대한민국 국군의 수고로움 덕분에 발 뻗고 잔다고 해서, 다른 사람이 누려야 할 국방 서비스가 줄어들지는 않는다. 내가 가로등이 환하게 켜진 골목길을 걷는다고 해서, 다른 사람이 그 길을 걸을 때 가로등이 어두워지는 일은 없다.

공공재를 민영화하면 어떤 일이 벌어질까? '민영화'는 생산과 공급과 유지관리를 시장 논리에 맡긴다는 뜻이다. 즉, 돈을 내는 사람에게만 재화나 서비스가 제공된다. 돈을 더 많이 내는 사람에게는 더 나은 재화와 서비스가 제공된다. 골목길을 이용하는 사람들이 비용을 지불하지 않으면 골목길에 가로등은 세워지지 않는다. 밤길을 많이 이용하는 사람은 일찍 퇴근하는 사람보다 많은 비용을 지불하는 것이 시장 논리에 부합한다. 사설 경찰서에는 범죄 추적의 난이도에 따라 가격표가 붙을지도 모른다. 절도범 500만 원, 특수강도 3,000만 원, 공소시효 만료가 임박한 범죄에는 할증료 부과. 신변보호 서비스도 요금에 따라 품질이 달라지고, 범죄예방 서비스는 부촌에 집중될 가능성이 많다.

공공재를 이용하는 대가로 소비자가 내는 비용에는 민간기업의 이윤이 포함된다. 시장주의자들은 경쟁을 통해 효율성이 높아지기 때문에 국가가 제공할 때보다 저렴하고 나은 서비스를 공급할 수 있다고 주장한다. 그런데 상수도나 도시가스 같은 공공재는 특정 기업에 독점권을 줄 수밖에 없다. 안 그러면 수많은 기업이 제각각 땅을 파고

배관을 하기 때문에 막대한 중복투자가 발생한다. 물론 공개입찰 과정에서 기업 간 경쟁을 유도할 수 있다. 그러나 일단 독점권을 확보하고 나면 '창의적 경영'의 동기가 사라진다.

공공재를 정부가 공급해야 할 이유가 또 있다. 어떤 재화나 서비스가 사회 구성원 모두에게 이익이 되더라도 그 생산비용에 이윤을 덧붙여 회수할 방법이 없다면 누구도 자본을 투자하려고 하지 않을 것이다. 예를 들어 사기업이 무인도에 등대를 짓는다고 가정하면, 그 기업이 인근을 지나는 모든 배에서 이용료를 거두기는 어렵다. 이렇게 비용을 지불하지 않아도 특정 재화나 서비스를 이용할 수 있는 경우를 '무임승차free ride'라고 한다. 대도시의 미세먼지를 줄이는 사업을 정부가 시행하면 그 도시에 거주하는 모든 사람이 무임승차의 혜택을 누린다.

이런 공공재는 대부분 사회적으로 바람직한 결과를 낳지만 그 과정의 공정성에는 논쟁의 여지가 있다. 예를 들어 오염물질을 많이 배출하는 기업이 부담해야 할 비용을 국민의 세금으로 충당해도 되는가 하는 의문을 제기할 수 있다.

외부효과는
시장가격에 반영되지 않는다

경제학에 '외부효과externality'라는 개념이 있다. 한 사람의 행위가 그 의도와 상관없이 다른 사람에게 영향을 미치는 현상을 말한다. 예를 들어 현대자동차는 자동차를 팔아서 매년 막대한 이익을 거두지만 많은 사람이 자동차가 내뿜는 오염물질 때문에 피해를 본다. '공해公害'라는 이름 때문에 마치 모두가 나누어 져야 할 부담처럼 들리지만, 이 같은 피해에는 엄연히 원인 제공자가 존재한다. 세상에 '공적인 해로움'이 어디 있는가? 가해와 피해가 있을 뿐이다.

자동차 가격에는 대기오염이라는 비용이 반영되어 있지 않다. 어떤 자동차회사도 대기오염으로 인한 노약자의 기관지 손상에 대해 사과하거나 배상하지 않는다. 시장에는 공급자와 소비자만 있는 것이 아니다. 시장은 인간계 그 자체다. 자동차 판매자의 이기심과 구입자의 이기심이 상호작용하여 양자가 모두 만족하는 결과에 도달했다고 해서, 그것을 시장이 빚어낸 균형가격이라고 단정하면 안 된다. 자동차를 이용하지 않는 사람의 불이익이 포함되지 않았기 때문이다. '시장의 자율에 맡기면 시장참여자 모두에게 이롭다'는 주류 경제학의 논리는 여기서 허점을 드러낸다.

모든 외부효과가 시장가격에서 배제되는 것은 아니다. 우리는 가정에서 생활쓰레기를 배출할 때 종량제 봉투를 사용함으로써 비용을 낸다. 그 비용은 청소부의 임금이라든지 용역회사의 수입이라는 형태로 GDP(국내총생산)에 포함된다.

긍정적인 외부효과도 있다. 예를 들어 어떤 농부가 농약을 치지 않고 유채를 재배한다면 그의 의도와 상관없이 양봉업자가 이익을 본다. 노란 유채꽃 물결을 배경으로 사진을 찍으려는 관광객이 몰려들어 지역 경제에 보탬이 될 수도 있다.

공공재와 외부효과가 시장의 효율을 저하한다는 점에는 대부분의 경제학자가 동의한다. 그러나 불완전경쟁이 야기하는 시장실패에는 논란이 분분하다. 독점을 인위적으로 규제할 필요가 없다는 주장도 있다. 그렇게 주장하는 사람들은 제록스, 노키아, 코닥처럼 한때 시장에서 독점적 지위를 누렸지만 역사의 뒤안길로 사라진 기업들의 사례를 근거로 든다.

부정적인 외부효과가 시장가격에 반영되지 않거나 시장지배력이 가격에 영향을 미침으로써 시장의 효율성이 떨어지는 것을 '시장실패market failure'라고 한다. 반면에 정부의 잘못된 정책이 시장에 악영향을 끼쳐서 시장의 효율성을 떨어뜨리는 경우는 '정부실패government failure'라고 한다. 사회주의 경제권의 몰락과 구소련의 붕괴는 정부실패의 대표적 사례다. 그러나 주기적으로 반복되는 공황과 금융위기는 시장제도에도 심각한 결함이 있음을 보여준다. 특히 2008년 금융위기는 금융시장의 규제를 대폭 완화한 결과 발생한 것이었기 때문에 시장자유주의자들도 시장실패를 인정하지 않을 수 없었다.

학계에서는 시장실패와 정부실패를 둘러싼 치열한 논쟁이 오랫동안 지속되어 왔다. 케인스주의자들은 시장실패를 교정하기 위해 정부가 적극적으로 시장에 개입해야 한다고 주장한다. 신고전주의 경제학자들은 시장실패를 인정하지 않고, 정부의 시장 개입이 나쁜 결과만 초래한다고 주장해왔다. 2008년 글로벌 금융위기 이후, 일부 시장주의자도 시장의 실패를 인정하기 시작했다. 그러나 그들은 여전히 시장실패보다 정부실패가 더 크다고 주장한다.

정부실패는 대체로 과장된 경우가 많다. 경제의 탈정치화, 즉 시장에서 정치를 배제하려는 시도는 매우 위험한 생각이다. 정치에는 '1

인 1표'의 원리가 적용되지만 시장은 '1원 1표'의 원리로 움직인다. 따라서 시장에서 정치 논리를 배제하면 돈을 많이 가진 자들의 주장이 사회를 움직이게 되고, 결국 소수가 다수를 지배하게 된다.

시장권력의
집중화

기원전 8세기 무렵 황하黃河 유역에는 크고 작은 800여 개의 나라가 존재했다. 주周라는 종주국이 있었지만 제후국들은 주나라에 형식적으로 복종했을 뿐, 각자 독자적인 정치권력을 유지하고 있었다. 일종의 분권형 지방자치제였다.

주나라의 지배력이 약해지고 힘센 나라가 주변의 약소국을 하나씩 병합하면서 제후국은 춘추시대春秋時代(기원전 770~기원전 403) 중기에 수십 개로 줄어들었다. 전국시대戰國時代(기원전 403~기원전 221)에 이르러 주나라는 유명무실해지고, 중국은 7개의 강력한 독립국으로 재편된다. 이 7개국을 일컬어 전국칠웅戰國七雄이라고 한다.

그 가운데 하나인 진秦나라는 널리 인재를 모집하고, 제도를 개혁하며, 산업을 장려하고, 인구를 늘리면서 오랫동안 힘을 비축했다. 마침내 때가 되었다고 판단한 진왕 영정嬴政은 군사를 일으켜 다른 6국을 차례로 정복하고, 기원전 221년에 중국 역사상 최초의 통일제국을 건설했다. 그가 바로 진시황秦始皇이다.

이 과정을 압축하면 정치권력의 분열-과점-독점으로 요약된다. 이 독점화 과정은 역사에서 무수히 되풀이되었다. 서진西晉은 위·촉·오 삼국의 분열시대를 마감했고, 수隋는 수십 개 나라가 난립했던 남북조시대를 끝내면서 성립되었고, 조광윤은 5대10국시대의 혼란을 종식하고 송宋을 건국했다.

고대 지중해 세계와 오리엔트, 인도, 중앙아시아의 역사를 살펴보아도 분열-과점-독점 과정은 비슷하게 반복된다. 독점 이후에 제국으로 지배력을 확장한 경우도 여러 번 있었다. 로마제국, 몽골제국, 오스만제국이 그 전형을 보여준다.

민주주의라는 정치체제가 고안되어 널리 확산되면서 한곳에 집중되었던 정치권력은 해체 또는 분권화 과정을 밟기 시작했다. 삼권분립, 지방자치, 권력에 대한 감시와 견제 장치가 점차 도입되고 있다. 한국을 포함하여 아직 그 수준에 도달하지 못한 국가가 태반이기는 하다. 그러나 이런 흐름이 갖는 역사적 의미는 매우 중요하다.

"모든 권력은 국민으로부터 나온다"는 헌법 제1조 1항의 이념이 현실세계에서 실현되려면 권력 쪼개기가 제도적으로 뒷받침되어야 한다. 대한민국은 권력에 대한 감시와 견제 기능이 특히 취약하다. 이때 권력은 정치권력뿐만 아니라 시장권력도 포함된다.

역사에서 수천 년간 되풀이된 정치권력의 독점화 경향이 주춤하게 된 것은 인류가 민주주의를 발명했기 때문이 아니다. 민주주의는 이미 기원전 5세기에 아테네에서 발명되었다. 민주주의가 꽤 괜찮은 제도이기는 하지만, 아테네가 지리멸렬한 후로 인류는 오랫동안 민주주의를 모르고 살았다.

과거에 권력을 독점했던 세력이 갑자기 자비롭고 정의로워졌기 때문도 아니다. 인류의 DNA는 인간의 한쪽 눈을 바늘로 찔러서 노예로 만들었던 시대와 조금도 달라지지 않았다. 정치혁명의 가능성이 열린 것은, 과학혁명 이후 '지식'이라는 공공재가 널리 보급되면서 인권과 공동선과 정의가 매우 중요하다는 것을 인류 대다수가 자각했기 때문이다.

그러나 시장권력은 정치권력이 수천 년간 그랬던 것처럼 분열-과점-독점의 길을 고수하고 있다. 시장주의자들은 그것이 효율이고 과학이라고 말한다. 마르크스의 과도한 신념이 마르크스주의라는 종교를 낳았듯, 시장에 대한 과도한 믿음은 시장근본주의라는 종교를 탄생시켰다. 시장근본주의자들은 '보이지 않는 손'을 유일신으로 숭배했고, 시장을 숫자로만 이루어진 추상의 천국으로 만들어버렸다. 사람 사는 곳이던 시장에서 사람을 빼버렸으니 삶의 가치를 살펴볼 여지도 없다.

시장권력을 장악한 자본가는 원래 한 몸인 정치와 경제를 분리하여 '경제 살리기'를 최우선 과제로 설정한다. 노동자의 요구는 시장 논리를 거스르는 정치투쟁으로 몰아붙인다. 정치권력이 시장권력과 손을 잡고, 그들을 감시하고 견제해야 할 언론권력이 협조하면 노동자는 삶의 벼랑 끝으로 내몰린다. 2009년 한강로 2가 남일당 건물에서 발생한 용산 참사는 그 모든 부조리가 집약된 상징적 사건이다. 이명박 정부와 보수 언론은 희생된 철거민들을 '도시 게릴라'로 규정했다.

"용역들이 밑에서 올라오니까, 2층에서 3층 올라오는 계단에 아시바 (공사장에서 쓰는 비계)로 시건 장치를 했어요. 그런데 너무 급하게 하다

보니까 엉성하게 대충 용접을 해서 용역들이 뜯고 올라왔죠. 그래서 3층에서 4층 올라오는 계단에 시건 장치를 또 한 거야. 이번에는 완벽하게 했죠. 용역들은 결국 3층까지밖에 못 올라오고 거기서 폐타이어 같은 걸로 계속 불을 피워댔어요. 우리가 네 번인가 다섯 번인가 소방서에 신고를 했을 거예요. 4층하고 옥상에 사람들이 있는데 용역들이 건물에 불을 피웠다고. 그런데도 소방관들은 출동해서 불만 끄고 용역들 잡아가지도 않더라고요. 경찰도 그렇고, 늘 그런 식이지. 물대포도 경찰이랑 용역이 같이 쏘고, 건물 주변에서도 같이 이야기하면서 돌아다니고."[6]

- 지석준(용산 참사 생존자)

2009년 1월 20일, 그들은 불태워졌다. 10~20년 해온 장사를 계속하며, 더도 덜도 아니고 살아온 딱 그만큼만 유지되기를 바랐던 그들의 소망은 거절당했다. 그들은 철거되지 않고 소각되었다. 누구도 사과하지 않았고, 누구도 책임지지 않았다. 세상은 빠르게 그들을 잊었다.

시장권력에 저항하는 시장참여자의 요구는 진압 대상인가? 용역 깡패와 경찰 공무원이 합동작전을 펼치는 것이 시장의 효율성인가? 그래서 균형점이 이루어지고 시장참여자 모두가 행복해졌나?

잘사는 나라든 못사는 나라든 시장실패는 흔한 일이다. 시장은 종종 경제공황이나 금융위기 같은 대형 사고를 쳐서 전 세계의 민생을 도탄에 빠뜨리기도 한다. 시장은 효율적이지 않고 때로 폭력적이다.

호모 사피엔스는 사회주의 계획경제가 매우 비능률적이라는 것을 경험했다. 한국인들은 국가주도 계획경제모델이 높은 경제성장률을 달성했던 경험도 가지고 있다. 하지만 자본주의 경제체제가 적어도

정치권력이 시장권력과 손을 잡고 언론권력이 여기에 협조하면, 노동자는 삶의 벼랑 끝으로 내몰린다. 2009년 용산 참사는 그 모든 부조리가 집약된 상징적 사건이다.

소련식 사회주의 경제체제보다 생산성이 높다는 사실을 많은 사람이 안다. 이런 깨달음도 지식이 공공재이기 때문에 가능한 일이다.

그러나 소련이 망했다고 해서 "그것 봐라, 자본주의가 최고다"라고 말하기에는 아직 풀어야 할 숙제가 많다. 무엇보다 중요한 것은 시장에 다시 사람이 살게 하는 것이다. 공급자와 소비자도 누군가의 아버지나 어머니, 혹은 누군가의 아내, 남편, 아들, 딸, 친구 아닌가. 그들이 단지 숫자의 일부로만 존재한다면 시장은 불행과 재앙을 비용으로 치환하는 보험의 논리에서 한 치도 벗어나지 못할 것이다. 보상비가 얼마야? 손익분기점 이하네. 당장 실행해.

시장의
먹이사슬

2016년 2월 4일, 마틴 슈크렐리Martin Shkreli라는 젊고 잘생긴 남자가 미 하원 청문회에 증인으로 출석했다. 그는 시종일관 답변을 거부하거나 손가락으로 볼펜을 돌리며 히죽거렸다.[7]

당시 32세의 슈크렐리는 튜링제약Turing Pharmaceuticals이라는 회사의 대표였다. 2015년에 튜링제약은 에이즈 바이러스와 말라리아 치료제인 다라프림Daraprim의 특허권을 사들인 후 가격을 55배 올려 물의를 일으켰다. 다라프림은 시판된 지 62년 된 항생제로 많은 에이즈 환자가 복용하고 있다. 슈크렐리는 약값을 1정당 13.5달러에서 750달러로 올렸다. 하루에 한 알씩 복용한다고 치면 한 달에 약값만 2,500만 원 가까이 들어간다. 돈 없는 사람은 그냥 죽으라는 이야기다.

청문회에 나온 마틴 슈크렐리의 표정은 마치 이렇게 말하는 것 같았다. 그래서? 뭐 어쩌라고? 비싸면 안 사면 될 것 아니야? 청문회가 끝나고 슈크렐리는 트위터에 짤막한 소감을 올렸다. "이 얼간이들을 우리 정부의 대표로 받아들이기 어렵다Hard to accept that these imbeciles represent the people in our government." 그가 생각하는 정부는 어떤 정부인지 궁금하다.

상품의 가격은 시장에서 정해진다. 특정 약품의 가격이 비싸면 그와 비슷한 효능을 가진 약품을 개발하기 위해 다른 제약사들이 뛰어들고, 결국 경쟁에 의해 가격은 떨어진다. 그리하여 시장은 발전하고 개인의 삶의 질도 나아진다. 정부는 쓸데없이 시장에 간섭할 필요가 없다. 이것이 신자유주의자들의 핵심 주장이다. 그런데 다라프림 같은 약품은 시장이 너무 작아서 제약회사들이 신약 개발에 자본을 투자하지 않는다. 특허기간이 만료되었지만 다라프림이 독점적 지위를 누리는 이유다.

사회적으로 많은 비난을 받긴 했지만 슈크렐리 자신은 개의치 않는 것 같다. 대중의 분노는 그의 통장 마지막 줄에 찍히는 숫자에 아무런 영향도 미치지 못한다. 미국식 자본주의 체제에서는 법으로 튜링제약의 가격정책을 규제할 수 없다. 한국이 한미자유무역협정FTA을 통해 전면적으로 수용한 신자유주의적 질서란 바로 이런 것이다. 그 체제 안에서 먹이사슬의 최상위에는 언제나 금융자본이 자리 잡고 있다. 반면 먹이사슬의 밑바닥에는 노동자가 있다.

슈크렐리는 의사 출신도 아니고 의약 전문가도 아니다. 뉴욕의 명문 헌터컬리지Hunter College를 중퇴한 뒤 줄곧 헤지펀드 업계에서 경력을 쌓으며 일확천금의 야망을 키워왔다. 증권사기 혐의로 검찰에 구속되었다가 500만 달러의 보석금을 내고 풀려나기도 했다. 의약기술에 투자하여 인류의 행복을 증진하겠다는 소명감 따위는 애당초 가졌을 리가 없다. 그가 창업한 튜링제약은 금융자본이 어떻게 실물경제를 지배하는지 보여주는 전형적인 사례다. 슈크렐리가 좀 더 노련했더라면 검찰에 기소되거나 청문회에 소환되지 않았을 것이다.

오늘날 금융의 실물 지배는 자본주의의 대세다. 이런 추세가 계속되면 평생 한 분야에서 기술과 노하우를 닦아온 실물 분야 전문가들은 대부분 금융자본가의 마름으로 전락할 것이다. 노동자는 언제든

다른 노동자로 대체될 수 있으며, 궁극적으로는 인공지능을 장착한 로봇으로 대체된다. 인간의 노동력에 많이 의존하는 분야에서도 노동자는 더 이상 가치생산의 주체가 아니다. 노동자는 기업의 자산도 아니고 산업의 전사는 더더욱 아니다. 단지 비용일 뿐이다.

세계 최고의 경영 실적을 자랑하는 인천공항은 공기업임에도 노동자의 대부분이 비정규직이다. 2017년 3분기에 정규직은 1,252명, 비정규직(파견 · 용역) 노동자는 8,067명이다.[8] 안전과 보안을 담당하는 핵심요원도 대부분 비정규직이다. 이것만 봐도 이명박 · 박근혜 정부가 노동자를 어떻게 인식했는지 짐작할 수 있다. 비정규직을 정규직으로 전환하려는 문재인 정부의 정책 변화는 노동자를 비용이 아닌 사람으로 보기 시작했다는 뜻이다. 박근혜 정부가 밀어붙였던 노동법 개정은 대한민국의 모든 기업을 인천공항처럼 만들고 대한민국의 모든 노동자를 비정규직으로 만들려는 시도였다. 그래야 민생이 산다는 말은 새빨간 거짓말이다. 민생은 죽고 대기업만 산다.

노동자가 비용에 불과하다면 시장은 성공했다. 그러나 노동자도 사람이라면 시장은 실패했다. 시장근본주의는 이제 사회과학이 아니라 종교적 열정으로 이해해야 한다. '아는 것이 힘'이라는 프랜시스 베이컨Francis Bacon, 1561~1626의 경구는 시장주의자들에 의해 '믿는 것이 힘'으로 바뀌었다.

'시장은 효율적이다'라는 전제는 주류 경제학의 오래된 믿음이다. 그러나 우리는 속아왔다. 시장은 효율적이지 않다. 완전경쟁을 찬양해온 자본주의는 지난 200년 동안 완전경쟁시장을 단 한 번도 구현해본 적이 없다. 인간의 본성이 크게 변하지 않는 한 앞으로도 그럴 것이다.

시장은 필연적으로 시장지배력의 집중을 초래하고, 그것은 시장실패로 이어진다. 시장실패를 방지하려면 시장지배력의 과도한 집중을 견제하고, 부정적 외부효과가 시장가격에 반영되어야 한다. 공정한 경쟁이 이루어지도록 시장의 룰을 조정하면서 시장의 갈등을 지혜롭게 관리할 필요가 있다. 시장은 끊임없이 균형점에 도달하려는 속성을 지녔지만, 시장권력은 이윤 극대화를 위해 시장의 기본 원리를 거스른다.

로마 공화정 시대에 그라쿠스 형제의 개혁이 실패하고 북송 말기에 왕안석의 신법이 무력화된 이유는 자명하다. 정치권력이 시장권력에 휘둘렸거나 두 권력이 야합했기 때문이다. 월가를 개혁하려는 도드-프랭크법Dodd-Frank Act도 그렇게 걸레가 되었다. 미국에서는 시장도 실패하고 정부도 실패했다.

10

식량은 상품이 아니라 공공재다

우리가 아무리 돈을 많이 번다 하더라도
배가 고프면 돈이 아니라 밥을 먹어야 한다.
_강수돌(경영학자)

●

○

고기가 되어줄 양을
존중하는 방법

해리 아트만이 젊은 양치기를 만난 것은 마지막 거점을 떠난 지 열흘째 되는 날이었다. 여행은 거의 막바지에 이르고 있었다. 말에서 내린 청년은 해리에게 그릇을 하나 달라고 하더니 수통에 담긴 아이락을 가득 부었다. 아이락은 말 젖을 발효시킨 것으로 몽골 사람이면 남녀노소 가리지 않고 즐겨 마시는 음료다. 청년은 해리를 집으로 초대했다. 청년이 말고삐를 당겨 세운 곳은 짧은 풀이 듬성듬성 난 황량한 벌판이었다. 북풍을 가리기에는 조금 낮아 보이는 언덕을 등지고 낡은 게르 두 채가 나란히 자리 잡고 있었다.

먼저 검은 개 한 마리가 기세 좋게 짖으며 그들을 맞았고, 코흘리개 아이들이 줄줄이 뛰쳐나왔다. 이어서 앳된 처녀와 중년 부부가 게르 밖으로 걸어 나와 손을 흔들었다. 게르 안으로 들어서자 나이를 짐작할 수 없는 늙은 여자가 환하게 웃으며 두 팔을 벌렸다. 머리 짧은 중년 사내는 청년의 형이었고 처녀는 그의 누이였다. 목에 때가 시커멓게 낀 아이들이 몰려와 신기한 듯이 해리의 옷과 곱슬곱슬한 팔뚝의 털을 만졌다. 자외선 차단용 고글은 아이들이 처음 보는 물건이었다.

해리는 아이들의 손에 사탕을 하나씩 쥐어주고 그들의 부모에게는 주머니칼과 닭고기 통조림을 선물했다. 그리고 얼굴을 붉히는 처녀의 목에 은으로 만든 목걸이를 걸어주었다. 바오터우의 노점에서 건진 물건이었다. 해리가 늙은 여자의 쪼글쪼글한 뺨에 입을 맞추고 울과 실크로 짠 담요 한 장을 무릎에 덮어주자 그녀는 몇 개 안 남은 누런 이를 드러내고 활짝 웃으며 말했다.

"아들아, 여긴 네 집이다. 마음껏 먹고 편히 쉬어라."

해리는 몽골어를 배운 적이 없지만 신기하게도 그의 귀에는 그렇게 들렸다. 검은 털이 사자 갈기처럼 늘어진 개는 경계심을 풀고 꼬리를 흔들었다. 눈 위에 황갈색 반점이 있어서 4개의 눈을 가진 것처럼 보였다.

중년 남자가 양 한 마리를 끌고 오자 청년이 거들었다. 형제는 양을 눕혀서 네 다리를 꽉 잡았다. 중년 남자는 양의 가슴팍을 예리한 칼로 따서 작은 구멍을 냈다. 양은 잠깐 버둥거리더니 곧 얌전해졌다. 그는 양의 가슴 속으로 한 손을 집어넣었다. 손을 천천히 안쪽으로 밀어 넣다가 심장에 손이 닿자 동맥을 꽉 움켜쥐었다. 양은 조용히 눈을 감았다. 남자는 양의 가슴팍에서 사타구니까지 한 번의 칼질로 쫙 갈라 땅 위에 펼쳐놓았다. 다시 배를 가르자 김이 뭉실뭉실 피어오르며 검붉은 내장이 드러났다. 잘라낸 내장을 큰 고무 통에 옮겨 담고 넓적한 양은그릇에 피를 받는 동안 한 방울의 핏물도 땅을 적시지 않았다.

화덕에 얹은 솥에서 양고기가 익어갈 때, 처녀는 게르 입구에 걸린 가죽부대에서 아이락을 길어왔다. 시큼털털한 맛이 났지만 해리는 한 그릇을 깨끗이 비웠다. 잘 익은 양고기는 해리가 전에 먹었던 양고기와 왠지 다르게 느껴졌다. 가축을 오래 키우다 보면 정이 들기 마련이다. 조금이라도 양의 고통을 덜어보려는 유목민의 마음은 심장의 동맥을 쥐는 방법을 찾아냈다. 가축을 삶의 자원이 아니라 돈벌이의 수단으로만 본다면 이런 생각은 하지 못했을 것이다.

해리는 여행을 위해 사전조사를 하면서, 몽골에서 일어난 재앙에 대해 알게 되었다. 2002년에 1,000만 마리, 2010년에 600만 마리의 가축이 떼죽음을 당했다. 여름에는 가뭄이, 겨울에는 혹한이 유목민의 삶을 황폐화시킨다. 여름에 충분히 풀을 먹지 못한 가축은 겨울의 혹한을 견디지 못한다. 봄에 기습적으로 찾아오는 한파는 유목민에게 공포 그 자체다. 낮에 기온이 올라가서 눈이 녹았다가 밤에 다시 얼어붙으면 굶어 죽는 가축이 속출한다. 눈을 헤집고 풀을 뜯을 수 없기 때문이다.

지구 평균기온이 0.7도 상승하는 사이에 몽골의 평균기온은 1.92도 올랐다. 기온이 빠르게 높아지면서 모래폭풍이 자주 발생하고 사막화가 급속도로 진행되었다. 지난 40년간 몽골에서만 1,200개의 호수가 사라지고 900개의 강이 말라버렸다.[1] 지구온난화라는 외부효과는 몽골 유목민의 삶에 큰 영향을 미치고 있다.

밤이 되자 그들은 바싹 마른 소똥으로 모닥불을 피우고 술을 마셨다. 아이락을 증류하여 만든 아르히 술이다. 해리와 두 사내는 형제가 되었다. 해리에게 새로운 목표가 생겼다. 몽골어 배우기.

굶주림은
절대악이다

선사시대에 불씨는 특별한 재화였다. 불씨를 관리하는 일은 부족에서 가장 경험이 많고 지혜로운 사람이 맡았다. 지금은 초등학생이라도 혼자서 가스레인지를 켜고 라면을 끓일 수 있다. 기원전 5세기에 철鐵은 특별한 재화였다. 질 좋은 철은 농업생산력을 비약적으로 끌어올렸다. 지금도 '산업의 쌀'이라고 불리기는 하지만, 철은 지구에서 알루미늄 다음으로 흔한 금속이다. 금金은 수천 년 동안 인류에게 특별 대접을 받아온 재화다. 지금도 부의 상징으로 여겨지고 있지만 금이 부 자체를 만들어내지는 못한다.

식량은 선사시대에도 특별한 재화였고, 프랑스대혁명 때에도 특별한 재화였으며, 지금도 특별한 재화이고, 앞으로도 그럴 것이다. 이유는 간단하다. 누구든 먹지 않고 살 수는 없기 때문이다. 인류사는 부단히 굶주림과 투쟁해온 고난의 역사다. 그렇다면 현대의 과학기술은 식량 문제를 해결했는가? 아직 멀었다.

세계기아지수Global Hunger Index라는 지표가 있다.[2] 영양결핍, 허약 아동, 발육부진 아동, 영유아 사망률 등을 종합하여 0과 100 사이의 숫자로 표시한다. 0은 기아饑餓가 전혀 없는 상태이고 100은 최악이다. 세계기아지수는 5단계로 나뉜다. 9.9 이하는 낮음, 10.0~19.9는 보통, 20.0~34.9는 심각, 35.0~49.9는 위험, 50.0 이상은 극히 위험한 단계다.

2017년 세계기아지수 평균값은 21.8로 2000년의 29.9보다는 상황이 나아졌지만 여전히 심각한 수준이다. 100명 중에 22명은 굶주리고 있다. 2017년에 유엔UN은 나이지리아, 소말리아, 남수단, 예멘에서 2,000만 명 이상이 기아 위기에 처했다고 선언했다. 사람들은 인도의 경제가 굉장히 빠른 속도로 성장하고 있다고 믿지만 인도의 2017년 기아지수는 31.4로 매우 높다. 인도 아동의 21퍼센트가 허약하고, 38.4퍼센트가 발육부진 상태에 놓여 있다. 생후 6개월에서 23개월 사이 영유아 중에서 젖이나 음식을 충분히 섭취하는 아기의 비율은 9.6퍼센트다. 10명 중 1명도 안 된다. 중앙아프리카공화국은 인구의 58.6퍼센트가 영양결핍 상태이고, 영유아 사망률이 13퍼센트에 달한다. 2017년 보고서에서 위험군에 포함되는 국가는 중앙아프리카공화국(50.9), 차드(43.5), 시에라리온(38.5), 마다가스카르(38.3), 잠비아(38.2), 예멘(36.1), 수단(35.5), 라이베리아(35.3) 등이다. 북한(28.2)과 방글라데시(26.5)도 식량 사정이 안 좋다. 러시아(6.2)와 중국(7.5)은 많은 인구를 비교적 잘 먹여 살리고 있다.[3]

국제개발연구소Institute of Development Studies, IDS의 나오미 호세인Naomi Hossain 연구원은 인류가 처한 모순적 상황을 압축적으로 표현했다. "약 8억이 굶주리고, 20억이 영양실조에 걸리는 가운데, 성인 인구의 3분의 1 이상은 비만이고, 생산된 식량의 3분의 1은 유실되거나 낭비된다."[4] OECD(경제협력개발기구)의 2015년 통계에 따르면 세계에서 가장 살찐 나라는 미국이고, 멕시코와 뉴질랜드가 바짝 뒤쫓고 있다. 2015년 미국의 비만율(만 15세 이상)은 38.2퍼센트인데, 2030년에는 거의 50퍼센트에 이를 것으로 예상한다. 다행히 대한민국의 비만율

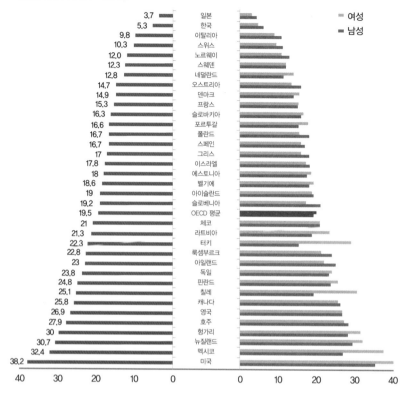

(단위: 15세 이상 인구 대비 %)

여성 / 남성

일본	3.7
한국	5.3
이탈리아	9.8
스위스	10.3
노르웨이	12.0
스웨덴	12.3
네덜란드	12.8
오스트리아	14.7
덴마크	14.9
프랑스	15.3
슬로바키아	16.3
포르투갈	16.6
폴란드	16.7
스페인	16.7
그리스	17
이스라엘	17.8
에스토니아	18
벨기에	18.6
아이슬란드	19
슬로베니아	19.2
OECD 평균	19.5
체코	21
라트비아	21.3
터키	22.3
룩셈부르크	22.8
아일랜드	23
독일	23.8
핀란드	24.8
칠레	25.1
캐나다	25.8
영국	26.9
호주	27.9
헝가리	30
뉴질랜드	30.7
멕시코	32.4
미국	38.2

[도표 19] OECD 국가 비만율(2015)

은 5.3퍼센트로 비교적 낮은 수준이다. 2015년 OECD 평균 비만율은 19.5퍼센트다.[5]

비만에 비하면 좀 낮지만 과체중overweight도 건강을 위협하는 요인임에 틀림없다. 성인 2명 중 1명은 과체중이고, 청소년도 6명 중 1명이 과체중이다.[6] 선진국의 비만 및 과체중 문제는 저개발국가 어린이들이 겪는 저체중, 영양실조, 발육부진과 극명하게 대비된다. 같은 지구에 살면서 누구는 굶주리고 누구는 비만을 고민한다면, 분배구조에 심각한 결함이 있는 것이다.

그렇다고 미국 사람들이 돈이 남아돌아서 지나치게 먹는 것은 아니다. 미국 안에서도 저소득·저학력 계층일수록 비만율이 높다. 소금, 설탕, 지방 덩어리인 정크푸드junk food를 더 많이 소비하기 때문이다. 유발 하라리의 표현대로 "가난한 사람들은 햄버거와 피자를 잔뜩 먹고, 부자들은 유기농 샐러드와 과일 스무디를 먹는다."[7] 미국의 빈곤층은 4,000만 명이 넘는다. 그렇다 해도 미국의 빈곤이 아프리카의 기아보다 심각하다고 말할 수는 없다. 굶주림은 모든 문제를 압도하는 절대악이다.

2008년
식량대란

식량은 먹고사는 문제의 핵심이다. 대한민국에서 가장 잘사는 사람이나 가장 못사는 사람이나 적어도 두 끼는 먹어야 하루를 잘 보냈다고 생각한다. 어떤 이에게는 음식이 뱃살의 원천일 뿐이지만 목구멍이 포도청인 사람에게는 밥이 곧 하늘이다. 끼니가 위협받을 때 어떤 일이 생기는지 알고 만약의 경우에 대비하지 않으면 안 된다.

2008년에 전 세계를 휩쓴 식량대란을 기억하는지 모르겠다. 그해, 시카고상업거래소CME의 밀 가격은 사상 최초로 톤당 400달러를 찍었고, 콩 역시 처음으로 500달러를 훌쩍 넘어섰다. 그전까지 밀은 100달러

대, 콩은 200달러 대에서 거래되었다. 문자 그대로 폭등한 것이다.

2008년에 무슨 일이 있었나? 많은 사람이 서브프라임 모기지론 사태가 촉발한 글로벌 금융위기를 떠올릴 것이다. 그러나 국제 곡물 가격은 이미 2006년 말부터 가파른 상승세를 이어가고 있었다. 가뭄이나 홍수 같은 자연재해로 식량 생산이 크게 줄었나? 그것은 아니다. 2008~2009년 밀 생산량은 6억 8,300만 톤으로, 소비량(6억 3,600만 톤)을 앞질렀다.

2006~2007년에는 소비량이 생산량을 웃돌았다. 그러나 그전의 재고로 감당할 만한 수준이었다. 콩과 옥수수도 크게 다르지 않았다. 필리핀은 2008년에 심각한 쌀 부족 사태를 겪었지만 세계 전체로 보면 2006년부터 2010년까지 쌀 생산량이 소비량을 초과했다. 그렇다면 2008년 식량위기를 초래한 주요 동인은 무엇인가? 그 답을 찾기 전에 지난 10년 동안 식량 및 곡물 가격의 추이를 살펴보자.

식량가격지수Food Price Index는 유엔의 상설 전문기구인 식량농업기구 FAO에서 곡물, 유지류, 육류, 낙농품 등 55개 주요 농산물의 세계 가격 동향을 조사하여 매월 발표하는 지표다. 2002년부터 2004년까지의 평균 가격을 100으로 잡고 가격의 변동폭을 나타낸다. 곡물가격지수 Cereals Price Index는 쌀, 밀, 옥수수, 콩 등 곡물의 가격만을 따로 산정한 지표다. 곡물가격지수는 2008년 4월에 274.13으로 정점을 찍었는데, 전년 동기 대비 90퍼센트 상승을 기록했다.

가난한 나라일수록 식량 가격 폭등은 치명적인 재앙으로 증폭하고, 통제하기 힘든 사회불안을 야기한다. 2008년 2월 22일, 아프리카 서부 내륙국인 부르키나파소에서 식량폭동이 일어났다. 정부는 군대를

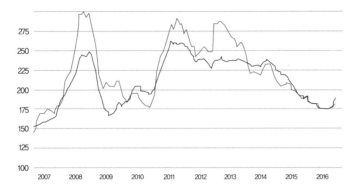

—— 곡물가격지수
—— 식량가격지수

[도표 20] 식량 · 곡물가격지수(2007~2016)

동원하여 진압했고, 그 과정에서 수많은 사람이 체포되었다. 굶주림에 대한 공포와 분노는 카메룬, 코트디부아르, 세네갈, 모리타니, 이집트 등 주변국으로 빠르게 번졌다. 아시아와 라틴아메리카에서도 식량폭동이 발생했다. 태국에서는 농부들이 밤새 논을 지키고, 페루에서는 군인들이 밀가루 대신 감자가루로 빵을 구웠다.

그리고 2010년에 세계적인 식량위기가 한 번 더 찾아왔다. 2010년 튀니지혁명으로 촉발된 '아랍의 봄'은 단순한 민주화운동이 아니다. 먹고살기가 팍팍할 때 어떤 일이 벌어지는지 극명하게 보여주는 사례다. 굶주림의 위기에 직면했을 때 순응하고 감내할 수 있는 사람은 드물다. 2012년에도 식량 사정은 좋지 않았다. 2014년 하반기가 되어서야 곡물가격지수와 식량가격지수는 비로소 하향 안정세에 접어들었다.

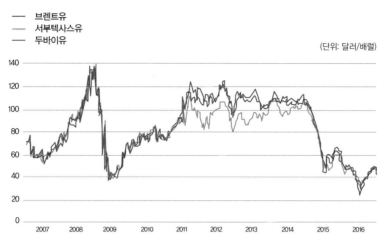

— 브렌트유
— 서부텍사스유
— 두바이유

(단위: 달러/배럴)

[도표 21] 국제유가 추이

그렇다면 이제 더는 식량 걱정을 안 해도 될까? 잘 보라. [도표 20] 과 [도표 21]은 거의 같은 흐름을 타고 있다. 식량 가격 폭등의 주범 은 바로 유가油價였다.

석유 가격이 오르면 식량 가격도 따라 오르고, 석유 가격이 내리면 식량 가격도 같이 떨어진다. 왜 그럴까? 식량을 생산하는 데 석유 에 너지가 엄청나게 들어가기 때문이다.

석유가 차린
밥상

오늘날 농업의 석유 의존도는 상상을 초월한다. 현대인의 식탁을 가리켜 "석유가 차린 밥상"이라고 말하기도 한다.[8] 적절한 비유다. 식품 가격에서 석유가 차지하는 비중은 70퍼센트가 넘을 것으로 추정한다. 미국까지 갈 것도 없이 우리나라만 봐도 석유를 이용한 농법이 대세임을 부정하기 어렵다. 극소수의 자연농업 실천가를 빼면 대부분 기계로 밭을 갈고, 기계로 이랑을 만들고, 기계로 비닐을 씌운다. 기계로 씨를 뿌리거나 모종을 심고, 기계로 농약을 치고, 기계로 비료를 주고, 기계로 수확하고, 기계로 도정搗精한다. 기계는 석유 없이 움직일 수 없고, 농약과 비료는 물론이고 포장재로 쓰이는 비닐과 플라스틱 박스도 석유화학제품이다. 계절을 거스르는 시설농업에는 더 많은 석유 에너지가 투입된다. 유가가 오르면 식량생산비용이 따라 오를 수밖에 없는 구조다.

식량의 운송과 보관에도 석유 에너지가 소비된다. 식품회사에 필수적인 저온창고와 냉동설비는 물론이고 가정마다 한두 개씩 있는 냉장고도 전기를 잡아먹는 기계다. 그 전기의 태반은 화석연료로 만들어진다. 수입 농산물에는 더 많은 석유가 들어간다. 먼 거리를 이동하기 때문이다. 우리가 먹는 식품의 원료는 대부분 수천 킬로미터를 이동한 것이다. 국내산 돼지고기와 한우만 먹는다 해도 축산 농가가 쓰는 사료는 절반이 수입 사료다. 국내산 사료로 키운다 해도 그 원료는 태반이 수입 옥수수다.

물론 유가 상승 말고도 식량위기를 초래한 여러 요인이 있다. 러시아, 우크라이나, 태국처럼 기후변화와 자연재해로 생산량이 감소한 경우도 있고, 중국, 인도, 브라질, 베트남 등 신흥국의 소득이 늘면서 종전보다 고기를 더 많이 먹게 되었다는 이유를 들 수도 있다. 바이오

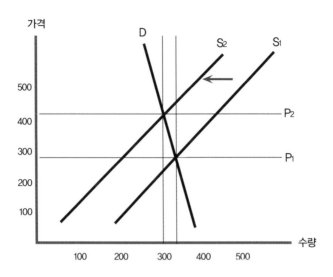

[도표 22] 생활필수품의 수요 · 공급곡선

연료Biofuel도 무시할 수 없다. 사람과 가축이 먹어야 할 식량을 자동차
가 먹어치우니 이래저래 식량 가격은 상승할 수밖에 없다.

여기서 기억해야 할 것은 식품은 '수요의 가격탄력성Price Elasticity of
Demand'이 매우 낮다는 사실이다. 수요의 가격탄력성은 가격의 변화에
따라 수요가 변하는 정도를 나타낸다. 예를 들어 요트나 고급 스포츠
카 같은 사치품은 가격이 많이 오르면 소비가 크게 줄어든다. 반면에
생활필수품이나 중독성이 강한 마약은 가격이 올라도 수요가 좀처럼
줄지 않는다. 그래서 마약상은 일단 싼값에 마약을 공급하여 중독자
를 늘린 다음에 가격을 올리는 전략을 쓴다.

수요의 가격탄력성=수요 변화율÷가격 변화율

땟거리는 가격이 올라도 소비를 줄이기가 어렵다. 굶을 수는 없지 않은가. 반면에 쌀값이 훅 떨어져도 하루에 밥을 다섯 끼씩 먹는 사람은 없다. 식량이 매우 특별한 재화인 까닭은 여기서 분명해진다.

[도표 22]에서 D는 수요곡선이고 S는 공급곡선이다. 쌀 같은 생활필수품은 가격 변화가 수요에 큰 영향을 주지 못한다. 그래서 수요곡선의 기울기가 가파르다. 만약 가격의 영향을 전혀 받지 않는 상품이 있다면 수요곡선은 수직이 될 것이다. P_1은 쌀이 정상적으로 공급되었을 때의 균형가격이다. 시장에서 쌀은 280원으로 거래된다. 어떤 이유로든 쌀 공급량이 크게 줄면 무슨 일이 생길까? 이때 공급곡선은 S_1에서 S_2로 이동한다. 쌀 수요량은 330가마에서 300가마로 30가마 줄었다. 가격은 280원에서 420원으로 140원 올랐다. 수요가 9퍼센트 감소할 때 가격은 50퍼센트 폭등했다.

역사의 격변은 대부분 식량위기에서 비롯했다. 아랍의 민주화운동은 석유자원을 사유화한 독재 권력의 자업자득이었다. 고유가 행진을 흐뭇하게 바라보며 달러를 쓸어 담을 때, 그것이 장차 식량폭동의 부메랑이 되어 돌아오리라고 예상한 독재자는 별로 없었을 것이다.

아무튼 2014년 이후 곡물 가격의 내림세는 경기 침체와 유가 하락이 주도했음이 분명해 보인다. 한국 사람들도 덕을 보았다. 석유와 밀가루를 싼값에 수입할 수 있었기 때문이다.

자, 이제 문제가 간명해졌다. 유가가 배럴당 100달러 선을 회복할 때 어떻게 될 것인가? 미국 프레리Prairie 초원에 가뭄이 든다든지 러시아·캐나다·호주의 밀 작황이 어떤 이유로든 나빠졌을 때, 석유값까지 오른다면 식량 가격은 얼마나 뛸 것인가?

여기에 하나의 변수가 더해졌다. 2008년 글로벌 금융위기 이후 전 세계가 경쟁적으로 돈을 찍어냈다. 양적완화, 즉 통화량 팽창은 인플레이션을 유발할 가능성이 크다. 그동안 국지적인 인플레이션 현상은 여러 번 있었다. 그러나 전 세계가 한꺼번에 이렇게 막대한 양의 종이돈을 찍어서 시중에 푼 적은 인류사에 단 한 번도 없었다. 금융자본주의의 미래가 어떤 모습일지, 과연 인류사회가 어떤 대가를 치를지, 그 결과가 자못 궁금하다.

순수
'국산 식품'은 없다

2012년 통합진보당이 분열로 치달을 때 커피를 둘러싼 논쟁이 있었다.[9] 구당권파 핵심인 백승우 전 사무부총장은 당원게시판에 "아메리카노 커피를 먹어야 회의를 할 수 있는 이분들을 보면서 노동자 민중과 무슨 인연이 있는지 의아할 뿐입니다"라는 글을 올렸다. 여기서 '이분들'은 유시민 전 공동대표와 심상정 의원을 지칭한다. 아메리카노 커피를 먹는 사람은 노동자 민중의 삶을 이야기할 자격이 없는가? 문제는 코카콜라와 리바이스 청바지가 아니라 그 협량한 세계관에 있는 것으로 보인다.

오늘날 순수 토종 식품만으로 생명을 유지할 수 있는 사람은 아무도 없다. 과장이 아니다. 슈퍼마켓 진열대를 가득 채운 수많은 가공식품의 원료는 대부분 미국산 콩과 밀, 옥수수다. 한 노동자가 공사장에서 배달시켜 먹은 짜장면은 미국산 밀가루로 만들어졌을 가능성이 매우 크다. 미국산 쇠고기는 절대로 먹지 않는다는 청년이 어젯밤 미국의 횡포를 성토하며 안주로 먹은 국내산 갈매기살은 십중팔구 미국에서 수입한 사료로 생산된 것이다. 아무리 스타벅스와 델몬트와 코카콜라를 회피하려 애써도 소용없다. 국산 음료와 커피와 과자에는 색소, 감미료, 방부제 등 다양한 첨가물이 들어가는데 이 또한 상당 부분이 미국산이다.

당신이 국산 전등의 스위치를 '딸각' 하고 켜는 순간 화석연료로 생산된 화력발전소의 전기가 소비되기 시작한다. 발전소의 터빈을 돌린 석유나 가스가 미국에 적대적인 러시아에서 수입된 것이라 해도, 그 회사에는 미국 메이저 석유회사의 자본이 들어갔을지 모른다. 100퍼센트 국내산 원료와 국내 노동력으로 만들어지는 제품이 있다 치자. 그 회사가 상장기업이라면 외국인 지분이 적지 않을 것이고, 그 외국인 중에 상당수가 미국인일 것이다. 국내 주요 기업의 외국인 지분율을 살펴보면, 삼성전자는 50.42퍼센트(2016년 5월 2일 기준), 포스코는 49.18퍼센트(2016년 7월 21일 기준), '국민기업'을 표방하는 KT는 48.4 퍼센트다(2015년 12월 기준).[10]

이쯤 되면 어디까지가 국내산이고 어디서부터 미국산인지 구분하기가 쉽지 않다. 아메리카노에서 이야기가 시작되었으니 일단 먹는 것에 한정해서 따져보자.

미국의 영양학자이자 소아과 의사인 시모포로스는 미국 워싱턴 D.C.의 일반 슈퍼마켓에서 구입한 달걀의 지방산 비율을 측정했다.[11] 그 결과 오메가-6 지방산과 오메가-3 지방산의 비율이 20대 1로 나타났다. 자연 상태의 달걀은 그 비율이 1대 1이다. 이유가 무엇일까? 바로 미국산 옥수수 때문이다. 미국의 공장식 사육장에서 가축에게 먹이는 사료는 주로 알곡이고, 그중에서도 옥수수의 비중이 절대적이다. 미국 옥수수는 오메가-6와 오메가-3의 비율이 60대 1이다. 오메가-6는 혈관을 수축시켜 고혈압을 유발하고 비만과 심장병의 원인이 되는 등 부작용이 많다고 한다.

한국에서도 2007년 시모포로스의 단순한 방법을 따라 슈퍼마켓에서 달걀과 소고기 샘플을 구하여 조사한 적이 있다.[12] 결과는 충격적이었다. 오메가-6와 오메가-3의 비율이 달걀 60대 1, 소고기는 무려 108대 1이라고 나왔다. 우리의 식생활이 얼마나 미국산 옥수수에 의존하고 있는지 짐작이 가는 대목이다. 실제로 한국인의 몸에 포함된 지방산을 측정해 보았더니 오메가-6와 오메가-3의 비율은 11대 1에서 125대 1까지 되는 것으로 나타났다.

처음으로 돌아가면, 아메리카노에 시비 거는 편협한 세계관으로는 우리 시대의 모순을 해결할 수 없다. '미 제국주의 대 식민지 코리아'의 세계관에서 한 발짝도 못 나가고 있지 않은가? 1970년대에는 이런 식의 접근법이 유용했는지 모른다. 그러나 이제는 아니다. 세계화의 깃발을 앞세운 초국적 자본은 이미 국가권력을 넘어섰다.

이념 대립이 분쟁을 낳던 시대는 지났다. 오늘날의 국제분쟁은 '많이 가진 자'와 '더 가지려는 자'의 갈등이 전부다. 중국, 러시아, 브라질, 인도, 아프리카와 남아메리카의 가난한 나라들을 보라. 잘살든 못살든 대다수가 자본주의적 생활방식에 포섭되었다. 원래 자본에는 이념도 없고 윤리도 없다. 끝없는 이윤 추구만 있을 뿐이다.

따지고 보면 아메리카노는 미국 커피도 아니다. 제2차 세계대전 때 유럽 전선에 파병된 미군 병사들이 진한 에스프레소에 뜨거운 물을 타 마신 데에서 비롯한 이름일 뿐이다.

우리는
"걸어 다니는 옥수수"다

이쯤에서 시선을 다시 미국 쪽으로 돌려 보자. 미국의 옥수수 재배 면적은 한반도 면적과 맞먹는다. 제주도에서 개마고원까지 온통 옥수수가 물결치는 모습을 상상해 보라. 그것도 대부분 단일 품종이다. 매년 막대한 화학비료와 살충제를 쏟아부어 생산량을 유지한다. 그렇게 공급된 화학물질은 지표수地表水(하천, 호수, 운하, 해양 등 지표에 있는 모든 물)를 오염시키고 토양을 산성화하며 멕시코만으로 흘러든다.

프레리 초원에서 생산되는 옥수수의 40퍼센트는 에탄올로 바뀌고, 나머지는 공장식 축사에서 닭과 소의 사료로 사용되거나 가공식품이 되어 전 세계 식품점에 진열된다. 오늘날 미국의 슈퍼마켓에서만 평균 4만 7,000종의 가공식품이 판매되는데, 그중 78퍼센트에 옥수수가 들어간다. 콜라에도 케첩에도 옥수수로 만든 콘시럽이 들어간다. 인스턴트식품은 말할 것도 없고 과자, 음료, 빵 등 대부분의 먹을거리에 옥수수나 그 부산물이 반드시 들어간다. 오지에서 자급자족하며 살지 않는 한, 지구촌 어디에 있든 미국산 옥수수를 먹지 않을 방법은 없다.

"우리의 몸은 우리가 먹는 음식과 같다는 말이 있다. 그 말이 사실이라면 우리 대부분은 바로 옥수수다. 좀 더 정확히 말하면 가공된 옥수수다."[13] 마이클 폴란Michael Pollan이 한 말은 조금도 과장이 아니다. 사실상 우리는 "걸어 다니는 옥수수walking corns"다. 그 옥수수는 석유를 먹고 산다.

'석유를 먹고 산다.' 이것은 단순한 수사修辭가 아니다. 석유가 식품과 닮은 점은 수요의 가격탄력성이 매우 낮다는 사실이다. 가격이 높다고 해서 소비가 확 줄어들지 않고, 반대로 가격이 떨어진다고 해서 소비가 크게 늘지도 않는다. 그 말은 공급량에 따라서 가격 변동이 크다는 뜻이기도 하다. 상황에 따라 가격이 훅 오르거나 훅 떨어진다. 지금의 유가 하락은 공급 과잉 때문이다.

석유와 곡물. 가격탄력성이 낮은 두 상품은 긴밀하게 연계되어 있다. 두 원자재의 공급이 동시에 급감할 때 어떤 일이 벌어질까? 끔찍한 일이 벌어질 가능성이 크다.

지금까지 살펴본 내용을 요약하면 대략 세 가지로 정리된다. 첫째, 식량 가격은 석유 가격과 긴밀히 연동되어 있다. 둘째, 식량과 석유는 수요의 가격탄력성이 매우 낮다. 셋째, 한국인의 식생활은 수입 농산물에 철저히 종속되어 있다.

한국의 식량자급률이 낮다는 것은 누구나 아는 사실이다. 농림축산식품부 발표에 따르면 2016양곡연도(2015년 11월~2016년 10월)의 식량자급률은 50.9퍼센트다. 자급자족이 가능한 쌀(104.7퍼센트)을 제외하면 곡물자급률은 뚝 떨어진다. 밀은 자급률이 1.8퍼센트, 옥수수는 3.7퍼센트, 콩은 24.6퍼센트다.[14] 세계적인 식량위기가 닥칠 때 우리가 할 수 있는 일은 별로 없다.

식량시장의
지배자

한국은 유엔 회원국이고, 국제사회에서 정치적 주권을 인정받고 있다. 하지만 전시에 자국 군대를 지휘할 권한이 없으며 경제적으로는 달러라는 기축통화에 예속되어 있다. 특히 식량주권이란 측면에서 보면 자립 기반이 매우 취약하다.

실제로 한국은 식량자원의 생산·수급·품질·가격·유통에 대한 통제력이 없다. 그 말은 시장지배자가 주는 대로 받아먹어야 한다는 뜻이다. 누가 시장지배자인가? 카길, ADM, LDC, 벙기, 앙드레 등의 메이저 곡물회사를 꼽는다. 이들 5개 회사가 세계 곡물시장의 80퍼센트를 점유하고 있다. 그중에서도 세계 곡물 무역의 40퍼센트를 장악한 카길의 영향력이 압도적이다.

카길의 홈페이지에 들어가 보면 가장 먼저 눈에 들어오는 것은 아름다운 홍보영상이다. 끝없이 펼쳐진 푸른 들판 위를 행복밖에 모를 것 같은 젊은 부부가 어린 딸을 어깨에 태우고 천천히 걸어가는 장면으로 시작한다. 그리고 화면에 이런 메시지가 뜬다. "카길은 세계의 번영을 헌신적으로 돕고 있습니다Cargil is committed to helping the world thrive." 카길은 전 세계 70개국에 15만 5,000명의 직원을 두고 있고, 2017년에 매출 1,097억 달러, 조정영업이익 303억 달러를 기록했다.[15] 비상장기업으로는 세계 최대의 기업이다.

5대 메이저 곡물회사는 전 세계 식량의 공급사슬supply chain을 장악하고 있다. 그들은 남극을 제외한 모든 대륙에 수백 개의 거점을 두고, 수천 킬로미터를 이동하면서 식량 수급의 거의 전 과정을 통제한다. 그 모습은 18세기에 유럽인이 구축했던 삼각무역과 흡사하다.

지중해에서 활동하던 뱃사람들을 위험이 가득한 대양으로 인도한 것은 후추, 정향 등의 향신료였다. 항구를 떠난 배 10척 가운데 2척은 돌아오지 못하는 죽음의 뱃길이었지만, 항해를 무사히 마친 상인들은 최대 300배의 수익을 올릴 수 있었다. 산업혁명을 전후하여 상품 목록에는 금, 은, 상아, 면직물, 고무, 담배, 커피, 설탕, 노예 등이 추가되었고, 해적질은 부업이었다. 아프리카에서는 인간 사냥꾼들이 '검은 황금'으로 불리는 노예를 확보하기 위해 내륙에까지 들어갔다.

이렇게 해서 유럽-아프리카-신대륙을 잇는 삼각무역이 완성되었고, 돈독이 오른 유럽의 여러 나라가 경쟁적으로 뛰어들었다. 그중에서도 영국이 가장 짭짤한 재미를 보았고, 여기서 벌어들인 돈은 산업혁명의 종잣돈이 되었다. 영국의 무역상들은 17세기 후반부터 150년 동안 340만 명의 흑인 노예를 실어 날랐다.[16]

메이저 곡물회사의 시장지배는 제국주의적 수법과 매우 닮았다. 좀 더 세련된 기법과 마케팅 전략으로 포장되었을 뿐이다. "농부의 밭에 심은 하나의 씨앗에서부터 지구 반 바퀴를 돌아 저녁 식탁에 오르기까지, 카길은 전 세계의 요구를 충족하기 위해 아이디어를 결합한다."[17] 카길의 초국가적 시각을 잘 보여주는 글이다.

카길의 막강한 지배력은 공급사슬의 통합과 연계에서 나온다. 미국

산 쇠고기가 소비자의 식탁에 오르기까지 카길이 어떻게 관여하는지 살펴보자.[18]

종자와 비료 → 농업자문 서비스 → 농민과 계약 → 곡물 구매 및 판매 → 대형 곡물창고 저장 → 가축사료 생산 → 가축 사육 계약 → 쇠고기 가공 → 포장육 → 수송

이런 방식으로 카길은 옥수수 농가와 축산 농가까지 영향권 안에 두고 있다. 카길에 의존하지 않고서는 옥수수를 재배하기도, 소를 키우기도 어렵다. 게다가 판로도 카길에 맡겨야 한다. 카길이 마음만 먹으면 시장가격도 조절할 수 있다.

'달걀을 한 바구니에 담지 말라'는 투자 격언이 있다. 특히 식량처럼 생존과 직결된 재화를 특정 기업에 의존하는 것은 위험한 생각이다. 공급경로를 다원화하고 생산기반을 다변화해서 위험을 분산해야 한다. 식량이라는 매우 특별한 재화는 10년, 20년의 장기적 안목으로 위험을 관리해야 한다.

식량은
공공재다

"결국 저는 농산품도 상품이라고 받아들여질 수밖에 없다고 봅니다. 상품이 아니라고 해도, 결과는 상품으로밖에 안 되게 되어 있고,

다른 상품과 현저히 다른 것 같지만, 근본적으로 다른 것이 아니라고 봅니다.……그래서 상품으로서 경쟁력이 없다면 농사를 더 못 짓게 되는 것입니다."

한미 자유무역협상이 타결되던 2007년 4월 2일, 당시 국정의 최고 책임자였던 노무현 대통령이 한 말이다.[19] 그는 석유와 식량이 근본적으로 다를 게 없다고 주장했다. 기름은 수입할 수밖에 없지만 식량은 자급률을 높일 수 있다. 유가가 크게 오르면 고통스러운 것이 사실이다. 하지만 식량이 바닥나면 다 굶어 죽는다. 어떻게 두 재화가 같다는 말인가?

나는 노무현이 왜 그런 말을 하게 되었는지 이해하지만, 그의 생각에는 동의하지 않는다. 식량은 상품이라기보다 공공재에 가깝다. 공공재란, 어떤 주체에 의해서 생산이 이루어지면 '사회 구성원 모두'가 혜택을 누릴 수 있는 재화나 서비스를 말한다. 농민이 쌀을 생산하면 사실상 국민 전체가 그 쌀을 소비한다. 맛있고 저렴한 쌀이 생산되면 국민 전체가 그 혜택을 누린다. 식량을 수입에 의존하는 문제는 좀 더 신중하게 접근할 필요가 있다.

공공재의 특성은 비경합성과 비배제성이다. 소비에서 배제되는 사람이 생기면 안 된다는 뜻이다. 그런데 식량처럼 특별한 재화를 전적으로 상품시장에 맡기면 어떤 일이 벌어지는가? 공급이 줄거나 가격이 오르면 경합성과 배제성이 매우 높아진다. 특히 가격이 폭등할 경우 소비에서 배제되어 굶는 사람이 속출한다. 그래서 식량은 매우 특별하게 다루지 않으면 안 된다. 나는 애덤 스미스가 규정한 국가(왕)의 의무에 한 가지를 추가할 필요가 있다고 생각한다. "국가(정부)는 식량의 안정적 수급구조를 유지하고 관리할 책무가 있다."

농업을 국유화하자는 이야기가 아니다. 생산과 유통을 시장의 자율에 맡기되, 농업의 생산기반을 최대한 보호하여 경합성과 배제성이 높아지지 않도록 잘 관리해야 한다는 뜻이다. 물론 농수산품에도 송이버섯이나 캐비아(철갑상어 알) 같은 사치품이 있다. 그런 품목은 전적으로 시장에 맡기면 된다.

김준영 원광대 한중관계연구원 연구교수는 "중국은 2000년대 들어 이미 농업과 식량 정책을 국가의 최우선 과제로 추진하고 있다"라고 밝혔다. 특히 2004년부터 2017년까지 중국 공산당 중앙의 '1호 문건'에는 농민, 농업, 농촌의 '삼농三農' 문제가 포함되어 있었고, 2014년에는 '식량안전보장 시스템 확보'가 추가되었다.[20]

이 문건은 "새로운 정세에서 중국은 식량안보 전략을 서둘러 구축해야 한다. 자기 밥그릇은 자기 손으로 받들고 있어야 하는 것은 치국治國의 기본 개념이다"라고 식량안전의 중요성을 제시하고 있다. 그리고 "국내 자원환경과 식량 수급구조, 국제 무역환경 변화를 종합적으로 고려하여, 자급자족의 원칙하에 식량생산능력을 확보하고 적정 수준의 수입 및 관련 기술 발전을 추진해야 한다"고 강조하고 있다.

식량의 증권화는 식량안전보장Food security에 매우 위협적인 요소다. 땟거리를 금융도박에 맡기면 어떤 일이 벌어질까? 사재기와 투매의 가능성이 상존하게 된다. 둘 다 실물시장을 교란하거나 일거에 생산기반을 무너뜨릴 수 있다. 농업의 생산기반은 한 번 무너지면 복구하기가 매우 힘들다. 한때 식량 수출국이었던 멕시코, 필리핀, 인도의 농업 현실이 그 결과를 잘 보여주고 있다.

국방이라는 공공재도 상품화할 수 있을까? 불가능한 것은 아니다. 돈을 주고 외국인 용병을 고용하면 된다. 그러나 카르타고는 국방을 용병에게 맡겼다가 로마에게 모든 것을 잃었다. 로마 역시 게르만 용병에게 의존했다가 창끝을 돌린 게르만족에 멸망당했다. 돈으로 모든 것을 해결할 수 있다고 생각하면 오산이다. 국방을 비용으로 인식하면 병사의 급여를 어떻게든 깎을 생각만 하게 되듯이, 식량을 상품으로 인식하면 목숨을 걸고 돈놀이를 하게 된다.

11

일한 만큼
보상받는 사회

◆

◆

경제학은 상위 1퍼센트를 위해 봉사하지 않아도 된다.
경제학은 과거에 부유층과 권력층의 이익을 대변하지 않았고,
미래에도 그래야 할 이유가 없다.
_존 F. 윅스(경제학자)

남의 노동
훔치기

이 책의 출발점으로 돌아가 부_富에 대해서 생각해 보자. 부란 무엇인가? 재화와 서비스다. 그것은 노동의 결과물이다. 부를 축적하는 방법은 노동량을 늘리거나 소비를 줄이는 것뿐이다. 노동과 생산의 관계에서 노동의 수익률은 언제나 0퍼센트다. 즉 100의 노동량을 투입하면 100의 노동 성과만 거둘 수 있다.

만약 100의 노동을 투입하고 110의 노동 성과를 거두었다면 그 가운데 10은 남의 노동 성과에서 가져온 것이다. 그런데 금융경제로 가면 누구나 '10퍼센트 수익률', '20퍼센트 수익률'을 입에 달고 산다. 수익률을 중시하는 재테크는 남의 노동을 훔치는 기술이고, "부자 되세요"라는 말은 "남의 것을 훔치세요"와 같은 말이다.

국제 구호단체 옥스팜OXFAM은 세계경제포럼 2017년 연차총회 개막을 앞두고 공개한 보고서에서, 1퍼센트의 부호들이 나머지 모든 인류의 부를 합친 것보다 많은 부를 소유하고 있다고 밝혔다. 슈퍼리치

61명의 재산은 하위 50퍼센드의 새산과 같다.[1]

1퍼센트의 부＞99퍼센트의 부
61명의 부＝37억 명의 부

보고서의 내용을 좀 더 따라가 보자. 61명의 재산은 2010년에 비해 44퍼센트 증가했고, 하위 37억 명의 재산은 같은 기간에 41퍼센트 줄었다. 2016년에 생산된 부의 82퍼센트는 상위 1퍼센트에 귀속되었고, 하위 50퍼센트는 부가 증가하지 않았다.

대체 무엇이 이런 격차를 만들었을까? 몇 년 동안 부자들은 더 똑똑해지고 가난한 사람들은 더 게을러졌을까? 그럴 리가 없다. 2008년 금융위기 이후 세계 경제는 장기 침체의 늪에서 허우적거렸다. 그런데도 44퍼센트나 부를 늘렸다는 것은 인간의 경영능력을 초월한 현상이다.

빈부격차는 1980년대부터 꾸준히 확대되어 마침내 최악의 상태에 이르렀다. 개인의 능력 차이로 이런 현상을 설명하는 것은 불가능하다. 부자를 더욱 부유하게 만들고 빈자를 더욱 가난하게 만든 어떤 힘이 작용했다고밖에 볼 수 없다. 그게 무엇일까? 나는 부의 집중이 금융자본주의 팽창과 관련 있다고 생각한다.

금융경제는 부를 생산하지 않는다. 그럼에도 금융을 통한 부의 축적이 빠른 속도로 이루어진다는 것은 무엇을 뜻하는가? 금융경제가 실물경제의 노동을 훔치고 있다는 뜻이다. 남의 노동 훔치기, 이것이 신자본주의의 기본 정신이다.

옥스팜 보고서는 노동자들의 노동 성과가 얼마나 빠른 속도로 부자들에게 흡수되는지 잘 보여준다. "전 세계 억만장자들의 자산은 지난 2006년부터 2015년까지 매해 13퍼센트 가까이 증가한 반면, 임금은 연평균 2퍼센트 증가했다."[2] GDP에서 노동에 대한 보상은 점점 줄어들고 있다. 세계 인구의 반 이상이 하루 2~10달러의 돈으로 생활한다. 전 세계에서 노동에 대한 절도가 광범위하게 이루어지고 있다.

더 충격적인 것은 노동의 강탈이다. 2016년 국제노동기구International Labor Organization, ILO는 세계적으로 4,050만 명이 현대판 노예modern slavery 생활을 하고 있고, 그중 2,490만 명은 강제노동에 내몰린다고 추산했다. 그 가운데 4분의 1은 아동이다. "강제노동자들은 우리가 먹는 음식과 우리가 입는 옷의 일부를 생산하고, 우리가 살거나 일하는 건물들을 청소한다."[3]

10명 중에 1명이 총생산의 절반을 가지면 매우 위험한 사회가 된다. 미국의 경우를 보면 부의 집중이 절정에 달했던 1920년대에도 상위 10퍼센트의 소득은 국민소득의 50퍼센트를 넘지 않았다. 제2차 세계대전이 터지면서 미국의 빈부격차는 다소 완화되었다. 1940년대부터 1970년대 말까지 미국의 부는 비교적 합리적으로 분배되었고, 상위 10퍼센트의 부가 국민소득에서 차지하는 비중은 30~35퍼센트에 머물렀다.[4] 레이건 정부가 들어서면서 금융의 팽창과 부의 집중이 시작되었고, 2008년 금융위기 이후 상위 10퍼센트의 소득은 마침내 GDP의 절반을 넘어섰다.

부의 적정하고 공정한 분배는 정의justice에 관한 문제인 동시에 효율efficiency의 문제이기도 하다. 한 사회의 자원이 어느 한쪽에 지나치게 편중되면 사회 전체의 효율이 급격히 떨어진다. 물론 상위 1퍼센트의 부자들은 사회 전체의 효율성에는 관심이 없을 것이다. 지금처럼 부의 집중만 효과적으로 이루어지면 된다.

250년 전에 애덤 스미스가 인류에게 남긴 메시지를 기억할 필요가 있다. "어느 사회라도 그 구성원의 대부분이 가난하고 비참하다면 번영하는 행복한 사회일 수 없다. 국민 전체의 의식주를 공급하는 노동자들이 자기 자신의 노동생산물 중 자신의 몫으로 잘 먹고, 잘 입고, 좋은 집에서 살 수 있어야 공평하다고 말할 수 있다."[5] 애덤 스미스는 공평성을 이야기했다. 그가 찬양한 자유경쟁은 '공평성이 보장된 자유경쟁'이었던 것이다.

낭비를 부추기는
자본주의

2009년 6월, 취임한 지 두 달 된 금호타이어의 김종호 사장은 타이어 20만 개를 찢어서 폐기하라는 특명을 내렸다. "살을 찢는 아픔으로 재고 타이어를 찢어라." 재고를 팔아서 브랜드 신뢰를 망칠 수 없다는 것이 그 이유였다. 이 회사의 팀장급 직원 100여 명은 전국의 물류센터를 찾아다니며 2년 이상 된 재고 타이어 20만 개의 옆구리에 칼을 들이댔다. 소비자가격으로 따지면 200억 원이 넘는 물량이다. 시중에 팔아도 큰 문제가 없는 제품이어서 싼값에 해외로 수출하거나 떨이로 팔자는 의견도 있었지만 김종호 사장은 단호하게 "노"라

고 답했다.[6]

김종호 사장의 결단에 박수를 보내는 사람이 많았다. 살을 찢는 아픔? 그해 금호타이어는 3분기까지 영업손실이 1,600억 원을 넘어섰고, 창업 50년 만에 처음으로 적자를 낼 위기에 직면해 있었다.

아득한 옛날에 한 만석꾼이 있었다. 그의 논에서 나는 쌀은 찰지고 맛있기로 유명해서 해마다 임금님에게 진상되었다. 수년간 대풍이 들자 그의 곳간에는 쌀이 넘쳐나서 더 이상 쌓아둘 데가 없어졌다. 그는 용단을 내렸다. 2년 이상 묵은 쌀은 모두 불태워 땅에 묻어라. 한 머슴이 진언했다. 저 북쪽에는 굶주리는 사람들이 많다 합니다. 그곳에 싼값으로 떨이하면 어떨는지요. 주인은 단호하게 거부했다. 내 쌀의 명성을 망칠 수는 없다!

쌀과 타이어를 같이 놓고 비교하는 것은 무리다. 그리고 나는 금호타이어의 결단을 비난할 생각이 전혀 없다. 내가 지적하고 싶은 것은 자본주의 체제의 비효율성이다. 자본주의의 장점을 말하라면 많은 사람이 효율성을 첫 번째로 꼽는다. 과연 자본주의는 효율적인가?

자본주의 경제체제에서 사회자원을 분배하는 곳은 시장market이다. 그런데 시장은 자원의 낭비가 심한 곳이다. 왜 자원의 낭비가 생기는 걸까? 시장지배력을 확장하려는 경쟁 때문이다. 1등만 살아남는 무한경쟁.

기업 간 경쟁이 아니라 사람 사이의 경쟁을 생각하면 이해가 쉽다. 100명의 공무원을 뽑는 시험에 1만 명의 응시자가 몰렸다면 9,900명이 1년 동안 들인, 어쩌면 그 몇 배의 시간 동안 투자한 자원은 고스란히 낭비된 것이나 다름없다. 치열한 경쟁을 통해 우수한 인재를 뽑았으니 효율적인가? 그 효율성은 9,900명의 비효율을 상쇄할 만큼 큰가?

한 해 동안 지구에서 생산되는 식량은 세계 인구의 약 2배를 먹일 수 있는 양이다. 그런데 왜 8억은 굶주리고, 5명 중 1명은 비만이고, 식량의 3분의 1은 낭비되는가? 이게 효율적인가?

우리가 일상에서 누리는 모든 편리함과 즐거움은, 누가 먹어야 할 빵 한 조각과 맞바꾼 것일 수 있다. 수천만의 배고픔을 덜어줄 수 있는 음식물이 잉여 쓰레기가 되어 소각되거나 땅에 묻힌다. 소비라고 말하지만 사실은 낭비를 부추기는 성장 지향의 경제, 이것 또한 심각한 비효율 아닌? 아무리 봐도 자본주의의 효율성은 기만 또는 허구에 불과한 것 같다.

누구를 위한
경제성장인가?

한국은행 발표에 따르면 2016년 대한민국의 실질경제성장률은 2.7퍼센트다. 물가 상승을 감안하더라도 우리나라의 경제규모가 전년도에 비해 2.7퍼센트 커졌다는 뜻이다. 건설·부동산 부문을 빼면 사실상 제자리걸음이라는 비판이 있지만 어쨌든 성장한 것은 사실이다.

한국의 실질경제성장률은 1998년(-5.5퍼센트)을 빼고는 지난 30년 간 떨어진 적이 없다. 1999년에는 11.3퍼센트의 광폭 성장을 기록함으로써 외환위기로 축난 몸을 단숨에 회복했다. 글로벌 금융위기가 전 세계를 덮쳤던 2009년에도 0.7퍼센트 성장했다.[7] 이만하면 훌륭하지 않은가? 나는 경제성장률에는 하등의 불만이 없다.

대한민국 경제는 지난 50년 동안 크게 성장했다. 이 정도의 인구와 경제규모를 가진 나라가 3퍼센트 이상의 경제성장률을 달성하기는 쉬운 일이 아니다. 한국 경제는 1971년부터 30년 동안 연평균 8.75퍼센트의 고도성장을 이어왔다. 1971년에 처음으로 3조 원 대를 넘어선 국내총생산은 2000년에 635조 원이 되었다. 2001년부터 2015년까지 15년간 연평균 경제성장률은 3.94퍼센트다. 성장률 자체는 큰 폭으로 떨어졌지만 국내총생산은 1,559조 원으로 무려 2.5배 가까이 커졌다. 키가 50센티미터일 때는 10퍼센트 성장해야 5센티미터 자라지만, 180센티미터가 되면 5퍼센트만 성장해도 9센티미터가 커진다. 몸집이 커질수록 성장률은 떨어지기 마련이다.

여기서 얼마나 더 자라야 할까? 물론 일본이나 독일만큼 커지면 좋겠지만 이제부터는 천천히, 조금씩 클 수밖에 없다. 성장이 멈춘다고 죽는 것은 아니다. 성장률이 0퍼센트에 머무른다 해도 하늘이 무너진 것처럼 통탄할 필요는 없다. 지난해만큼은 벌었다는 이야기가 아닌가? 왜 꼭 더 벌어야만 하나?

산업혁명 이래 인류가 한 일은 수억 년 이상 땅속에 묻혀있던 탄소를 대기권에 풀어놓는 것이었다. 화석연료를 대량으로 소비하는 기업농과 소수의 곡물상이 세계 곡물시장을 지배하게 되었다. 보르네오의 원시림은 팜오일의 원료인 야자수농장으로 개발되고 아마존 열대림은 사료용 콩밭으로 바뀌고 있다. 바다는 산성화되고 어족자원은 빈

약해졌다. 그런데도 더 개발하고 더 성장하고 더 소비해야 한다. 그게
여의치 않으면 불황이고 침체다.

미국 법무부 장관을 역임한 로버트 케네디Robert Kennedy, 1925~1968는
1968년 3월 18일 캔자스대학교에서 한 연설에서 국민총생산이 대변
하는 미국의 물질주의를 강하게 비판했다.

"우리의 국민총생산은 한 해 8,000억 달러가 넘습니다. 그러나 우리
가 국민총생산으로 미국을 평가해야 한다면, 여기에는 대기오염, 담배
광고, 아수라장이 된 고속도로를 치우는 구급차도 포함됩니다. 문을 잠
그는 특수 자물쇠, 그리고 그것을 부수는 사람들을 가둘 감옥도 포함됩
니다. 삼나무 숲이 파괴되고, 울창한 자연의 경이로움이 사라지는 것도
포함됩니다. 네이팜탄도 포함되고, 핵탄두와 폭동 진압용 무장경찰 차
량도 포함됩니다.……그러나 국민총생산은 우리 아이들의 건강, 교육의
질, 놀이의 즐거움을 생각하지 않습니다. 국민총생산에는 시poetry의 아
름다움, 결혼의 장점, 공적토론의 지성, 공무원의 청렴성이 포함되지 않
습니다. 우리의 해학이나 용기, 지혜나 배움, 국가에 대한 우리의 헌신이
나 열정은 측정하지 않습니다. 짧게 말해서, 국민총생산은 모든 것을 측
정합니다. 삶을 가치 있게 만드는 것은 제외하고 말입니다."[8]

GDP(국내총생산)의 문제 가운데 하나는 시장에서 거래된 재화와 서
비스만 GDP에 포함된다는 것이다. 예를 들어 10조 달러 이상의 가
치가 있는 것으로 추산되는 여성의 가사노동은 GDP에 포함되지 않
는다.[9]

GDP가 성장한다는 것은 한 나라의 부富의 총량이 커진다는 말과 같다. 국부國富는 한 나라가 생산한 재화와 서비스의 총량이다. 결국은 양量의 문제인가? 우리 주변을 돌아보면 매년 소득이 늘지 않아도 잘 사는 사람이 적지 않다. 이만큼 커졌으면 이제 질質을 돌아볼 때가 되었다. 설사 재화와 서비스의 규모가 더 커지지 않는다 하더라도, 재화와 서비스의 품질이 좋아지면 그만큼 삶의 질이 나아진다.

더 중요한 것은 바로 분배구조의 재구성이다. 이 문제가 해결되지 않고서는 어떤 경제정책도 큰 효과를 거두지 못할 것이다. 파이가 커진들, 99퍼센트가 가난해진다면 무슨 의미가 있겠는가?

99퍼센트를 위한
경제

오늘날 글로벌 경제가 어떤 문제에 봉착했는지 모르는 사람은 없다. 인류는 '문제 안에 해법이 있다'는 오래된 믿음을 가지고 있다. 하지만 지금의 경제상황은 문제를 알아도 해결책을 찾기가 쉽지 않다. 일단 수면 위로 드러난 문제는 소비와 투자다. 사람들은 소비를 늘리지 않고 기업은 투자하지 않는다. 왜 그럴까?

소비가 늘면 기업은 늘어난 수요를 충족하기 위해 생산설비를 늘린다. 그게 투자다. 투자가 늘면 공장(제조업)이나 가게(서비스업)에서 일할 사람이 필요해진다. 따라서 일자리가 늘어난다. 기업은 노동자에게 임금을 지급하고, 그만큼 노동자의 소득은 늘어난다. 노동자는 일해서 번 돈을 먹고사는 데 쓰고, 남는 돈은 저축한다. 저축은 미래의 소비이므로 언젠가는 소비의 밑천이 된다. 결국 노동소득은 대부분 소비로 이어진다. 소비는 다시 투자를 유발하고 투자해서 번 돈은 기업소득과 노동소득으로 분배된다. 이게 경제의 선순환구조다. 이렇게만 되면 죽어가던 경제도 팔팔하게 살아난다.

여기까지는 누구나 아는 상식이다. 별로 어려울 것 같지도 않은데 이게 왜 안 될까? 세계 경제가 장기 침체에 빠졌다는 것은 이 순환구조가 어디선가 망가졌다는 뜻이다. 옥스팜 보고서를 이해했다면 고장난 곳을 금방 찾을 수 있다. 경제의 선순환구조는 '분배'에서 망가졌다. 상위 1퍼센트가 나머지 99퍼센트보다 많이 가져가 버렸기 때문에, 소비의 주축인 중산층의 구매력이 크게 떨어졌다.

수요가 있는 곳에 공급이 있다는 말은 거짓말이다. 오늘날 아프리카, 남아시아, 라틴아메리카 지역에는 식량에 대한 강력한 수요가 있다. 그러나 민간 구호단체나 자선단체에 의해 유지되는 실낱같은 공급이 있을 뿐이다. 자본은 오직 지갑을 열 준비가 되어 있는 수요에만 관심을 기울인다. 구매력이 뒷받침된 수요를 경제학에서는 '유효수요 有效需要, effective demand'라고 한다. 이 개념을 처음 생각한 사람이 존 메이너드 케인스다.

아프리카 어린이의 배고픔과 갈증은 주류 경제학의 시각으로 보면 수요가 아니다. 분석할 필요도 없는 허수다. '사람의 일상을 다루는 학문이 경제학'이라고 말하면서 굶주리는 8억의 삶은 다루지 않는다. 가난한 자의 필요와 욕구는 유효수요가 아니기 때문이다.

소득주도성장론이 설득력을 가지려면 "그 소득은 어디서 오는가?"

라는 물음에 답해야 한다. 2017년 대선 토론에서 유승민 후보의 집요한 질문에 문재인 후보는 제대로 대답하지 못했다. "소득주도성장 다 좋은데, 소비를 촉진할 그 소득은 어디서 나옵니까?" 약간의 경제 지식만 있어도 누구나 쉽게 대답할 수 있는 문제였다.

세상에는 '쓸데 없는 돈'이 굉장히 많이 있다. 상위 1퍼센트가 가진 돈의 99퍼센트는 '쓸데'를 찾지 못하고 은행에서 이자나 불리고 있다. 한편 세상의 다른 쪽에는 '쓸 돈이 없는 수요'가 어마어마하게 존재한다. 장사꾼들은 유효수효가 아니라며 이 수요를 무시한다.

'쓸데 없는 돈'을 '쓸 돈이 없는 수요'로 옮기는 순간, 폭발적인 유효수요가 창출된다. 마치 건조한 봄날에 마른 숲이 타는 것 같을 것이다. 그 열기가 중산층으로 옮겨붙으면 인플레이션을 걱정해야 할지도 모른다.

이런 해법은 너무 간단해서 다툼의 여지가 별로 없다. 그러나 막상 구체적인 정책으로 실행하려고 들면 엄청난 반대와 저항에 직면하게 된다. 그 이유는 굳이 설명할 필요도 없다. 상위 1퍼센트는 부만 장악한 것이 아니라 행정, 사법, 입법, 언론을 틀어쥐고 있다.

양적완화 정책은 왜 실패했나? 양적완화는 이미 가난해진 국민에게 빚내서 소비하라고 부추긴 정책이다. 거지가 되었거나 거지가 되기 직전의 사람들을 모아놓고 어떤 말을 할 수 있을까? "여러분, 은행에 돈을 잔뜩 갖다 놓았으니 마음껏 빌려 쓰시기 바랍니다. 이자는 거의 안 받습니다." 가난한 사람들이 기뻐하면서 은행으로 달려갈까? 소득이 늘어날 가망이 없는 사람이 빚내서 흥청망청 쓸 수 있을까? 그것은 신자유주의자들이 그토록 비난하는 '도덕적 해이'가 아닌가.

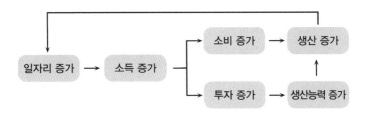

[도표 23] 경제의 선순환구조

양적완화는 처음부터 한계가 있던 통화정책이다. 많은 사람이 실패를 예고했고, 실제로 실패했다. 망가진 선순환구조를 고치려고 정부와 중앙은행에 수리를 맡겼더니, 고장 난 부품은 건들지도 않고 엉뚱한 자리에 기름칠을 한 꼴이다.

이런 사정을 미국, 일본, 유럽의 정책결정자들이 몰랐을 리가 없다. 잘 알면서도 이런 무의미한 정책을 수년간 실행한 이유는 간단하다. 누구나 아는 명쾌한 해법, 즉 '쓸데 없는 돈'을 '쓸 돈이 없는 수요'로 옮기는 정책을 시장권력을 틀어쥔 자들이 싫어하기 때문이다. 더 결정적인 이유는, 정책결정자와 시장권력자가 한통속이기 때문이다. 시장권력은 이미 오래전부터 행정, 사법, 입법, 언론을 길들이고 포섭하고 장악했다.

상위 1퍼센트를 위한 경제를 나머지 99퍼센트를 위한 경제로 전환할 수만 있다면, 유효수요는 쉽고 빠르게 창출된다. 유효수요가 커지면 내수시장이 활발해지고, 내수시장이 살아나면 중소기업이 튼튼해진다. 중소기업이 살면 자영업이 살고, 자영업이 살면 중산층이 복원

된다. 경험에서 배운 인류의 문제해결방식은 틀리지 않았다. 역시 문제 안에 해답이 있었다. 그러나 그 해답을 실천하는 데는 용기가 필요하다.

성장하지 않아도
행복할 수 있다

2014년 미국의 『타임』지는 높은 연봉을 자랑하지만 행복하지 않은 다섯 직종을 선정했다.[10]

① 의사(평균 15만 달러)

② 투자은행 애널리스트(기본급 7만 5,000달러, 고액의 보너스)

③ 영업 매니저(평균 12만 5,000달러)

④ 치과의사(평균 20만 달러)

⑤ 변호사(로펌 1년차 16만 달러)

이 직종의 전문가들은 대부분 강도 높은 노동과 지속적인 성과 압박에 시달린다. 우울증에 걸리는 사람이 많고, 다른 전문직 종사자보다 자살률이 훨씬 높다. 가족과 함께 보낼 시간도, 친구와 만날 시간도 부족하다. 한 의사는 "병원이 벌이는 돈의 전쟁에서 졸개가 된 기분"이라고 고백했다.

고액 연봉을 받고 물질적 풍요를 누리면서도 불행해지는 이유는 무엇일까? 부를 얻기 위해 혹은 성공하기 위해 너무 많은 것을 희생하기 때문이다. 부의 확장을 삶의 목표로 삼은 사람은 숫자로 가치를 측정하기 어려운 것들을 뒤로 미루는 경향이 있다. 젊음, 건강, 휴식, 사랑, 우정 같은 기회비용은 한 번 지불하고 나면 나중에 되찾기가 어렵다.

남녀노소 모두가 사랑한 배우 오드리 헵번Audrey Hepburn, 1929~1993은 은퇴 후 유니세프UNICEF 대사로 활동했다. 그는 에티오피아, 소말리아 등 12개 나라를 방문하여 가뭄과 내전으로 고통받는 아이들과 아픔을 나누었다. "죄 없는 어린이가 지옥과 다름없는 곳에서 죽어가고 있는데, 제가 어떻게 편히 호텔에 앉아 페트병에 든 물을 마실 수 있겠어요? 그건 말도 안 되는 일이에요. 이건 저의 희생이 아니라, 제가 편해질 수 있도록 어린이가 제게 준 선물입니다."[11]

오드리 헵번의 삶은 우리에게 부와 행복은 동의어가 아니라는 것을 가르쳐준다. 그는 인간에게 주어진 자유를 어떻게 사용하는 것이 삶을 가치 있게 만드는지 직접 보여주었다. 잘살기 위해 그가 선택한 방법은 '더 많은 부'가 아니라 '공감과 나눔'이었다.

"자유보다 평등을 중요시하는 사회는 둘 다 얻을 수 없다. 평등보다 자유를 중요시하는 사회는 둘 다 얻을 수 있다." 이 말을 한 밀턴 프리드먼은 미국의 부동산거품이 절정이던 2006년 11월 16일에 죽었다. 그가 몇 해 더 살아서 2008년 금융위기를 목격했다면 어떤 말을 했을지 궁금하다. 공정성이 담보되지 않은 자유가 힘을 얻었을 때, 그것은 폭력으로 바뀔 수 있다. 신자유주의와 신자본주의라는 두 수레바퀴는 인류를 최악의 불평등사회로 이끌었다. 노동을 보상하지 않는 사회, 남의 노동 성과를 훔치고 뺏는 세상을 만들었다.

부의 생산자가 갈수록 가난해지는 사회는 정의롭지도 않고 효율적이지도 않다. 미국뿐 아니라 대한민국에서도 노동자는 천덕꾸러기가 된 지 오래다. 손아람 작가의 「망국望國선언문」은 이 나라 청년들의 깊은 좌절과 분노를 절절하게 전한다.

언어로 달래는 처방전은 위약으로나마 효과를 다했습니다. 누워버린 말에게는 질책도 들지 않습니다. 청년들의 정신이 그 어느 시대보다 가난하므로, 사라진 것은 헝그리 정신이 아닙니다. 정작 사라진 것은 가난의 필요성입니다. 우리는 해마다 부유해지는 나라에서 더욱 가난하게 살기를 강요받는 국민이 된 기분을 느끼고 있습니다. 그저 착각일까요? 이 나라는 꾸준히 성장하고 있지만, 대기업 매출액이 가파르게 증가하고 있을 뿐 기업소득과 개인소득의 격차는 점점 벌어져 OECD 최하위권에 머뭅니다. 오로지 기업만이 암세포처럼 무한히 자라는 나라에 우리는 살고 있습니다. 근본적인 질문을 던져봅니다. 국민소득이 30만 달러를 돌파하고, 세계 100대 기업 명단이 모두 대한민국으로 채워진들, 우리 각각의 삶이 나아지지 않는다면 어떤 의미가 있습니까? 아무도 살 수 없는 높다란 탑을 쌓아올린 뒤 먼발치에서 그 웅장한 풍채를 감상하는 게 이 나라 경제의 목표였습니까?[12]

국가의 부가 국민의 행복으로 이어지려면 성장 지향의 경제에서 나눔의 경제로 전환해야 한다. 경제학 또한 '사람의 경제학'으로 거듭나야 한다.

숲의
경제학

나무는 땅에 뿌리박고 혼자 잘 살아가는 것 같지만 천만의 말씀이다. 땅속에 보이지 않는 세계를 건설하고 운영하는 세균이 없으면, 나무는 목숨을 부지할 수 없다. 나무와 세균의 공생관계는 비교적 잘 알려져 있다. 헤아릴 수도 없이 많은 미생물이 낙엽, 삭은 가지, 동물과 곤충의 사체 등을 분해하고 질소와 인산을 합성함으로써 나무에 필요한 영양분을 만들어낸다. 질소는 나무의 생장에 꼭 필요한 영양소이고, 인산은 열매의 당도를 높여주는 성분이다. 열매가 달아야 새와 곤충을 유인할 수 있고, 그들의 힘을 빌려야 씨를 널리 퍼뜨릴 수 있다.

세상에 공짜는 없다. 나무는 해가 비치는 동안 광합성으로 생산한 탄수화물을 밤사이 뿌리에 저장해 두었다가, 그 일부를 잔뿌리를 통해 흘려보냄으로써 미생물에게 일당을 지불한다. 그러니까 나무와 세균의 공생관계는 도덕책에 나오는 미담美談이 아니라 먹고사는 문제이며, 일종의 분업체계인 동시에 물물교환이 이루어지는 경제활동이다.

진달래 꽃술에 붙어 꿀을 채집하는 벌 한 마리만 봐도 자연계의 질서가 얼마나 촘촘한지 알 수 있다. 벌의 노동 이전에 꽃을 피운 나무의 노동이 있고, 꽃부리에 고인 꿀에는 보이지 않는 곳에서 묵묵히 일한 미생물의 노고가 담겨 있다. 나무뿌리 주변에 사는 미생물은 노동의 대가로 식량을 확보한다. 벌은 꿀을 얻는 대신 식물의 수분受粉(가루받이)을 돕는다. 가루받이를 바람에 의존하는 소나무는 꿀을 생산하지 않는다. 인간의 눈에 잘 보이지 않지만 숲에서는 노동-생산-교환 행위가 끊임없이 벌어지고 있다. 이 과정이 원활히 이루어질 때 숲은 건강해지고 점점 풍성해진다.

생산의 기본 수단은 역시 노동이다. 모든 생명은 생산을 기반으로 유지되며 노동 없는 생산은 극히 드물다. 겨우살이 같은 기생식물이 있긴 하지만, 그 또한 새들에게 영양이 풍부한 열매를 제공한다. 새들은 살아있는 동안 나무를 해치는 벌레를 잡아먹고, 나무에 똥거름을 주며, 죽어서는 그 스스로가 거름이 되어 나무를 키운다. 숲속의 노동은 땀 한 방울의 낭비도 없이 생태계를 돌고 돈다. 얼핏 보기에 먹고 먹히는 제로섬 게임 같지만, 사실은 분업과 협업이 광범위하게 이루어진다. 여러 단계를 거치지만 결국은 일한 만큼 보상받는다. 만약 노동에 비해 얻는 소득이 적다면, 그 생태계의 근본 구조에 문제가 있는 것이다. 문제가 있다면 바꾸어야 하고, 숲은 스스로 바꿀 줄 안다.

숲의 교환 과정은 매우 공정하다. 자신이 내주는 것보다 상대에게서 더 많이 가져가는 개체는 대부분 숲에서 퇴출된다. 인간 사회는 정반대다. 2008년 글로벌 금융위기 때, 리먼브라더스를 제외한 대부분의 금융자본가가 살아남았다. 그들은 이익은 사유화하고, 비용(위험)은 납세자에게 전가했다. 자연생태계는 위험의 사회화를 용납하지 않는다. 주어진 기회나 능력보다 많이 가지려는 사자는 악어에게 먹히거나 물소의 뿔에 찔려 죽는다.

숲을 약육강식의 정글로 보는 것은 인간의 편견이다. 숲은 모든 노동에 공평하게 보상한다. 100의 노동에 대해서는 100의 노동 성과로 값을 지불하고, 50의 노동에 대해서는 50의 노동 성과로 값을 치른다. 숲은 사기를 치거나 바가지를 씌우지 않는다. 자연계가 냉혹해 보이는 까닭은 룰을 엄격하게 지키기 때문이다. 시장을 농단하면 가차 없는 처벌을 받는다.

자연계에는 '상속'이란 것이 없다. 민들레는 바람에 실려 멀리 날아간 풀씨에게 물과 거름을 물려주지 않는다. 부모에게 도토리를 물려받는 다람쥐도 없고, 몇 대에 걸친 조상에게서 숲의 과실을 독차지할 권리를 이어받은 원숭이도 없다. 숲에서 태어나는 모든 생명은 언제나 같은 조건에서 출발한다. 누구도 "네 아버지가 누구니?"라고 묻지 않는다. 숲은 완전경쟁시장이고, 지속 가능하다는 짐에서 인간이 만든 시장경제보다 효율적이다. 적어도 기회는 평등하고 과정은 공정하다.

숲에서는 누구도 돈놀이를 하지 않는다. 10의 노동을 투입해서 10의 노동 성과를 얻는 것은 숲의 구성원 모두가 합의한 기본법이다.

4월이 되면 가느다란 생강나무 가지마다 앙증맞은 노란 꽃잎이 뾰족뾰족 돋는다. 밭두둑에는 꽃다지가 상긋상긋 피어나고, 산기슭의 진달래는 화사한 꽃 우산을 펼쳐 든다. 북풍한설이 몰아칠 적에는 언제 봄이 오랴 싶지만, 봄비가 한 번 밟고 간 들녘에는 뭇 생명이 일제히 기지개를 켜며 깨어난다.

숲을 보면 안다. 일한 만큼, 생산한 만큼 보상받는 사회가 건강한 사회다.

맺음말

해리 아트만의 여행기는 가상의 이야기다. 상상의 시공간 속에서 전직 펀드 매니저는 3개월 동안 동서 2,000킬로미터의 사막을 횡단했다. 해피엔딩을 위해, 여행의 동반자였던 낙타는 해리를 집으로 초대했던 유목민 형제가 돌보는 것으로 마무리하자.

무엇을 알아가는 과정도 실제 여행 못지않게 흥미로운 여정이다. 내가 살고 있는 이 세상이 도대체 어떤 곳인지 몹시 궁금했는데, 이제 어느 정도 세상 돌아가는 사정을 알게 되었다. 세상 물정에 조금 눈이 트인 것이다.

세상은 내가 생각했던 것보다 훨씬 더 부조리한 곳이었다. 가상의 부를 한껏 부풀리는 거대한 구조가 있고, 거기서 만들어진 가상의 부는 어느 순간 화폐로 치환되어 재화와 서비스에 대한 청구권을 행사함으로써 실제의 부로 바뀐다. 그 과정에서 노동은 생산에 기여한 만큼 보상받지 못하고 있다. 구매력이 없는 수요는 무시되고, 자원은 낭비되고 있다. 경제학은 사람을 배제하고 숫자에만 매달린다.

금융자본은 과거와 현재의 노동 성과를 훔치는 데 그치지 않고 미래의 노동까지 증권화해서 가상의 부를 부풀린다. 2007년의 서브프라임 모기지론 사태도 아직 발생하지 않은 미래의 이자수익을 증권으로 만들어 사고팔다가 사달이 난 것이다.

땅속에 묻힌 금, 고속도로 통행료, 인세, 저작권, 특허권 등 장차 수익이 발생할 가능성이 있는 모든 것이 증권으로 바뀌어 시장에서 거래된다. 나중에는 노인들이 받아야 할 연금까지 파생증권으로 만들어져 시장에 나올지 모른다.

나는 한국은행에 상위 10퍼센트와 하위 10퍼센트를 뺀 '중위 80퍼센트 GDP'를 계산해 보라고 권고하고 싶다. 그것이 우리의 참모습을 파악하는 데 더 유용한 지표 아니겠는가. 인구가 100명인 마을의 총소득이 쌀 100가마인데 한 사람이 50가마를 차지한다면, 그 마을은 사실상 매우 가난한 마을이다.

경제는 어려운 학문이 아니다. 중학생 정도만 되어도 알려는 열망과 호기심을 품고 공부하면 정부의 그릇된 정책을 비판할 능력이 생긴다. 그럼에도 여전히 경제는 어렵다고 생각하는 독자가 있다면 내가 쉽게 설명하지 못했기 때문이고, 내 공부가 부족한 탓이다.

가상의 부가 요동치는 증권시장의 정체를 알고 난 후부터, 내가 먹는 음식과 사용하는 물건들이 달리 보이기 시작했다. 달고도 상큼한 사과의 맛, 부드럽게 아삭아삭 씹히는 식감, 솜씨 좋은 요리사가 빚어내는 쫀득한 면발, 말로 표현할 수 없는 구수한 냄새……. 이런 것들을 증권으로 치환하는 것은 불가능하다.

오감五感으로 느끼는 깊은 만족감, 만질 수 있고 볼 수 있고 맛볼 수 있는 실물이야말로 우리의 삶을 윤택하게 해주는 부의 원천이다. 부자 될 생각만 하지 말고, 진정한 부를 즐기기 바란다.

제1장 경제는 먹고사는 문제다

1   카오스(chaos)는 그리스 신화에 등장하는 혼돈의 신으로 '텅 빈 공간'이란 뜻을 갖고 있다. 『성경』의 「창세기」는 천지창조 이전의 세계를 '무형과 공허(formless and empty)'로 그리고 있다.

2   빌 브라이슨, 이덕환 옮김, 『거의 모든 것의 역사』(까치, 2003), 359~360쪽.

3   하지홍, 『하지홍 교수의 개 이야기』(살림, 2013), 3쪽.

4   "세계 인구", 위키백과(ko.wikipedia.org).

5   애덤 스미스, 김수행 옮김, 『국부론』 개역판(비봉출판사, 2007), 19쪽.

6   N. 그레고리 맨큐, 김경환 · 김종석 옮김, 『맨큐의 경제학』 제7판(CENGAGE Learning, 2015), 5쪽.

7   토드 부크홀츠, 류현 옮김, 『죽은 경제학자의 살아있는 아이디어』 개정판(김영사, 2009), 302쪽.

8   강수돌, 『살림의 경제학』(인물과사상사, 2009), 62쪽.

9   N. 그레고리 맨큐, 앞의 책, 4쪽.

10   장하준, 김희정 옮김, 『장하준의 경제학 강의』(부키, 2014), 435쪽.

11   존 F. 윅스, 권예리 옮김, 『1%를 위한 나쁜 경제학』(이숲, 2016), 12~13쪽.

12   정태인 · 이수연, 『정태인의 협동의 경제학』(레디앙, 2013), 29~34쪽.

13   Binyamin Appelbaum, 「Nobel in Economics Is Awarded to Richard Thaler」, 『The New York Times』, 2017년 10월 9일.

14   N. 그레고리 맨큐, 앞의 책, 서문.

15   토드 부크홀츠, 앞의 책, 560~561쪽.

16   2016년에 박근혜 정부가 강력하게 밀어붙인 노동개혁법은 파견근로를 허용하고 비

정규직을 확대하고 노동자를 쉽게 해고할 수 있게 하는 등 어느 모로 보나 사용자에게 유리하고 노동자에게 불리한 법안이었다. 그럼에도 정부는 대통령까지 거리에 나서서 5개 법안의 국회통과를 촉구하는 천만서명운동을 벌였다. 2012년 18대 대선 때 새누리당 박근혜 후보는 세금을 줄이고 복지를 확대하는 공약을 내걸고 대통령에 당선되었다. 집권여당의 원내대표였던 유승민 의원은 2015년 국회 교섭단체 대표 연설에서 "증세 없는 복지는 허구"라며 이를 비판했다가 대통령에게 공개적으로 '배신자'라는 비난을 받고 원내대표 직에서 사퇴했다. 박근혜의 대선 공약은 대부분 지켜지지 않았다.

제2장 진정한 부란 무엇인가?

1 애덤 스미스, 김수행 옮김, 『국부론』 개역판(비봉출판사, 2007), 520쪽.
2 유발 하라리, 조현욱 옮김, 『사피엔스』(김영사, 2015), 143쪽.
3 애덤 스미스, 앞의 책, 853~1005쪽.
4 애덤 스미스, 앞의 책, 875쪽.
5 애덤 스미스, 앞의 책, 1쪽.
6 애덤 스미스, 앞의 책, 37쪽.
7 애덤 스미스, 앞의 책, 404~408쪽.
8 쑹훙빙, 홍순도 옮김, 화폐전쟁 시리즈 05 『탐욕경제』(알에이치코리아, 2014), 259~260쪽.
9 하정민, 「美디트로이트시 재정 비상사태… 끝모를 추락」, 『동아일보』, 2013년 3월 4일.
10 카를 마르크스, 김영민 옮김, 『자본 I-1』(이론과실천, 1987), 51쪽.
11 유발 하라리, 앞의 책, 160쪽.
12 강수돌, 『살림의 경제학』(인물과사상사, 2009), 29~32쪽.

제3장 돈이 많으면 행복한가?

1 하영삼, 『한자어원사전』(도서출판3, 2014), 614쪽.
2 유발 하라리, 조현욱 옮김, 『사피엔스』(김영사, 2015), 254쪽.
3 하노 벡 · 우르반 바허 · 마르코 헤르만, 강영옥 옮김, 『인플레이션』(다산북스, 2017), 42쪽.
4 유발 하라리, 앞의 책, 248쪽.
5 토드 부크홀츠, 류현 옮김, 『죽은 경제학자의 살아있는 아이디어』 개정판(김영사, 2009), 56쪽.
6 제임스 리카즈, 최지희 옮김, 『금의 귀환』(율리시즈, 2016), 57~58쪽.
7 쑹훙빙, 홍순도 옮김, 화폐전쟁 시리즈 05 『탐욕경제』(알에이치코리아, 2014), 525~530쪽.
8 하노 벡 외, 앞의 책, 74쪽.

9 니얼 퍼거슨, 김선영 옮김, 『금융의 지배』(민음사, 2010), 27쪽.

10 니얼 퍼거슨, 앞의 책, 30쪽.

11 권홍우, 『부의 역사』(인물과사상사, 2008), 162~164쪽.

12 전국역사교사모임, 『살아있는 세계사 교과서 1』(휴머니스트, 2005), 262쪽.

13 권홍우, 앞의 책, 78쪽.

14 이선호, 「중세 교회가 고리대금업자를 구원했던 방식 3가지」, 『허핑턴포스트코리아』, 2017년 2월 2일.

15 중국 CCTV 다큐멘터리 〈화폐〉 제작팀, 김락준 옮김, 『화폐 경제 1: 탐욕의 역사』(가나출판사, 2014), 59쪽.

16 『한 · 영 성경전서』(대한성서공회, 1992), 298쪽.

17 니얼 퍼거슨, 앞의 책, 41쪽.

18 중국 CCTV 다큐멘터리 〈화폐〉 제작팀, 앞의 책, 64쪽.

19 니얼 퍼거슨, 앞의 책, 53쪽.

20 니얼 퍼거슨, 앞의 책, 78쪽.

21 장하준, 김희전 옮김, 『장하준의 경제학 강의』(부키, 2014), 46쪽.

22 니얼 퍼거슨, 앞의 책, 32쪽.

23 한국은행 경제통계시스템(ecos.bok.or.kr).

24 노승환, 「은행 이자장사 배짱…예대마진 27개월來 최대」, 『매일경제』, 2017년 9월 3일.

25 유발 하라리, 앞의 책, 255쪽.

26 제임스 리카즈, 앞의 책, 25쪽.

27 이진욱, 「유시민 · 정재승, 비트코인 규제 '한뜻' · 수위 '대립각'」, 『노컷뉴스』, 2018년 1월 19일.

제4장 달러는 어떻게 기축통화가 되었나?

1 중국 CCTV 다큐멘터리 〈화폐〉 제작팀, 김락준 옮김, 『화폐 경제 1: 탐욕의 역사』(가나출판사, 2014), 92쪽.

2 중국 CCTV 다큐멘터리 〈화폐〉 제작팀, 앞의 책, 274쪽.

3 권홍우, 『부의 역사』(인물과사상사, 2008), 372~374쪽.

4 권홍우, 앞의 책, 280~282쪽.

5 브레턴우즈 회의에 참가한 44개국 명단은 다음과 같다. 과테말라, 그리스, 남아프리카공화국, 네덜란드, 노르웨이, 뉴질랜드, 니카라과, 도미니카공화국, 라이베리아, 룩셈부르크, 멕시코, 미국, 베네수엘라, 벨기에, 볼리비아, 브라질, 소련, 아이슬란드, 아이티, 에콰도르, 에티오피아, 엘살바도르, 영국, 온두라스, 우루과이, 유고슬라비아, 이라크, 이란, 이집트, 인도, 중국, 체코슬로바키아, 칠레, 캐나다, 코스타리카, 콜롬비아, 쿠바, 파나마, 파라과이, 페루, 폴란드, 프랑스, 필리핀, 호주(가나다 순).

6 이종태, 『금융은 어떻게 세상을 바꾸는가』(개마고원, 2014), 69~70쪽.

7 전국역사교사모임, 『살아있는 세계사 교과서 2』(휴머니스트, 2005), 257쪽.

8 홍익희, 『환율전쟁 이야기』(한스미디어, 2014), 81쪽.

9 쑹훙빙, 홍순도 옮김, 화폐전쟁 시리즈 05 『탐욕경제』(알에이치코리아, 2014), 49쪽.

10 중국 CCTV 다큐멘터리 〈화폐〉 제작팀, 앞의 책, 246쪽.

11 홍익희, 앞의 책, 85~86쪽.

12 홍익희, 앞의 책, 82~83쪽.

13 구정은, 「[미국 이라크 침공 10년] 전쟁은 무얼 남겼나」, 『경향신문』, 2013년 3월 20일.

14 쑹훙빙, 앞의 책, 63쪽.

15 김경윤, 「中위안화 위상 '흔들'…결제비중 加달러에 밀려 세계6위로 하락」, 『연합뉴스』, 2016년 7월 22일.

16 N. 그레고리 맨큐, 김경환·김종석 옮김, 『맨큐의 경제학』 제7판(Cengage Learning, 2015), 727쪽.

17 중국 CCTV 다큐멘터리 〈화폐〉 제작팀, 앞의 책, 138쪽.

18 이찬근, 『금융경제학 사용설명서』(부키, 2011), 447쪽.

19 미국 연방준비제도 홈페이지(www.federalreserve.gov).

20 쑹훙빙, 차혜정 옮김, 『화폐 전쟁』(랜덤하우스코리아, 2008), 134~135쪽.

21 미국채무시계(usdebtclock.org).

22 주러시아 대한민국 대사관, 「2016년 상반기 러시아 주요 경제 동향」(2016년 8월).

23 하노 벡·우르반 바허·마르코 헤르만, 강영옥 옮김, 『인플레이션』(다산북스, 2017), 122쪽.

24 안호덕, 「고환율정책, 강만수 하나면 족하다」, 『오마이뉴스』, 2012년 11월 2일.

제5장 금은 길들일 수 없다

1 송정렬, 「금값, 달러약세에 4개월내 최고가…온스당, 1339.20달러」, 『머니투데이』, 2018년 1월 18일.

2 정용인, 「아무도 기억 못하는 'MB물가지수'」, 『주간경향』, 2010년 9월 28일.

3 통계청, 「2008년 3월 소비자물가 동향」, 2008년 4월 1일.

4 쑹훙빙, 홍순도 옮김, 화폐전쟁 시리즈 05 『탐욕경제』(알에이치코리아, 2014), 49쪽.

5 쑹훙빙, 앞의 책, 102쪽.

6 홍익희, 『환율전쟁 이야기』(한스미디어, 2014), 360~361쪽.

7 쑹훙빙, 앞의 책, 54쪽.

8 쑹훙빙, 앞의 책, 49쪽.

9 제임스 리카즈, 최지희 옮김, 『금의 귀환』(율리시즈, 2016), 135쪽.

10 쑹훙빙, 앞의 책, 28쪽.

11 빌 브라이슨, 이덕환 옮김, 『거의 모든 것의 역사』(까치글방, 2003), 60쪽.

12 쑹훙빙, 앞의 책, 88~89쪽.

13 쑹훙빙, 차혜정 옮김, 『화폐 전쟁』(랜덤하우스코리아, 2008), 388쪽.

14 박병희, 「中상하이 금시장 거래량 '사상 최대'」, 『아시아경제』, 2014년 12월 4일; 김은

광, 「금 선물로 바꾸는 '위안화 결제 원유 선물계약' 나온다」, 『내일신문』, 2017년 9월 4일.

15 제임스 리카즈, 최지희 옮김, 『화폐의 몰락』(율리시즈, 2015), 320쪽.

16 제임스 리카즈, 앞의 책, 405쪽.

17 중국 CCTV 다큐멘터리 〈화폐〉 제작팀, 김락준 옮김, 『화폐 경제 1: 탐욕의 역사』(가나출판사, 2014), 196쪽.

18 장하준, 김희정 옮김, 『장하준의 경제학 강의』(부키, 2014), 107~110쪽.

19 쑹훙빙, 홍순도 옮김, 화폐전쟁 시리즈 05 『탐욕경제』(알에이치코리아, 2014), 100쪽.

20 김은광, 「금 선물로 바꾸는 '위안화 결제 원유 선물계약' 나온다」, 『내일신문』, 2017년 9월 4일.

제6장 금리가 오르면 가난해진다?

1 이용인, 「미국 연준이 기준금리를 0.25%p 인상했나. 내년 '3번 인상'을 예고했다.」, 『허핑턴포스트코리아』, 2017년 12월 14일.

2 쑹훙빙, 차혜정 옮김, 『화폐 전쟁』(랜덤하우스코리아, 2008), 308쪽.

3 쑹훙빙, 홍순도 옮김, 화폐전쟁 시리즈 05 『탐욕경제』(알에이치코리아, 2014), 15쪽.

4 미국채무시계(usdebtclock.org).

5 박대한, 「국가부채 1천400조 돌파…절반이 공무원·군인연금 충당부채」, 『연합뉴스』, 2017년 4월 4일.

6 이준, 「국가 1년 예산 25% '빚' 갚는데 쓰는 이상한 나라 일본」, 『PRESSMAN』, 2016년 9월 27일.

7 니얼 퍼거슨, 김선영 옮김, 『금융의 지배』(민음사, 2010), 72쪽.

8 한국은행 경제통계시스템(ecos.bok.or.kr).

9 한국은행 경제통계시스템(ecos.bok.or.kr).

10 N. 그레고리 맨큐, 김경환·김종석 옮김, 『맨큐의 경제학』 제7판(Cengage Learning, 2015), 674~676쪽.

11 한국은행 경제통계시스템(ecos.bok.or.kr).

12 김보경·김정선, 「일본은행, 기준금리 −0.1%로 동결…금융완화 정책 유지」, 『연합뉴스』, 2018년 1월 23일.

13 이본영, 「마이너스 금리란?」, 『한겨레』, 2016년 1월 29일.

제7장 월가를 발가벗긴 금융버블

1 변이철, 「역외펀드 투자자 집단 손배소」, 『노컷뉴스』, 2008년 12월 8일.

2 한스베르너 진, 이헌대 옮김, 『카지노 자본주의』(에코피아, 2010), 137쪽.

3 이찬근, 『금융경제학 사용설명서』(부키, 2011), 315~317쪽, 339~342쪽.

4 한스베르너 진, 앞의 책, 145쪽.

5 니얼 퍼거슨, 김선영 옮김, 『금융의 지배』(민음사, 2010), 10쪽.

6 쑹훙빙, 차혜정 옮김, 『화폐 전쟁』(랜덤하우스코리아, 2008), 458쪽.

7 한스베르너 진, 앞의 책, 112쪽.

8 한스베르너 진, 앞의 책, 44~45쪽.

9 김동원(고려대학교 경제학과 초빙교수)은 신뢰가 무너지면 순식간에 무너지는 금융 경제의 특성을 설명하면서 리먼브라더스 사태를 예로 들었다. "부채로 지탱되는 한국 경제, 그 실상과 전망은?" 팟캐스트 〈김광두의 돋보기〉, 국가미래연구원(www.ifs.or.kr), 2016년 10월 11일 게시.

10 한스베르너 진, 앞의 책, 64쪽.

11 로렌스 G. 맥도날드 · 패트릭 로빈슨, 이현주 옮김, 『상식의 실패』(컬처앤스토리, 2009), 429쪽.

12 송옥진, 「'2008 금융위기' 촉발 주인공 "내 책임 아니다" 강변」, 『한국일보』, 2015년 5월 29일.

13 N. 그레고리 맨큐, 김경환 · 김종석 옮김, 『맨큐의 경제학』 제7판(CENGAGE Learning, 2015), 649쪽.

14 한스베르너 진, 앞의 책, 210쪽.

15 제임스 리카즈, 최지희 옮김, 『화폐의 몰락』(율리시즈, 2015), 28쪽.

제8장 도박판으로 변한 세상

1 제임스 리카즈, 최지희 옮김, 『금의 귀환』(율리시즈, 2016), 100~101쪽.

2 쑹훙빙, 홍순도 옮김, 화폐전쟁 시리즈 05 『탐욕경제』(알에이치코리아, 2014), 129쪽.

3 유윤정, 「떠나는 론스타, 외환銀 4.7조 차익…마지막 쟁점 세금」, 『조선일보』, 2012년 1월 27일.

4 '워싱턴 합의(Washington Consensus)'라는 용어는 1989년 경제학자 존 윌리엄슨 (John Williamson)이 그의 저서 『정책개혁을 통한 워싱턴의 수단(Washington Means by Policy Reform)』에서 처음 사용했다.

5 정득환, 「워싱턴 컨센서스와 베이징 컨센서스」, 『오마이뉴스』, 2009년 4월 19일.

6 한스베르너 진, 이헌대 옮김, 『카지노 자본주의』(에코피아, 2010), 213쪽.

7 지유석 · 김도균, 「왜 미국에서는 총기사고가 끊이지 않을까?」, 『오마이뉴스』, 2017년 10월 3일.

8 조미현, 「한미약품, 또 1조 대박…미국에 신약 기술 수출」, 『한국경제』, 2016년 9월 30일.

9 유윤정, 「[한미약품 미스터리]① 30분간 무슨일이…금융위, 한미약품 현장조사 '휴대폰 증거 확보'」, 『조선일보』, 2016년 10월 5일.

10 "금융: 알쏭달쏭한 산업", 팟캐스트 〈주진형의 경제민주화〉.

11 이정재, 「[이정재의 시시각각] 주진형의 다섯 가지 고백」, 『중앙일보』, 2015년 10월 8일.

12 성서호, 「작년 20대 주식투자 인구 45만4천명…1년 새 32% 증가」, 『연합뉴스』, 2016년

3월 9일.

13 고상민, 「개미들 한미약품 몰빵했다 '쪽박'…손실 무려 −57.75%」, 『연합뉴스』, 2017년 1월 2일.

14 CME그룹 홈페이지(www.cmegroup.com)참조.

15 『"미국은 어떻게 세계를 착취했나"』, 『프레시안』, 2015년 12월 11일 참조. 중국의 군사 전략가 차오량(喬良) 장군의 강연 내용을 『프레시안』 편집인 박인규가 번역한 글이 다. '하트랜드(Heartland)'라는 웹사이트에 실린 영문 원제는 "일대일로(One belt, one road)"이다. 이 글에서 차오량은 "1971년 8월 15일 이후 미국은 점차 실물경제를 포 기하고 가상경제(virtual economy)로 옮겨갔다. 오늘날 미국 GDP는 연간 18조 달러에 이른다. 이 가운데 실물경제 몫은 5조 달러(27.7%)가 채 안 되며 나머지는 가상경제 에서 창출된 것"이라고 주장했다.

16 "외환위기의 비밀—1", 팟캐스트 〈정규재TV〉, 2012년 11월 24일.

17 로렌스 G. 맥도날드·패트릭 로빈슨, 이현주 옮김, 『상식의 실패』(컬처앤스토리, 2009), 414쪽.

제9장 시장은 효율적이라는 거짓말

1 "Market share held by the leading computer (desktop/tablet/console) operating systems worldwide from January 2012 to July 2017", 스타티스타(www.statista.com).

2 「AN ECONOMY FOR THE 99%」(OXFAM BRIEFING PAPER), JANUARY 2017.

3 동효정, 「한국 경제, 특정 대기업 의존도 갈수록 심화돼」, 『데일리한국』, 2016년 11월 2일.

4 N. 그레고리 맨큐, 김경환·김종석 옮김, 『맨큐의 경제학』 제7판(CENGAGE Learning, 2015), 79쪽.

5 애덤 스미스, 김수행 옮김, 『국부론』 개역판(비봉출판사, 2007), 891쪽.

6 조혜원 외, 『여기 사람이 있다: 대한민국 개발 잔혹사, 철거민의 삶』(삶이보이는창, 2009), 226쪽.

7 김상범, 「슈크렐리는 왜 약값을 55배나 올렸을까」, 『주간경향』 1165호(2016년 3월 1일).

8 전혜원, 「인천공항 정규직의 '무임승차론'이 폭로한 것」, 『시사인』 제536호(2017년 12월 27일).

제10장 식량은 상품이 아니라 공공재다

1 김기범, 「40년 새 기온 2도 오른 몽골, 호수 1200개·강 900개가 말라버렸다」, 『경향 신문』, 2013년 8월 28일.

2 아일랜드의 비영리기구 컨선월드와이드(Concern Worldwide), 독일의 비영리기구 벨 트훙거힐페(Welthungerhilfe), 미국의 연구기관인 국제식량정책연구소(IFPRI)가 협력하 여 전 세계 국가를 대상으로 기아지수를 측정하고 매년 업데이트한다.

3   「세계기아지수 2017 연차보고서」, 컨선월드와이드 홈페이지(www.concern.or.kr).

4   앞의 자료.

5   OECD, "analysis of national health survey data".

6   OECD, 앞의 자료.

7   유발 하라리, 조현욱 옮김, 『사피엔스』(김영사, 2015), 493쪽.

8   전국귀농운동본부, 『생태농업이란 무엇인가』(도서출판 들녘, 2012), 6쪽.

9   김지훈, 「"커피믹스 먹으면 진보 아메리카노 먹으면 착취?"」, 『한겨레』, 2012년 8월 19일.

10   각 기업의 외국인 지분율은 다음을 참조하라. 박영훈, 「'깜짝 실적' 삼성전자, 외국인 지분율 5개월만에 50%대 회복」, 『헤럴드경제』, 2016년 5월 3일; 포스코 홈페이지(www.posco.co.kr); KT 홈페이지(www.kt.com).

11   〈SBS 스페셜: 옥수수의 습격 1부〉, 『SBS』, 2010년 10월 10일.

12   〈SBS 스페셜: 옥수수의 습격 2부〉, 『SBS』, 2010년 10월 17일.

13   마이클 폴란, 조윤정 옮김, 『잡식동물의 딜레마』(다른세상, 2008), 36쪽.

14   농림축산식품부 홈페이지(www.mafra.go.kr).

15   카길 홈페이지(www.cargill.com).

16   전국역사교사모임, 『살아있는 세계사 교과서 1』(휴머니스트, 2005), 272쪽.

17   제니퍼 클랩, 정서진 옮김, 『식량의 제국』(이상북스, 2013), 136쪽.

18   제니퍼 클랩, 앞의 책, 137쪽.

19   조태근, 「노 대통령, "FTA하면 광우병..거짓말 하지 말라"」, 『민중의소리』, 2007년 3월 20일.

20   김준영, 「중국, 14억 인구 먹여살리려면」, 『프레시안』, 2018년 1월 19일.

제11장 일한 만큼 보상받는 사회

1   「AN ECONOMY FOR THE 99%」(OXFAM BRIEFING PAPER), JANUARY 2017.

2   「Reward work, not wealth」(OXFAM BRIEFING PAPER), JANUARY 2018.

3   「Forced labour, modern slavery and human trafficking」(2017), 국제노동기구 홈페이지(www.ilo.org).

4   토마 피케티, 장경덕 외 옮김, 『21세기 자본』(글항아리, 2014), 36쪽.

5   애덤 스미스, 김수행 옮김, 『국부론』(비봉출판사, 2003), 102쪽.

6   김태진, 「금호 "재고 팔아 브랜드 신뢰 망칠 순 없다" 전량 폐기」, 『중앙일보』, 2009년 11월 20일.

7   통계청 국가주요지표(www.index.go.kr).

8   존 F. 케네디 도서관 및 박물관 홈페이지(www.jfklibrary.org).

9   「Reward work, not wealth」(OXFAM BRIEFING PAPER), JANUARY 2018.

10   Brad Tuttle and Jacob Davidson, 「5 High-Paying Jobs That Will Make You Miserable」, 『TIME』, 2014년 9월 9일.

11   "[유니세프 창립 70주년 기념] 인생의 시작과 끝을 유니세프와 함께 한 오드리 헵번", 유니세프 한국위원회 홈페이지(www.unicef.or.kr).

12   손아람, 「손아람 작가 신년 특별 기고−망국(望國)선언문」, 『경향신문』, 2015년 12월 31일.

찾아보기